高职高专
旅游大类专业
新形态教材

研学旅游基（营）地运营与管理

黄昕　陈琛　刘卿　编著

清华大学出版社

北　京

内 容 简 介

本书是一本全面介绍研学旅游基(营)地运营的实际操作指南,包括研学旅游基(营)地的申报、运营模式、产品策略、空间设计、指导师管理、服务流程制订、营销策略及安全管理等内容,涵盖了一线工作的方方面面。本书旨在帮助高校师生和研学旅游从业者更好地学习和应对工作挑战,实现研学旅游基(营)地运营与管理工作的标准化、系统化、可持续化。

本书特别注重实践性和操作性,采用项目导向和任务驱动的方式,让读者能够在实际工作中学习并掌握相关知识,以提升研学旅游基(营)地运营与管理认知和工作技能。本书适合高职高专相关专业作为教材使用。

图书在版编目(CIP)数据

研学旅游基(营)地运营与管理/黄昕,陈琛,刘卿编著 . --北京:清华大学出版社,2025.4. --(高职高专旅游大类专业新形态教材).
ISBN 978-7-302-68847-1

Ⅰ.F590.75

中国国家版本馆 CIP 数据核字第 20252A9P31 号

责任编辑:刘士平
封面设计:傅瑞学
责任校对:袁 芳
责任印制:丛怀宇

出版发行:清华大学出版社
    网   址:https://www.tup.com.cn,https://www.wqxuetang.com
    地   址:北京清华大学学研大厦 A 座   邮   编:100084
    社 总 机:010-83470000   邮   购:010-62786544
    投稿与读者服务:010-62776969,c-service@tup.tsinghua.edu.cn
    质量反馈:010-62772015,zhiliang@tup.tsinghua.edu.cn
    课件下载:https://www.tup.com.cn,010-83470410
印 装 者:三河市君旺印务有限公司
经   销:全国新华书店
开   本:185mm×260mm   印   张:13.5   字   数:327 千字
版   次:2025 年 6 月第 1 版   印   次:2025 年 6 月第 1 次印刷
定   价:49.00 元

产品编号:099933-01

前　言

当我们步入这个日益复杂多变的世界时,教育的形式和内容也在经历前所未有的变革。研学旅游作为一种教育与文旅融合的教育方式和旅行体验,近年来发展迅速。作为研学旅游的重要组成部分,基(营)地的运营与管理方面的人才稀缺。而市场上关于研学旅游基地运营与管理的书籍和教材还不多见,相关培训也良莠不齐,无法满足广大高校师生及一线从业者的学习需求。为了推动这方面教学内容与时俱进及创新,并支持作为专业核心课程的"研学旅游基地运营与管理"的建设,本书由在教育数字化创新方面具有丰富经验的黄昕博士以及在研学旅游领域具有资深行业经验和培训背景的几位老师合作编写。

黄昕博士任教于广东海洋大学,他还创建了在旅游教育领域颇有影响力的问途信息技术有限公司,在教育技术和数字化学习领域有着深厚的研究基础和实践经验。他对如何利用现代技术改进教学方法和提高学习效率有独到的见解。陈琛和关颖瑶两位老师长期在一线为研学旅游基(营)地提供基(营)地规划、课程开发、运营指导、人才培训等,对基于学校需求的大规模研学旅游有丰富的实战经验和高校授课经验;刘卿老师在大型主题乐园类型的研学旅游基地的项目定位、投资分析、营销指导、运营 SOP 梳理、团队培训等方面拥有较强的理论基础和商业服务经验,这些经验的课程转化有利于为学生构建基于真实研学场景的理论学习和数字化平台模拟实践。

本书主要面向高等院校旅游管理和研学旅游专业的教师和学生,同时对从业者具有一定的参考价值。本书详细介绍了省市级研学旅游基(营)地的申报流程、运营模式选择、产品开发、空间设计、研学旅游指导师管理、服务流程优化、营销策略制定以及安全管理要点等关键环节。

本书以研学旅游基(营)地运营与管理的实际需求为基础,紧密结合行业实践,以市场需求为引导,采用项目导向和任务驱动的方式实现了理论与实践的深度融合,能够满足不同层次读者的学习需求,帮助读者更好地理解和掌握相关的知识和技能。总体而言,本书具有以下三大特点。

一、结构合理,内容系统全面

本书在结构上严谨合理,内容系统全面,遵循项目导向、任务驱动的原则进行编排。教材从外部到内部层层递进,将研学基(营)地运营管理的工作内容进行系统性的整合。各知识点之间承上启下,相互衔接,形成完整的知识体系。教材通过设置八大项目、数十个任务,逐步深入,覆盖了研学基(营)地运营管理的各个方面。同时,教材注重知识体系的构建,突出重点和难点,内容紧凑,形成完整的知识网络,确保读者能够全面、系统地掌握研学基(营)地运营管理的主要内容。

二、理论联系实践，注重操作性

本书注重理论与实践相结合，在阐述理论知识的基础上，通过具体案例进行深入剖析，并设置丰富的案例分析与实训任务，旨在实现理论教学与实践运用的有机结合，全面提升学习者的实际操作能力。本书的案例、学习内容和实训任务均秉承知行合一的理念，在理论指导下解决实际问题，全面提升学习者的知识运用能力。

三、切合行业发展，内容前沿性强

本书在编写过程中进行了深入广泛的调研，确保内容与行业最新发展同步，紧密贴合研学旅游基(营)地及中小学研学实践的发展趋势和需求。本书全面覆盖了研学旅游基(营)地运营与管理的主要内容体系，针对当前行业热点，增加了与"乡村振兴""科教兴国"等国家政策对接的相关内容。同时，本书还关注新技术在教育领域的应用以及线上线下融合的研学模式的探讨。在教育评价改革方面，本书新增了研学成果的量化评估方法、清单式管理、研学产品思维、研学体验地图等前沿性内容，使教学内容更加新颖，填补了行业空白。

编写一本对接行业新知识、新流程和新方法的实用教材，是一个既复杂又耗时的过程。本书历时两年，编写团队投入了巨大的热情和精力，从构思到最终成书，每一步都经过了反复的推敲和讨论。我们不仅系统地整理了理论研究内容，还深入研学旅游基(营)地的日常运营，收集了大量的一线数据和案例，确保书中内容的实用性和前沿性。此外，我们还特别关注教师的教学和学生的学习体验，通过清晰的结构、易于理解的语言以及丰富的图表和实例，使复杂的内容变得易于理解和应用，力求能够指导行业人士将研学旅游基地的运营与管理工作标准化、系统化、可持续化，以实现基地和营地运营的成功。

感谢在本书成文之前和写作中支持我们的团队成员和家庭成员们，因为他们的智力贡献和温暖支持，才使本书的最终完成。我们期待本书能够激发更多教育工作者和研学旅游从业者的热情与创新精神，为研学旅游事业的发展贡献一份力量。由于编著者水平所限，本书还有很多不足之处，请各位老师和同学们在使用本书的过程中，多提宝贵意见，以帮助我们不断优化和改进。

在未来的日子里，我们也将继续关注研学旅游领域的最新动态，开发相关数字化教学资源，以满足研学旅游专业的发展和数字化升级需要。

编著者

2025 年 4 月

目　录

项目一

研学旅游基(营)地的申报

本项目需要对研学旅游基(营)地有整体的认知,在区分研学旅游基地和营地的基础上,了解国内外研学基(营)地的发展历程,掌握申报国家级、省级、市级研学旅游基(营)地的条件。

学习目标

1. 知识目标

(1) 能够正确区分研学旅游基地与营地。

(2) 了解研学旅游基(营)地的发展历程。

(3) 了解研学旅游基(营)地的申报要求。

2. 能力目标

(1) 具备关于研学旅游基(营)地官方信息的资料检索能力。

(2) 具备研学旅游基(营)地申报资料的整理能力。

3. 素养目标

(1) 在了解全国研学旅游基(营)地分类及区位分布的情况下理解研学旅游政策推行的社会责任。

(2) 在全面了解研学旅游基(营)地申报要求的情况下具备信息意识。

学习重点和学习难点

1. 学习重点

能在各类官方信息渠道中查询和了解关于研学旅游基(营)地的最新消息。

2. 学习难点

针对不同级别研学旅游基(营)地的申报标准提前做好相应的规划准备或资料整理。

知识导图

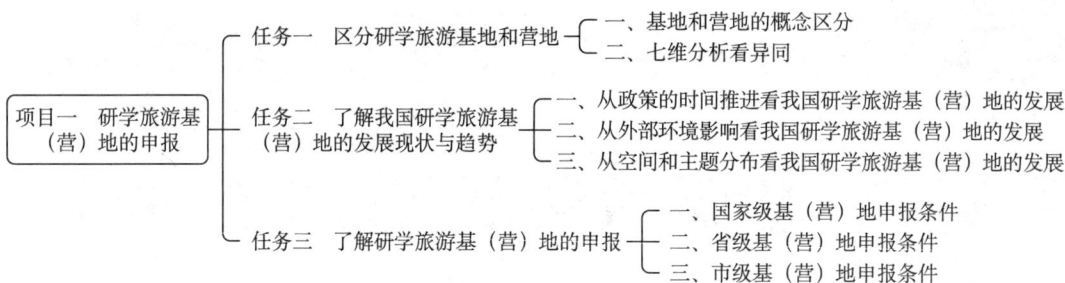

```
                      ┌ 任务一  区分研学旅游基地和营地 ┬ 一、基地和营地的概念区分
                      │                              └ 二、七维分析看异同
项目一  研学旅游基     │ 任务二  了解我国研学旅游基     ┬ 一、从政策的时间推进看我国研学旅游基（营）地的发展
       （营）地的申报   ┼        （营）地的发展现状与趋势 ┼ 二、从外部环境影响看我国研学旅游基（营）地的发展
                      │                              └ 三、从空间和主题分布看我国研学旅游基（营）地的发展
                      │                              ┌ 一、国家级基（营）地申报条件
                      └ 任务三  了解研学旅游基（营）地的申报 ┼ 二、省级基（营）地申报条件
                                                     └ 三、市级基（营）地申报条件
```

任务一 区分研学旅游基地和营地

【任务概述】

研学旅游基地和研学旅游营地，看似功能相似，实则在客户需求、产品策略、空间营造、人员管理、服务管理、营销策略、安全管理上都有非常多的不同。可以说，理解了基地和营地的异同，可以更有侧重地进行运营与管理。

那么从什么维度来区分基地和营地呢？基于这样的区分，各层面的运营策略又会有怎样的侧重呢？

本次任务将从七个维度，学习如何区分研学旅游基地和营地，提前了解基地和营地不同层面的运营方向。通过实训任务的练习，具备查询、区分当地研学旅游基地和营地及其运营方向的能力。

【案例导入】

2024 年 11 月 20—26 日，根据《财政部、教育部关于印发中央专项彩票公益金支持教育相关项目资金管理办法的通知》要求及相关工作安排，在省级教育行政部门组织申报、审核和推荐基础上，经综合评议，教育部财务司、教育部基础教育司发布《关于 2024 年中央专项彩票公益金中小学生校外研学实践活动项目资金支持基地、营地评议结果的公示》，资金拟支持阿拉善左旗青少年学生校外活动中心等 20 个基地、白银市中小学生综合实践基地等 32 个营地（含新增营地）开展校外研学实践活动。[①]

究竟一个研学目的地在什么样的情况下是"研学旅游基地"？又该满足什么条件才能成为"研学旅游营地"？这是本任务需要首先厘清的关系。

---

① 教育部．研学界．2024 中央专项彩票公益金支持基地营地名单公示！[EB/OL]．[2024-12-15]．https：//mp.weixin.qq.com/s/nME1pOOy9InSiP2fALQ8zA.

一、基地和营地的概念区分

《教育部办公厅关于开展 2017 年度中央专项彩票公益金支持中小学生研学实践教育项目推荐工作的通知》（教基厅函〔2017〕25 号）①对"基地"和"营地"的推荐要求列定如下。

（一）推荐为基地的条件

满足下列条件的资源单位可推荐为基地。

（1）各地现有的爱国主义教育基地、国防教育基地、革命历史类纪念设施遗址、优秀传统文化教育基地、文物保护单位、科技馆、博物馆、生态保护区、自然景区、美丽乡村、特色小镇、科普教育基地、科技创新基地、示范性农业基地、高等学校、科研院所、知名企业、各类青少年校外活动场所、大型公共设施、重大工程基地等资源单位。

（2）具备承接中小学生开展研学实践教育的能力，能够结合资源单位特点，设计开发适合不同学段学生、与学校教育内容相衔接的课程；学习目标明确、资源特色鲜明、富有教育功能；有适合中小学生需要的专业讲解人员及课程资源介绍；对中小学生前往开展研学实践教育活动有门票减免等优惠措施。

（3）资源单位运行良好，交通便利，适宜中小学生前往开展研学实践教育，在本地区、本行业具有一定的示范意义。

（二）推荐为营地的条件

满足下列条件的单位可推荐为营地。

（1）教育系统所属的青少年校外活动场所、综合实践基地等单位。

（2）正式运营 1 年以上；房建、水、电、通信等基础设施配套齐全，环境整洁、卫生良好，能够满足正常安全运行；有一定活动场所，能够至少同时接待 1000 名以上学生集中食宿；所在地交通便利，能够提供交通服务，能够满足开展研学实践教育的交通需求；内部具备基本的医疗保障条件，周边有医院；内部有安全措施和保障能力，有安全警示标志，有专门的安全应急通道，有 24 小时、无死角的监控系统，有现场安全教育和安全防护措施，有应急预案，未发生过安全事故。

（3）管理机构健全，制度完备，能够落实专门机构负责中小学生研学实践教育工作，公开接待时间和联系方式；日常运转经费来源相对稳定，具有确保正常运转的长效机制，财务管理规范。

（4）有从事研学实践教育工作的专业队伍，能够设计规划不同主题、不同学段、与学校教育内容相衔接的研学实践课程和线路，能够组织中小学生集体实践，开展研究性学习，促进书本知识和生活实践深度融合，落实立德树人根本任务，促进学生培育和践行社会主义核心价值观。

（5）周边教育资源丰富，有若干个研学实践教育基地，能够满足学生 2～5 天开展研学实践教育的需求。

---

① 教育部办公厅．教育部办公厅关于开展 2017 年度中央专项彩票公益金支持中小学生研学实践教育项目推荐工作的通知[EB/OL]．http://www.moe.gov.cn/srcsite/A06/s7053/201708/t20170802_310549.html，2017-07-21．

四川省地方标准《研学旅行基（营）地设施与服务规范》（DB51/T2786—2021）中，在"3.2术语和定义"中有简单的解释如下。

3.2 术语和定义

研学旅游基（营）地

中小学生研学旅游过程中开展研究性学习的主要场所。

注：能提供住宿等生活服务的研学旅游基地为研学旅游营地。

以下是从官方界定上对研学旅游基地和营地概念的梳理。

研学旅游基地：以现有的文博馆、科技馆、景区、院校、研究所、企事业单位等各类研学资源单位为主，具备承接中小学生研学实践教育能力，具有适合中小学生的课程、人员、优惠政策、安全措施等的场所。

研学旅游营地：以教育系统所属的青少年校外场所、综合实践基地为主，具备同时接待500名学生或其他研学群体以上的餐饮、住宿条件，能联动周边丰富的教育资源，满足学生2～5天甚至以上的研学旅游活动需求的场所。

二、七维分析看异同

研学旅游基地和营地，看似都是提供中小学生研学实践教育课程、空间的场所，但因其原始的资源禀赋不同，客户需求也有很大的不同。基于不同的客户需求，基地和营地在产品策略、空间营造、人员管理、服务管理、营销策略、安全管理上就会存在异同。在此从七个维度（见图1-1）来进一步梳理基地与营地的运营及管理的侧重点。

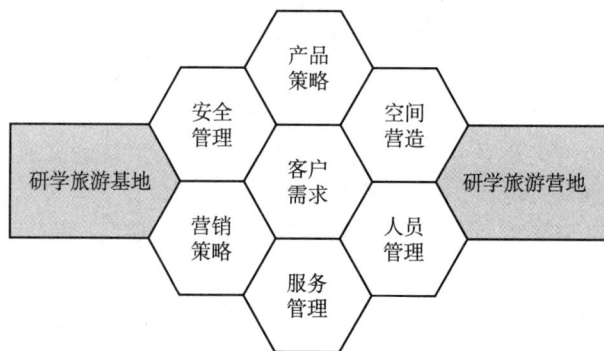

图1-1 研学旅游基地和营地运营及管理的七个维度

在这七个维度上进行更细致的分项分析，如表1-1所示。

表1-1 七维分析看基地和营地运营与管理的异同

维 度	基 地	营 地
客户需求	① 大规模一日研学、小规模精品半天研学 ② 不同领域的学习场景，新鲜感更重要，可互相不延续 ③ 学习成果侧重小作品，扩宽认知，有所启发	① 大规模2～5天综合实践教育、小规模精品2～14天亲子课程或独立营课程 ② 同一场地下不同的学习内容，内容深度和延续性更重要 ③ 学习成果侧重项目式作品，习惯养成，品格塑造

续表

维　度	基　　地	营　　地
产品策略	① 主题多样化 ② 内容模块化 ③ 时间碎片化 ④ 深度普适化 ⑤ 合作适量化 ⑥ 作品速成化	① 主题鲜明,综合涵盖性强 ② 内容逻辑清晰,层层递进 ③ 可一大段时间实践一个项目 ④ 在一定时间内尽可能深入学习一个主题 ⑤ 充分合作,个性化呈现 ⑥ 作品难度大,可制作大型作品 ⑦ 夜间活动设计显奇效
空间营造	① 重展示、互动空间设计 ② 开辟讲座空间 ③ 开发制作空间	① 重团队活动、共创空间 ② 室内与室外空间充分结合 ③ 食宿空间要具有教育价值
人员管理	① 讲解员为主,活动导师为辅 ② 安全员必备	① 活动导师为主,可无讲解员 ② 安全员、生活辅导员必备 ③ 食宿相关配套人员
服务管理	① 顾客旅程短 ② 情绪曲线要迅速到达高潮,间距短 ③ 注重分流引导的高效性	① 顾客旅程长 ② 情绪曲线起伏明显,间距长 ③ 注重区域活动的高效性
营销策略	① 中小学品牌及内容营销为主,散客服务品质营销为辅 ② 渠道营销为主,私域营销为辅,线上营销崛起	① 政府主管部门政策导向为主,中小学品牌营销为辅 ② 渠道营销为主,部分营地私域营销为主
安全管理	① 场地安全管理 ② 教学安全管理 ③ 公共安全应急管理 ④ (部分基地)用餐安全管理	① 场地安全管理 ② 教学安全管理 ③ 公共安全应急管理 ④ 用餐安全管理 ⑤ 住宿安全管理 ⑥ (部分)交通安全管理

表 1-1 有助于对本书后面的章节内容有更清晰的框架性认识。只有充分理解研学旅游基地和营地的异同,才能在实际运营管理工作中明确工作重点,以便储备和整理更丰富的材料,申报各级基(营)地的相关认证。

【主要术语】

1. 研学旅游基地:以现有的文博馆、科技馆、景区、院校、研究所、企事业单位等各类研学资源单位为主,具备承接中小学生研学实践教育能力,具有适合中小学生的课程、人员、优惠政策、安全措施等的场所。

2. 研学旅游营地:以教育系统所属的青少年校外场所、综合实践基地为主,具备同时接待 500 名学生或其他研学群体以上的餐饮、住宿条件,能联动周边丰富的教育资源,满足学生 2～5 天甚至以上的研学旅游活动需求的场所。

【训练题】

一、自测题

1. 下面各项中不属于研学基地的是（　　　）。
   A. 安徽博物院　　　　　　　　　　B. 广州市旅游商务职业学校
   C. 大同市示范性综合实践基地　　　D. 四渡赤水纪念馆

2. 下面各项中不属于研学旅游基地安全管理范畴的是（　　　）。
   A. 住宿安全　　　　　　　　　　　B. 场地安全
   C. 教学安全　　　　　　　　　　　D. 公共安全应急管理

3. 下面各项中属于研学旅游营地的产品策略的是（　　　）。
   A. 主题多样化　　　　　　　　　　B. 深度普适化
   C. 内容模块化　　　　　　　　　　D. 在一定时间内尽可能深入学习一个主题

二、讨论题

请分小组讨论,运用"七维分析法"说明一个研学旅游基地或营地的特点。

三、实践题

以小组为单位,梳理当地国家级、省级、市级、区级的研学旅游基地和营地名单,总结当地研学旅游基地和营地的发展特点。

任务二　了解我国研学旅游基（营）地的发展现状与趋势

【任务概述】

从 2017 年教育部公布了第一批国家级中小学生研学旅游基地和营地以来,各省、各地市纷纷遴选了一大批当地优秀的研学旅游基（营）地。随着国家"乡村振兴""科教兴国""大思政课"等国家战略部署及精神指示,我国研学旅游基（营）地迎来了发展新机遇和百花齐放的时代。

本次任务将从时间和空间两个维度梳理我国研学旅游基（营）地的发展历程、发展现状,同时结合当下国内政策导向,学会研判未来发展趋势。

【案例导入】

根据《教育部办公厅关于商请推荐"全国中小学生研学实践教育基地"的函》(教基厅函〔2017〕24 号)、《教育部办公厅关于开展 2017 年度中央专项彩票公益金支持中小学生研学实践教育项目推荐工作的通知》(教基厅函〔2017〕25 号)精神,在国家有关基地主管部门和各省级教育行政部门推荐基础上,经专家评议,营地实地核查及综合评定,现命名中国人民革命军事博物馆等 204 个单位为"全国中小学生研学实践教育基地",河北省石家庄市青少年社会综合实践学校等 14 个单位为"全国中小学生研学实践教育营地"。①

究竟一个研学目的地在什么样的情况下是"研学旅游基地"？又该满足什么条件才能成为"研学旅游营地"呢？这是本任务首先需要厘清的关系。

从 2016 年《教育部等 11 部门关于推进中小学生研学旅游的意见》发布以来，各中央部委及各省市纷纷出台了各类支持研学旅游基（营）地发展的相关政策。在了解我国研学旅游基（营）地发展的过去、现在和未来的时候，从"政策的时间推进""外部环境影响""基（营）地的空间和主题分布"这三个维度来看，更有助于初学者全方位地学习和理解。其中，"政策的时间推进"和"外部环境影响"推动着基（营）地的发展，从而形成在一定区域范围内的"空间分布"和"主题分布"，如图 1-2 所示。

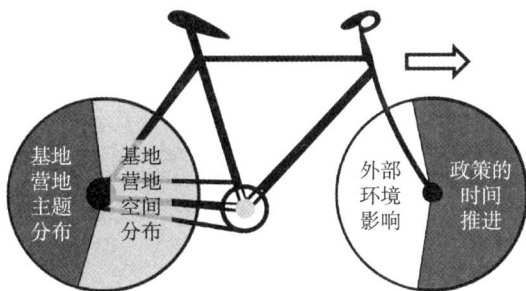

图 1-2　我国研学旅游基（营）地发展的分析维度

一、从政策的时间推进看我国研学旅游基（营）地的发展

在分析当地研学旅游基（营）地发展时，当地政策一定是首要考虑因素。虽然我国从 2016 年就开始陆续发文支持研学旅游的发展，但不同区域、不同部门所发的文件，从推进的时间、关键措辞、主要举措等方面都有所差异。本文将以教育部、文旅部近几年有关研学旅游基（营）地的相关公文的梳理为例，从政策的时间推进看我国研学旅游基（营）地的发展，如表 1-2、表 1-3 所示。

表 1-2　2016—2022 年教育部官网公布有关研学旅游基（营）地的文件

发文时间	文件名称	关键内容
2016-12-02	教育部等 11 部门关于推进中小学生研学旅游的意见②	① 建设一批具有良好示范带动作用的研学旅游基地 ② 加强研学旅游基地建设：各地教育、文化、旅游、共青团等部门、组织密切合作，根据研学旅游育人目标，结合域情、校情、生情，依托自然和文化遗产资源、红色教育资源和综合实践基地、大型公共设施、知名院校、工矿企业、科研机构等，遴选建设一批安全适宜的中小学生研学旅游基地，探索建立基地的准入标准、退出机制和评价体系；要以基地为重要依托，积极推动资源共享和区

① 教育部办公厅. 教育部办公厅关于公布 2018 年全国中小学生研学实践教育基地、营地名单的通知[EB/OL]. http://www.moe.gov.cn/srcsite/A06/s3321/201811/t20181106_353772.html, 2018-11-01.
② 教育部等 11 部门. 教育部等 11 部门关于推进中小学生研学旅游的意见[EB/OL]. http://www.moe.gov.cn/srcsite/A06/s3325/201612/t20161219_292354.html, 2016-12-02.

发文时间	文 件 名 称	关 键 内 容
2016-12-02	教育部等11部门关于推进中小学生研学旅游的意见	域合作，打造一批示范性研学旅游精品线路，逐步形成布局合理、互联互通的研学旅游网络。各基地要将研学旅游作为理想信念教育、爱国主义教育、革命传统教育、国情教育的重要载体，突出祖国大好风光、民族悠久历史、优良革命传统和现代化建设成就，根据小学、初中、高中不同学段的研学旅游目标，有针对性地开发自然类、历史类、地理类、科技类、人文类、体验类等多种类型的活动课程。教育部将建设研学旅游网站，促进基地课程和学校师生间有效对接
2017-01-25	教育部关于印发《教育部2017年工作要点》的通知①	推动中小学开展研学旅游，启动研学旅游营地建设工作
2017-07-21	教育部办公厅关于开展2017年度中央专项彩票公益金支持中小学生研学实践教育项目推荐工作的通知②	教育部利用中央专项彩票公益金支持开展中小学生研学实践教育项目，将在各地遴选命名一批"全国中小学生研学实践教育基地"（以下简称基地）和"全国中小学生研学实践教育营地"（以下简称营地），广泛开展中小学生研学实践教育活动
2017-09-27	教育部关于印发《中小学综合实践活动课程指导纲要》的通知③	要依据学生发展状况、学校特色、可利用的社区资源（如各级各类青少年校外活动场所、综合实践基地和研学旅游基地等）对综合实践活动课程进行统筹考虑，形成综合实践活动课程总体实施方案
2017-12-06	教育部办公厅关于公布第一批全国中小学生研学实践教育基地、营地名单的通知④	① 命名中国人民革命军事博物馆等204个单位为"全国中小学生研学实践教育基地"，命名河北省石家庄市青少年社会综合实践学校等14个单位为"全国中小学生研学实践教育营地" ② 国家有关基地主管部门和各省级教育行政部门要高度重视，坚持"谁推荐谁负责"的原则，全面加强预算管理和绩效管理，履行监管责任，指导本地本行业基地、营地做好项目实施工作，加强资金使用与管理，实现项目支出绩效目标；开发一批育人效果突出的研学实践活动课程，打造一批具有影响力的研学实践精品线路；建立一套规范管理、责任清晰、多元筹资、保障安全的研学实践工作机制，构建以营地为枢纽，基地为站点的研学实践教育网络 ③ 各中小学要结合当地实际，把研学实践纳入学校教育教学计划，根据教育教学计划灵活安排研学实践时间，一般安排在小学四到六年级、初中一到二年级、高中一到二年级，尽量错开旅游高峰期。各地要建立健全中小学生参加研学实践的评价机制，把中小学组织学生参加研学实践的情况和成效作为学校综合考评体系的重要内容

---

① 中华人民共和国教育部. 教育部关于印发《教育部2017年工作要点》的通知[EB/OL]. http://www. moe. gov. cn/srcsite/A02/s7049/201702/t20170214_296174. html,2017-01-25.

② 教育部办公厅. 教育部办公厅关于开展2017年度中央专项彩票公益金支持中小学生研学实践教育项目推荐工作的通知[EB/OL]. http://www. moe. gov. cn/srcsite/A06/s7053/201708/t20170802_310549. html,2017-07-21.

③ 中华人民共和国教育部. 教育部关于印发《中小学综合实践活动课程指导纲要》的通知[EB/OL]. http://www. moe. gov. cn/srcsite/A26/s8001/201710/t20171017_316616. html,2017-09-27.

④ 教育部办公厅. 教育部办公厅关于公布第一批全国中小学生研学实践教育基地、营地名单的通知[EB/OL]. http://www. moe. gov. cn/srcsite/A06/s3325/201712/t20171228_323273. html,2017-12-06.

续表

发文时间	文 件 名 称	关 键 内 容
2018-02-01	教育部关于印发《教育部 2018 年工作要点》的通知①	继续实施中央专项彩票公益金支持校外教育事业发展项目，推进研学实践教育营地和基地建设
2018-06-07	教育部办公厅关于开展"全国中小学生研学实践教育基（营）地"推荐工作的通知②	① 基地主要指各地各行业现有的，适合中小学生前往开展研究性学习和实践活动的优质资源单位。该单位须结合自身资源特点，已开发或正在开发不同学段（小学、初中、高中）、与学校教育内容相衔接的研学实践课程，包括优秀传统文化板块、革命传统教育板块、国情教育板块、国防科工板块和自然生态板块 ② 营地主要指具有承担一定规模中小学生研学实践教育的活动组织、课程和线路开发、集中接待、协调服务等功能，能够为广大中小学生开展研学实践活动提供集中食宿和交通等服务的单位。在教育系统所属的公益性场所会在研学实践教育资源、师资队伍、运行制度、保障与承载能力、领导班子、财务管理体制、是否受过处罚等方面具有更严格的标准
2018-11-01	教育部办公厅关于公布 2018 年全国中小学生研学实践教育基地、营地名单的通知③	命名中国人民解放军海军南海舰队军史馆等 377 个单位为"全国中小学生研学实践教育基地"，命名北京市自动化工程学校等 26 个单位为"全国中小学生研学实践教育营地"
2020-10-12	教育部 国家文物局关于利用博物馆资源开展中小学教育教学的意见④	① 教育部、国家文物局将加强对文博单位中全国中小学生研学实践教育基地的统筹管理和监督指导，宣传推广典型经验和做法 ② 要鼓励博物馆围绕中小学教育特点，设置适合学生学习的场馆教室、活动空间和实践基地，配备必要的教育设备、学习资源和专业人员，在设计实施陈列、展览项目时要充分考虑青少年教育需求，在进行藏品数字化、智慧博物馆建设中，要兼顾青少年教育功能
2022-08-10	教育部等十部门关于印发《全面推进"大思政课"建设的工作方案》的通知⑤	建好用好实践教学基地。教育部会同有关部门，利用现有基地（场馆），分专题设立一批"大思政课"实践教学基地。发挥好教育部高校思政课教师研学基地的实践教学功能。各地教育部门要结合实际，积极建设"大思政课"实践教学基地。大中小学要主动对接各级各类实践教学基地，开发现场教学专题，开展实践教学。设立科学精神专题，工业文化专题，美丽中国专题，中华优秀传统文化、革命文化、社会主义先进文化专题，脱贫攻坚、乡村振兴专题，党史、新中国史教育专题等实践教学基地

① 中华人民共和国教育部．教育部关于印发《教育部 2018 年工作要点》的通知［EB/OL］．http://www.moe.gov.cn/srcsite/A02/s7049/201802/t20180206_326950.html，2018-02-01．

② 教育部办公厅．教育部办公厅关于开展"全国中小学生研学实践教育基（营）地"推荐工作的通知［EB/OL］．http://www.moe.gov.cn/srcsite/A06/s3321/201806/t20180615_340020.html，2018-06-07．

③ 教育部办公厅．教育部办公厅关于公布 2018 年全国中小学生研学实践教育基地、营地名单的通知［EB/OL］．http://www.moe.gov.cn/srcsite/A06/s3321/201811/t20181106_353772.html，2018-11-01．

④ 教育部 国家文物局．教育部 国家文物局关于利用博物馆资源开展中小学教育教学的意见［EB/OL］．http://www.moe.gov.cn/srcsite/A06/s7053/202010/t20201020_495781.html，2020-10-12．

⑤ 教育部等十部门．教育部等十部门关于印发《全面推进建设的工作方案》的通知［EB/OL］．http://www.moe.gov.cn/srcsite/A13/moe_772/202208/t20220818_653672.html，2022-08-10．

表 1-3　2016—2022 年文旅部官网公布有关研学旅游基(营)地的文件

发文时间	文件名称	关键内容
2016-12-19	旅游行业标准 LB/T 054—2016 研学旅游服务规范①	① 研学营地:研学旅游过程中学生学习与生活的场所 ② 研学旅游产品按照资源类型分为知识科普型、自然观赏型、体验考察型、励志拓展型、文化康乐型 ③ 研学旅游服务项目分为教育服务(身手脑心、行前中后、设施与教材、研学导师、评价机制)、交通服务、住宿服务、餐饮服务、导游讲解服务、医疗及救助服务 ④ 安全管理、服务改进、投诉处理等
2017-06-12	国家旅游局关于印发《全域旅游示范区创建工作导则》的通知②	"旅游＋科技、教育、文化、卫生和体育"。积极利用科技工程、科普场馆、科研设施等发展科技旅游。以弘扬社会主义核心价值观为主线,发展红色旅游,开发爱国主义和革命传统教育、国情教育、夏(冬)令营等研学旅游产品
2018-11-15	文化和旅游部 国家发展改革委 工业和信息化部 财政部 人力资源社会保障部 自然资源部 生态环境部 住房和城乡建设部 交通运输部 农业农村部 国家卫生健康委 中国人民银行 国家体育总局 中国银行保险监督 国家林业和草原局管理委员会 国家文物局 国务院扶贫办关于促进乡村旅游可持续发展的指导意见的通知③	支持在乡村地区开展红色旅游、研学旅游
2019-03-13	文化和旅游部办公厅关于贯彻落实《国家级文化生态保护区管理办法》的通知④	要依托国家级文化生态保护区内独具特色的文化生态资源,积极探索将文化生态保护区与乡村旅游、全域旅游发展相结合,推出一批非物质文化遗产精品旅游线路,利用展示场馆、传习中心、传习所和传习点等开展研学旅游和休闲体验旅游等多种形式的旅游活动

① LB/T 054—2016,旅游行业标准 LB/T 054—2016 研学旅游服务规范[S]. 北京:科技教育司,2016.

② 国家旅游局 . 国家旅游局关于印发《全域旅游示范区创建工作导则》的通知[EB/OL]. https://zwgk. mct. gov. cn/zfxxgkml/zykf/202012/t20201213_919347. html,2017-06-12.

③ 教育部办公厅 . 文化和旅游部 国家发展改革委 工业和信息化部 财政部 人力资源和社会保障部 自然资源部 生态环境部 住房和城乡建设部 交通运输部 农业农村部 国家卫生健康委 中国人民银行 国家体育总局 中国银行保险监督 国家林业和草原局管理委员会 国家文物局 国务院扶贫办关于促进乡村旅游可持续发展的指导意见的通知[EB/OL]. https://zwgk. mct. gov. cn/zfxxgkml/zcfg/gfxwj/202012/t20201204_906334. html,2018-11-15.

④ 文化和旅游部非物质文化遗产司 . 文化和旅游部办公厅关于贯彻落实《国家级文化生态保护区管理办法》的通知[EB/OL]. https://zwgk. mct. gov. cn/zfxxgkml/fwzwhyc/202012/t20201206_916882. html,2019-03-13.

续表

发文时间	文 件 名 称	关 键 内 容
2020-07-17	文化和旅游部办公厅关于统筹做好乡村旅游常态化疫情防控和加快市场复苏有关工作的通知①	促进乡村观光向乡村旅居、乡村生活转型，提升乡村民宿品质，开发乡村美食、夜间游览、深度体验、主题研学等产品
2021-02-08	文化和旅游部 国家发展改革委 国家体育总局 关于印发《冰雪旅游发展行动计划（2021—2023 年）》的通知②	促进冰雪旅游与教育融合。大力推广青少年冬季冰雪运动，推进冰雪运动进校园，有条件的北方地区中小学应在冬季开展冰雪运动项目学习；鼓励南方地区大中小学积极与冰雪场馆或冰雪运动俱乐部建立合作，开展冰雪运动项目学习。各地可以政府购买服务方式，支持学校与社会机构合作开展冰雪运动，推动冰雪研学旅游和冬令营发展
2021-05-11	中央宣传部 国家发展改革委 教育部 科技部民政部 财政部 人力资源和社会保障部 文化和旅游部 国家文物局印发《关于推进博物馆改革发展的指导意见》的通知③	制定博物馆教育服务标准，丰富博物馆教育课程体系，为大中小学生利用博物馆学习提供有力支撑，共建教育项目库，推动各类博物馆数字资源接入国家数字教育资源公共服务体系。支持博物馆参与学生研学实践活动，促使博物馆成为学生研学实践的重要载体。倡导博物馆设立教育专员，提升教育和讲解服务水平，鼓励省级以上博物馆面向公众提供专业研究人员的专家讲解服务
2022-01-20	国务院关于印发"十四五"旅游业发展规划的通知④	推动研学实践活动发展，创建一批研学资源丰富、课程体系健全、活动特色鲜明、安全措施完善的研学实践活动基地，为中小学生组织研学实践活动提供必要保障及支持

① 文化和旅游部办公厅．文化和旅游部办公厅关于统筹做好乡村旅游常态化疫情防控和加快市场复苏有关工作的通知［EB/OL］．https://zwgk.mct.gov.cn/zfxxgkml/zykf/202012/t20201213_919386.html，2020-07-17．

② 文化和旅游部资源开发司．文化和旅游部 国家发展改革委 国家体育总局 关于印发《冰雪旅游发展行动计划（2021—2023 年）》的通知［EB/OL］．https://zwgk.mct.gov.cn/zfxxgkml/zykf/202102/t20210210_921552.html，2021-02-08．

③ 国家文物局．中央宣传部 国家发展改革委 教育部 科技部民政部 财政部 人力资源和社会保障部文化和旅游部 国家文物局印发《关于推进博物馆改革发展的指导意见》的通知［EB/OL］．https://zwgk.mct.gov.cn/zfxxgkml/qt/202105/t20210525_924733.html，2021-05-11．

④ 国务院．国务院关于印发"十四五"旅游业发展规划的通知．https://zwgk.mct.gov.cn/zfxxgkml/ghjh/202201/t20220121_930613.html，2020-01-20．

发文时间	文 件 名 称	关 键 内 容
2022-02-21	文化和旅游部办公厅 教育部办公厅 国家文物局办公室关于利用文化和旅游资源、文物资源提升青少年精神素养的通知①	① 建设青少年教育实践基地。积极利用公共文化设施、剧场、红色旅游景区等打造青少年教育实践基地,优先保证青少年校外实践需要。公共图书馆优化少儿文献馆藏,少儿阅览室开辟"四史"教育、传统文化专架,组织开展未成年人阅读推广活动。文化馆(站)、美术馆、非物质文化遗产馆、剧场等面向青少年策划组织书法、国画、戏曲、民乐、非遗等传统文化展览展示和公益演出。博物馆、纪念馆、开放的文物保护单位、考古遗址公园、红色旅游景区等设计研学旅游精品线路,综合运用专题讲座、文艺演出、解说导览、参与志愿服务等方式,推动青少年在感悟社会主义先进文化、革命文化和中华优秀传统文化中增强文化自信 ② 有效服务中小学社会实践活动。鼓励公共图书馆、文化馆(站)、美术馆、博物馆、纪念馆等公共文化机构,为青少年就近参加文化活动提供场地、设备、师资等方面的便利。具备条件的公共文化机构设置未成年人专属活动空间和固定服务时段,组织适合中小学生的公益性文化艺术培训服务和社会实践活动。公共文化机构在保证基本公共文化服务免费的基础上,可适当引入具备资质的艺术院校、文艺社团、志愿服务组织等参与,服务内容、时间、收费等应符合国家有关规定 ③ 丰富精神文化产品供给。加强艺术创作选题引导,推出一批能够提升青少年精神素养的文艺精品。广泛开展青少年艺术交流展示活动,办好中国少年儿童合唱节,推动爱国歌曲传唱。面向青少年,开展爱国主义、革命传统、社会主义核心价值观、中华优秀传统文化、生态文明、国家安全、普法教育等主题公益演出和展览展示活动。鼓励文化文物单位、艺术院校、旅游院校等面向青少年开发设计寓教于乐的文创产品,推出线上线下相结合的精品课程

　　从 2016—2022 年的教育部、文化和旅游部两部委关于"研学"及"基(营)地"的正式发文沿革来分析,在运营与管理一家基地或营地时,需要理解以下几个政策导向。

　　(1) 从"研学"的概念沿革看课程设计,无论是教育部还是文化和旅游部,都逐渐从"研学旅游"沿革到"研学实践",更加强调在旅行过程中、真实场景下的综合实践中学习与成长。因此,实践性、体验性活动在研学课程设计中至关重要,且按照不同的分类尽量涵盖现有的优质资源,是学校学习内容的校外延伸,是现有旅游内容的教育价值升级。近期还新增了"大思政"的价值要素引领,在研学课程的开发上具有弘扬中国文化和时代精神的现实意义。

---

　　① 文化和旅游部办公厅 教育部办公厅 国家文物局办公室. 文化和旅游部办公厅 教育部办公厅 国家文物局办公室关于利用文化和旅游资源、文物资源提升青少年精神素养的通知[EB/OL]. https://zwgk.mct.gov.cn/zfxxgkml/gg-fw/202202/t20220221_931127.html,2022-02-21.

（2）从基(营)地所涵盖的真实场景来看,已基本覆盖了各行业具有优质资源的企事业单位,并给予资金支撑各地建设精品研学基地和综合性研学营地,充分整合当地资源,服务广大中小学生。这也在很大程度上鼓励了一大批拥有优质资源的文化单位、旅游景区、科研单位,甚至是各行业的优质企业,积极挖掘本单位资源,改造研学空间,开发研学课程,自建研学团队。

（3）从研学导师的整体要求来看,除了设计课程,还需承担专题讲座、解说导览、实践指导、生活服务等一系列工作,需要融合教育与旅游的各专业知识,同时在指导学生实践的过程中不断完成自我的"做中学",研学基(营)地的人员结构规划也更需要合理分工、优化研学导师的成长路径。

（4）从研学基(营)地的运营配套来看,越来越高的品质要求,越来越多元的中小学生研学需求,越来越多研学基(营)地的成长,需要研学基(营)地不断优化空间营造、服务管理、营销管理,最重要的是安全管理。

需要注意的是,本文只梳理了2016—2022年教育部、文化和旅游部与研学旅游基(营)地相关的政策,科技部、自然资源部、生态环境部、农业农村部、工业和信息化部等部委也都有相应的支撑政策和监管标准,在进行在地化分析的时候,可以按照这样的梳理方式进行更全面的信息检索和对比整理。

二、从外部环境影响看我国研学旅游基(营)地的发展

研学旅游基(营)地必然会受到政治环境、社会环境、经济环境、自然环境等外部环境的影响,如图1-3所示。

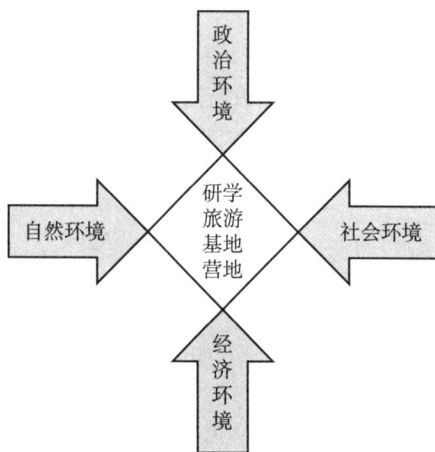

图 1-3 影响研学旅游基(营)地发展的外部因素

政治环境是指与研学旅游相关的政策、制度、法律法规等,尤其是当地市区县级政府部门有相关支持性政策的,这些政策对研学旅游基(营)地的发展有直接推动作用。例如,党的二十大报告指出,"我们不断厚植现代化的物质基础,不断夯实人民幸福生活的物质条件,同时大力发展社会主义先进文化,加强理想信念教育,传承中华文明,促进物的全面丰富和人的全面发展""我们要坚持教育优先发展、科技自立自强、人才引领驱动,加快建设教育强国、科技强国、人才强国,坚持为党育人、为国育才,全面提高人才自主培养质量,着力造就拔尖

创新人才，聚天下英才而用之"①，为更多类型的企业、科研院所、高校增设或转型建设研学旅游基（营）地、打造校内外融合的创新人才培养模式指引了方向。同时，《全民科学素质行动规划纲要（2021—2035年）》出台后，中国科协认定了800个单位成为2021—2025年度第一批全国科普教育基地，为国防科工板块的研学基地和营地的发展打了一剂强心针②。

社会环境指研学旅游基（营）地所在地的教育、科技、历史、文化、观念、风俗等环境，是学生理解地方文化、树立文化自信的价值引领和重要研学素材来源。例如，十三朝古都西安，具有极其丰富的历史文化资源，且当地饮食文化极具代表性，吸引了全球各地的游客来到这里，自然也从很早开始推动了一大批优质研学旅游基（营）地的发展。

经济环境是指整个宏观经济和区域发展状况，包括当地产业结构、城市化水平、收入水平、消费结构、营商体制等。对研学旅游基（营）地发展最直接的影响因素就是当地家庭的收入水平和对研学的消费观念。例如，北京、上海、广州、深圳、杭州、成都等一线城市，研学旅游基（营）地的数量、品质、盈利状况相对良好，单日研学课程的平均客单价也相对较高。

自然环境是指当地的地形地貌、生物生态、水文水系、气象气候等条件。例如，海边城市的海洋文化研学基（营）地相对较多，山地区域适宜发展自然研学基（营）地。同时，自然环境也在一定程度上限制了研学旅游基（营）地发展的规模、安全性、可开发方向等。例如，国家自然保护区就只能开展小规模科考式研学课程，而不能发展大规模标准化研学课程。

三、从空间和主题分布看我国研学旅游基（营）地的发展

基于对政策导向和外部环境影响的分析，要进一步了解我国研学旅游基（营）地的资源禀赋与市场发展情况，还需要对基地与营地的空间分布和主题分布进行梳理。

本文梳理了2017—2018年教育部公布的581个研学基地和40个研学营地的空间分布与主题分布（见图1-4～图1-6），可以帮助从业人员更清晰地研究我国研学旅游基（营）地的发展情况。

从空间分布来看，整体资源分布东多西少，公多民少。由于国家部委、高校、科研单位和国家级文博馆集中在北京，因此在第一、二批推荐的研学旅游基地中，北京市独占68席，占全国基地总数的11.7%。东部沿海省份由于经济发达、产业集中，研学旅游基地数量丰富。而西部经济欠发达地区，尤其是新疆、甘肃、贵州、青海、宁夏、西藏等省份，大多都是青少年活动中心这类综合性实践基地，不仅数量少，而且种类匮乏。研学旅游营地由于住宿要求、公办属性等遴选标准较高，各省、市、自治区推荐数量都控制在1～2个，部分地区目前暂无符合要求的营地推荐。同时，621个研学旅游基（营）地中，公办单位、国有企业占绝大多数，民营企业维持的单位比例较少，这也跟研学旅游课程收费要求"公益普惠"的导向是相互支撑的。

---

① 中华人民共和国中央人民政府.习近平:高举中国特色社会主义伟大旗帜 为全面建设社会主义现代化国家而团结奋斗——在中国共产党第二十次全国代表大会上的报告.https://www.gov.cn/xinwen/2022-10/25/content_5721685.htm,2022-10-25.

② 中国科协.中国科协关于命名2021—2025年第一批全国科普教育基地的决定.https://www.cast.org.cn/art/2022/4/2/art_51_182771.html,2022-04-02.

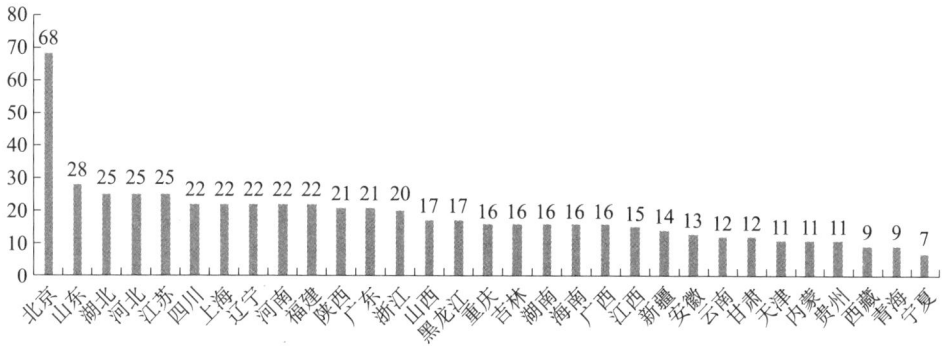

图 1-4 2017—2018 年全国中小学研学实践教育基地数量区域分布

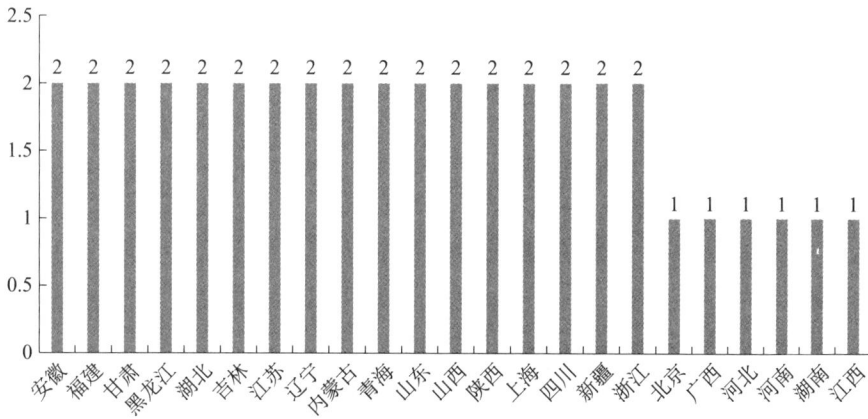

图 1-5 2017—2018 年全国中小学研学实践教育营地数量区域分布

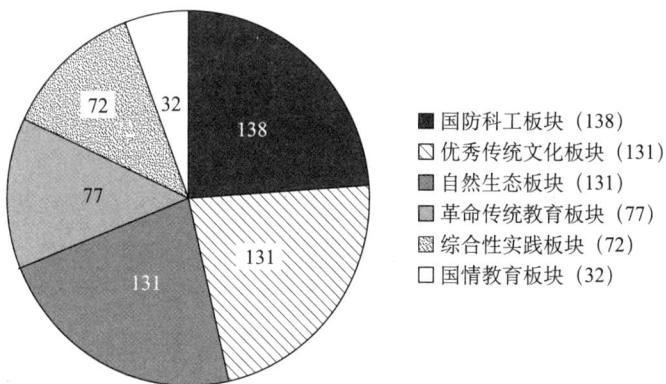

图 1-6 2017—2018 年全国中小学研学实践教育基地主题板块分布

从主题分布来看，以军事博物馆、科研院所、大型工程为主的国防科工板块独占鳌头；以各省文博馆、纪念馆、故居为主的优秀传统文化板块和以自然景区、各地气象局、地质地貌、动植物相关单位为主的自然生态板块数量相当；革命传统教育板块是一直以来中小学研学旅游的重点板块,在成人党建培训方面也占有相当重要的地位,且随着建党100周年庆后也挖掘了一大批具有革命传统教育意义的基地进行研学课程开发和运营管理;综合性实践板块和国情教育板块资源和示范基地相对较少,这也是有待各地方政府引导、挖掘和发展的重要板块。

近年来各省市也都相继遴选了一大批优秀的研学旅游基地和营地,为当地中小学研学旅游和更广泛的研学市场推荐了更多的优秀资源,但都普遍存在如经济发达地区丰富、欠发达地区匮乏,革命传统教育板块、优秀传统文化板块、自然生态板块开放程度更高,内容更丰富,国防科工板块虽多但限制多、开放程度不高,国情教育板块和综合性实践板块亟待开发等问题。

【主要术语】

1. 政治环境:指与研学旅游相关的政策、制度、法律法规等,尤其是当地市区县级政府部门有相关支持性政策的,这些政策对研学旅游基(营)地的发展有直接推动作用。

2. 社会环境:指研学旅游基(营)地所在地的教育、科技、历史、文化、观念、风俗等环境,是学生理解地方文化、树立文化自信的价值引领和重要研学素材来源。

3. 经济环境:是指整个宏观经济和区域发展状况,包括当地产业结构、城市化水平、收入水平、消费结构、营商体制等。

4. 自然环境:是指当地的地形地貌、生物生态、水文水系、气象气候等条件。

【训练题】

一、自测题

1. 教育部等11部门发布《关于推进中小学生研学旅游的意见》是在(　　)年。
   A. 2013　　　　　B. 2015　　　　　C. 2016　　　　　D. 2018

2. 下面各项中直接影响研学旅游基地的空间分布东多西少的格局的是(　　)。
   A. 政治环境　　　B. 社会环境　　　C. 经济环境　　　D. 自然环境

3. 由于历史文化丰富,研学旅游基地较多的西部省份是(　　)。
   A. 贵州省　　　　B. 云南省　　　　C. 陕西省　　　　D. 青海省

二、讨论题

请分小组讨论,研学旅游基地和营地的主题分类,还有哪些不同的分类方式?

三、实践题

以小组为单位,梳理当地国家级、省级、市级、区级的研学旅游基地和营地名单,总结当地研学旅游基地和营地的发展特点。

任务三　了解研学旅游基（营）地的申报

【任务概述】

本次任务梳理了国家级、省级、市级教育部门"中小学生研学实践教育基(营)地"的推荐工作和申报条件的相关文件，分析了自上而下遴选标准的细化点和操作性，助力研学旅游基（营）地按各级标准有目标、有规划、更细致地准备申报工作。

自2018年教育部办公厅正式发文明确基地和营地的推荐条件以来，部分省市相继出台了更细致的遴选标准和考核指标。本任务从教育部和广州市教育局的遴选标准，来梳理研学旅游基（营）地的申报准备工作。

一、国家级基（营）地申报条件

以下是2018年6月7日《教育部办公厅关于开展"全国中小学生研学实践教育基（营）地"推荐工作的通知》[①]中的申报条件细节。

（一）基地推荐条件

基地主要是指各地各行业现有的，适合中小学生前往开展研究性学习和实践活动的优质资源单位。该单位须结合自身资源特点，已开发或正在开发不同学段（小学、初中、高中），且与学校教育内容衔接的研学实践课程。同时应满足下列条件。

（1）各地各行业现有的属于下列主题板块之一的优质资源单位。

① 优秀传统文化板块。包括旅游服务功能完善的文物保护单位、古籍保护单位、博物馆、非遗场所、优秀传统文化教育基地等单位，能够引导学生传承中华优秀传统文化核心思想理念、中华传统美德、中华人文精神，坚定学生的文化自觉和文化自信。

② 革命传统教育板块。包括爱国主义教育基地、革命历史类纪念设施遗址等单位，引导学生了解革命历史，增长革命斗争知识，学习革命斗争精神，培育新的时代精神。

③ 国情教育板块。包括体现基本国情和改革开放成就的美丽乡村、传统村落、特色小镇、大型知名企业、大型公共设施、重大工程等单位，能够引导学生了解基本国情及中国特色社会主义建设成就，激发学生爱党爱国之情。

④ 国防科工板块。包括国家安全教育基地、国防教育基地、海洋意识教育基地、科技馆、科普教育基地、科技创新基地、高等学校、科研院所等单位，能够引导学生学习科学知识、培养科学兴趣、掌握科学方法、增强科学精神，树立总体国家安全观，树立国家安全意识和国防意识。

⑤ 自然生态板块。包括自然景区、城镇公园、植物园、动物园、风景名胜区、世界自然遗产地、世界文化遗产地、国家海洋公园、示范性农业基地、生态保护区、野生动物保护基地等单位，能够引导学生感受祖国大好河山，树立爱护自然、保护生态的意识。

（2）具备承接中小学生开展研学实践教育的能力，能够结合单位资源特点，设计开发适合小学、初中、高中不同学段学生，与学校教育内容相衔接的课程和线路；学习目标明确、主题特色鲜明、富有教育功能；有适合中小学生需要的专业讲解人员及课程和线路介绍。

（3）能够积极配合教育部门工作，对中小学生研学实践教育活动实施门票减免等优惠措施，单位周边交通便利，适宜中小学生前往开展研学实践教育活动，在本地区、本行业有一

[①] 教育部办公厅. 教育部办公厅关于公布2018年全国中小学生研学实践教育基地、营地名单的通知[EB/OL]. http://www.moe.gov.cn/srcsite/A06/s3321/201811/t20181106_353772.html,2018-11-01.

定的示范意义。

（4）财务管理体制明确，内部保障机制健全，产权清晰，运行良好，日常运转经费来源稳定；注重预算管理、绩效评价，内部控制与财务制度健全，会计基础工作规范，具备项目管理能力。

（5）近三年来没有受到各级行政管理（执法）机构的处罚。

（二）营地推荐条件

营地主要是指具有承担一定规模中小学生研学实践教育的活动组织、课程和线路研发、集中接待、协调服务等功能，能够为广大中小学生开展研学实践活动提供集中食宿和交通等服务的单位。同时应满足下列条件。

（1）教育系统所属的公益性青少年校外活动场所、综合实践基地等。

（2）研学实践教育资源丰富，开发合理。单位周边有若干个研学实践教育基地或教育资源，能够满足学生2~5天研学实践教育活动需求。研学实践教育课程和线路设计科学，有多个不同主题、不同学段（小学、初中、高中），且与学校教育内容衔接的研学实践课程和线路，能够实现中小学研学实践教育活动的育人目标。

（3）师资队伍充分，业务能力较强。有从事研学实践教育工作的专职队伍，能够设计规划课程和线路，能够组织中小学生集体实践，开展研究性学习，促进书本知识和生活实践深度融合，落实立德树人根本任务，促进学生培育和践行社会主义核心价值观。

（4）各项运行制度健全，保障与承载能力强。单位正常安全运行1年以上；房屋、水电、通信、消防等基础设施配套齐全，环境整洁、卫生良好，能够满足正常运行的需要；能够至少同时接待1000名以上学生集中食宿；所在地交通便利，能够提供满足开展研学实践教育活动的交通需求；内部具备基本的医疗保障条件，周边有医院；有安全措施和保障能力，有安全警示标志、有专门的安全应急通道，有24小时、无死角的监控系统，有现场安全教育和安全防护措施，有应急预案，从未发生过重大安全事故。

（5）领导班子政治素质高、统筹协调能力强，组织机构健全，管理制度完备。有专门机构（专人）负责中小学生研学实践教育工作，接待流程、接待方案和活动开支情况长期公开。

（6）财务管理体制明确，内部保障机制健全，产权清晰，运行良好，日常运转经费来源稳定；注重预算管理、绩效评价，内部控制与财务制度健全，会计基础工作规范，具备项目管理能力。

（7）近三年来没有受到各级行政管理（执法）机构的处罚。

二、省级基（营）地申报条件

2020年2月20日，广东省教育厅思宣处公布了《广东省教育厅关于开展"广东省中小学生研学实践教育基（营）地"推荐工作的通知》[①]，基地和营地的推荐条件与教育部大致相同，

---

① 广东省教育厅思宣处 . 广东省教育厅关于开展"广东省中小学生研学实践教育基（营）地"推荐工作的通知[EB/OL]. http://edu.gd.gov.cn/zwgknew/gsgg/content/post_3429161. html,2020-02-20.

同时增加了"符合以下特色条件的情况进行优选"。

(一)基地申报条件

根据申报单位符合以下特色条件的情况进行优选。

(1)地方各级政府支持力度大,鼓励、引导社会力量参与基地建设、运营,提供政策支持。

(2)申报单位除自身资源外,周边研学实践教育资源丰富,能结合自身资源特点,合理编排学生研学实践教育线路,满足学生不同的研学实践教育需求。

(3)申报单位开设有网站或公众微信号,能提供师生及家长便捷查询的研学实践信息化服务。开发有研学实践教育活动的项目管理系统。

(4)申报单位编有基地近中期(2~5年)发展规划,能加大对基地建设经费的投入。

(二)营地申报条件

根据申报单位符合以下特色条件的情况进行优选。

(1)具有能同时接待1200名及以上学生的住宿区。

(2)就餐区能同时接待1200名及以上学生集中用餐。

(3)已开发5条及以上研学旅游线路,形成以营地为枢纽,基地为站点的研学实践教育网络。周边有1个以上已认定的市级以上中小学生研学实践教育基地。

(4)地方各级政府支持力度大,长效投入机制健全,建设经费纳入年度预算。

(5)开设有网站或公众微信号,能提供师生及家长便捷查询的研学实践信息化服务。开发有研学实践教育活动的项目管理系统。

(6)编有营地近中期(2~5年)发展规划,能加大对营地建设经费的投入。

相比于两年前教育部的遴选标准,广东省教育厅在以下几个方面进行了细化,更具操作性。

1. 基本条件更细化,材料必须与现场实际情况相符

(1)基地需提交"法人资质""资源类别""运行情况""活动专区""课程设置""费用减免""安保措施""专业讲解""便利条件""经费保障"等九大基本条件的自评表和佐证材料(即"申报书"),且除"法人资质"和"资源类别"外,其他条件的符合与否都有专家组现场踏勘考察。

(2)营地需提交"教育系统所属""运行情况""容纳能力""就餐条件""交通条件""医疗保障""安保措施""经费保障""教育资源""专业队伍"等十大基本条件的自评表和佐证材料(即"申报书"),且除"教育系统所属""运行情况"外,其他条件的符合与否都有专家组现场踏勘考察。

2. 优选条件更富特色,更看重基(营)地长远发展的可持续性

(1)基地需提交"政府支持力度""周边研学资源情况""实行信息化管理情况""中长期发展规划情况"等四大特色条件的自评表和佐证材料(即"申报书")。

(2)营地需提交"住宿区容纳人数""用餐区容纳人数""研学实践教育网络建设情况""政府支持资金额度""实行信息化管理情况""中长期发展规划情况"等六大基本条件的自评

表和佐证材料（即"申报书"）。

3. 省内覆盖范围更广

（1）数量更多。广东省"全国中小学生研学实践基地"共 19 个，无"全国中小学生研学实践营地"；"广东省中小学生研学实践教育基地"共 97 个，"广东省中小学生研学实践教育营地"共 6 个①。

（2）覆盖城市更广。广东省"全国中小学生研学实践基地"覆盖广州、深圳、东莞、湛江、揭阳、珠海、茂名、韶关、中山等 9 市，"广东省中小学生研学实践教育基地、营地"涵盖 21 个地市。

（3）单位性质更多元。97 家"广东省中小学生研学实践教育基地"中，国营企事业单位占 60 家，私营企业占 37 家，二者的比例约为 2∶1，成分更多元，有利于研学市场多元发展。

三、市级基（营）地申报条件

2022 年 3 月，广州市教育局出台了新的《广州市教育局关于开展广州市第二批中小学生研学实践教育基地营地遴选工作的通知》②，附件 2（见表 1-4）对申报研学实践基地、营地的基本条件细化到了 9 大项 27 小项，对各项指标的达标数据有了更严格、更清晰的指导，为研学行业的规范性、教育性、安全性发展奠定了坚实的政策基础和行业壁垒。

表 1-4　广州市第二批中小学生研学实践教育基地、营地

项目	序号	条　件	达标/不达标
资质条件	1	有独立的经营主体和机构，管理架构清晰，责任主体明确	
	2	有营业执照及所涉及相关经营许可证照	
	3	正式运营 1 年以上，3 年内无安全责任事故等不良记录	
	4	基地每期能同时容纳 50 名及以上学生开展研学实践教育活动，提供瞬时承载力	
		营地具有能同时接待 200 名及以上学生的住宿区和就餐区	
基础设施	5	场地交通便利，安全性高，运行环境较好	
	6	应有与研学实践教育活动相匹配的教学设施和器材，且各项教学用具、器材性能完好	
	7	安装有录像监控设备，研学区域实行全天候、全方位录像监控，影像资料保存 15 天以上	
	8	消防和安全设施设备齐全，消防通道畅通，消防安全标识完整、清晰，位置醒目，无安全隐患	

①　广东省教育厅. 广东省教育厅关于公布广东省中小学生研学实践教育基地、营地名单的通知［EB/OL］. http://edu. gd. gov. cn/zwgknew/gssg/content/post_3429404. html，2020-07-17.

②　广州市教育局. 广州市教育局关于开展广州市第二批中小学生研学实践教育基地营地遴选工作的通知［EB/OL］. http://jyj. gz. gov. cn/gk/zfxxgkml/bmwj/qtwj/content/post_8145264. html，2022-03-21.

项目	序号	条　件	达标/不达标
基础设施	9	区内标识设置符合 GB 2894 和 GB/T 10001.1 规定的要求,突出安全警示标志,危险地带设安全防护设施	
	10	基地设置医务室或相应医疗场所,备有急救箱、急救担架和日常应急药品。附近 10 千米范围内,有可以随时施行急诊医疗的医院及救助资源	
		营地内部具备基本的医疗保障条件,配有全天候值守的专门医护人员。附近 10 千米范围内,有可以随时施行急诊医疗的医院及救助资源	
人员配备	11	有经专业培训的研学实践教育活动专业服务人员,且师生比例不低于1∶30 配备。(此项需提交的佐证材料包括但不限于:社保名单、教师证、导师证、安全员证等,并需按照模板填写表格)	
	12	每年定期开展研学实践教育活动专业服务人员的业务培训	
卫生条件	13	环境整洁,空气清新,无异味	
	14	厕所布局合理,数量能满足需求,符合 GB/T 18973 规定要求	
	15	垃圾箱布局合理,标识明显。设置分类垃圾箱,垃圾清扫及时,日产日清	
研学课程	16	围绕落实立德树人根本任务,聚焦中小学生发展核心素养,将社会主义核心价值观融入研学教育活动全过程。推进学校教育与社会实践相结合,培养文明旅游意识和审美情操,全面提升中小学生综合素质	
	17	课程主题的设计围绕优秀传统文化、革命传统教育、国情教育、国防科工、自然生态、校外劳动教育、生命安全与健康教育、财商教育等资源	
管理制度	18	有一整套涵盖教学、行政、学生、安全管理的制度措施。营地需制定住宿安全管理制度	
	19	注重预算管理,将基地、营地建设经费纳入年度预算,日常运转经费来源稳定	
	20	积极配合教育部门工作,对中小学生研学实践教育活动实施优惠措施	
安全管理	21	制定安全管理制度,应急预案完备	
	22	设置安全保卫机构,明确安全管理责任人及其工作职责	
	23	定期开展应急预案培训和演练,有培训和演练记录	
	24	购买足额研学相关责任险	
质量与监控	25	有对中小学生、家长及学校满意度进行调查、分析,资料齐全	
	26	近两年每年研学实践抽样调查平均满意率不低于85%	
	27	建立投诉处理制度	

　　中小学生研学实践教育基(营)地从全国、省、市的遴选工作来看,标准层层细化,数量层层增多,结构层层多元,对研学旅游行业的发展起到了层层鼓励、面面督导、个个规范的作用。基地和营地管理者和从业人员在申报各级"中小学生研学实践教育基(营)地"时,一定要透彻研究标准,细致准备材料,严格现场规范,这样才可以更高效地管理质量,成功达成申报目标。

【训练题】

一、自测题

1. 下面各项中不属于革命传统教育板块的是(　　)。
   A. 爱国主义教育基地　　　　　　　B. 非遗场所
   C. 革命纪念设施　　　　　　　　　D. 历史遗址

2. 下面各项中符合营地推荐条件的是(　　)。
   A. 博物馆　　　　　　　　　　　　B. 省青少年活动中心
   C. 非遗馆　　　　　　　　　　　　D. 科技馆

3. 下面各项中不符合广东省基地申报优选条件的是(　　)。
   A. 政府支持力度　　　　　　　　　B. 周边研学资源情况
   C. 实行信息化管理情况　　　　　　D. 住宿区容纳人数

二、讨论题

请分小组讨论,如果你们团队要准备研学旅游基地或营地的申报工作,应该如何分工合作?

三、实践题

以小组为单位,以本市中小学生研学实践教育基(营)地遴选标准实地考察一个基地或营地,试着为其打分,并给出打分依据和发展建议。

项目二

研学旅游基(营)地的运营模式

本项目需要对研学旅游基(营)地有清晰的定位,回答核心的四个问题,"你是谁?""你为谁服务?""你给客户提供什么价值?""你是怎么盈利的?"

本项目将学习如何清晰分析基(营)地的自身优劣势,明确"我是谁";了解如何调研客户需求,清楚"我为谁服务?""我能为他们提供什么价值?";确定基(营)地的运营模式,寻找最佳"盈利模式"。

学习目标

1. 知识目标

(1) 理解基于研学旅游基(营)地的定位模型。

(2) 了解研学旅游基(营)地的商业或运营模式。

2. 能力目标

(1) 具备研学旅游基(营)地定位的基本分析判断能力。

(2) 具备研学旅游基(营)地申报的客户需求调研能力。

3. 素养目标

(1) 提升对调研对象的探究精神及对调研数据进行逻辑分析的理性思维。

(2) 具备研究特定研学旅游基(营)地所需的一定的人文底蕴和科学精神。

📖 **学习重点和学习难点**

1. 学习重点

能在各类官方信息渠道中查询和了解关于研学旅游基(营)地的最新消息。

2. 学习难点

针对不同级别研学旅游基(营)地申报标准提前做好相应的规划准备或资料整理。

🚩 **知识导图**

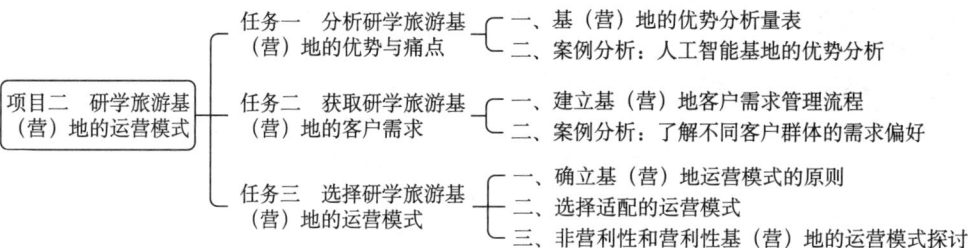

任务一 分析研学旅游基(营)地的优势与痛点 —— 一、基(营)地的优势分析量表
二、案例分析：人工智能基地的优势分析

项目二 研学旅游基(营)地的运营模式

任务二 获取研学旅游基(营)地的客户需求 —— 一、建立基(营)地客户需求管理流程
二、案例分析：了解不同客户群体的需求偏好

任务三 选择研学旅游基(营)地的运营模式 —— 一、确立基(营)地运营模式的原则
二、选择适配的运营模式
三、非营利性和营利性基(营)地的运营模式探讨

🔔 **任务一** 分析研学旅游基（营）地的优势与痛点

✒ **【任务概述】**

在项目一的任务一中,学习了区分研学旅游基地和营地的 7 个维度,加上后面的项目任务要深入探讨的"信息管理"能力,基(营)地在这几个方面的先天优劣势会直接影响到该基(营)地对于运营模式的选择。

本次任务将从这八大维度,分析研学旅游基地和营地的优势与痛点,更清晰地了解"我是谁",找准自身的竞争优势,找寻解决痛点的可行路径。

📋 **【案例导入】**

某人工智能研究所计划申报当地市级研学实践教育基地,该研究所具有全国领先的 AI 技术和产品,基地有百余位人工智能领域专业人士,有一个占地约 1000m² 的展厅和多个会议室,曾接待过一些学生家庭来参加科普活动。对照当地研学实践教育基地考评标准,该基地顺利入选。但接下来面向市场运营,该基地的优势与痛点该如何分析呢?

一、基（营）地的优势分析量表

研学旅游基（营）地的申报标准已经在前面的项目任务中详细介绍过,但这只是政府单位在评选有发展特色、长期稳定、资质良好的基（营）地的显性标准。但在实际运营过程中,还有很多属于内部管理系统的标准是无法在一时的考察中能展现的,而这正是基（营）地能长期、稳定、优质存在于市场的内核所在。

研学旅游基（营）地要发展,首先需要清晰了解自己在当地、省内、国内甚至是国际同行圈的生态位。要了解自己所处的生态位,就需要从各方面深入剖析自己的市场优势或独特性,找到未来发展的痛点或短板,方能持续调整市场策略,保障良性运营。

因此,在项目一中区分"研学旅游基地和营地运营及管理的七个维度"(见图 2-1)的基础上,加入了智能时代必不可少的"数字化管理",再把全部维度一一拆解成不同的子项目(见表 2-1),从而更全面地分析一个基（营）地的自身条件。

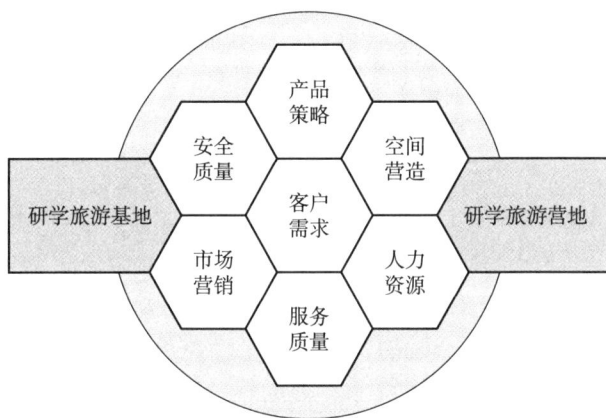

图 2-1　研学旅游基（营）地运营优劣势分析的七个维度

表 2-1　研学旅游基（营）地运营优劣势分析量表

维度	子　项	解　释	评　级
客户需求管理	收集需求	通过问卷、访谈、客户主动反馈、调查研究等方式收集客户需求	☆☆☆☆☆
	处理需求	通过归类和标签,标准化处理采集到的需求数据	☆☆☆☆☆
	分析需求	通过判断需求价值来筛选有效需求,找出满足需求的关键点	☆☆☆☆☆
	应用需求	将需求信息应用到前瞻产品开发、现有产品优化、过时产品退出等产品运营环节中	☆☆☆☆☆
	评估需求	通过理想人群与实际人群的需求满足差异,分析问题,持续优化	☆☆☆☆☆
产品策略管理	课程化	研学产品符合教育课程要求,具有价值引领、课程结构完整、学科融合、体验形式丰富等特点	☆☆☆☆☆
	体系化	研学产品能够依据自身条件选取不同主题、面向不同群体、应对各类政策需求设计一系列课程,进而组成特有的课程体系	☆☆☆☆☆

维度	子项	解释	评级
产品策略管理	成果化	研学产品能促成参与者有所收获,能够创意物化,生成诸如语言、视频、文字、图片、手工作品、文创产品等成果	☆☆☆☆☆
	工具化	研学产品有独具特色、成熟可量产的辅助工具,如研学手册、实验用品、制作物料、调研工具等	☆☆☆☆☆
	评价化	研学产品涵盖过程性评价、发展性评价、多元化评价,并形成客户成长档案	☆☆☆☆☆
空间营造管理	完整性	需要可供行走、参观、讲座、体验、制作、活动、讨论分享等功能的空间,营地还需具备餐饮、住宿空间等	☆☆☆☆☆
	教育性	需具备符合学生行为习惯、生理结构、心理发展、思维方式的空间,并具有收获知识、伙伴、身心成长的教育价值	☆☆☆☆☆
	体验性	空间设计充分考虑参与者与空间光线、色彩、材质、物品等各元素之间的互动体验,激发学生主动学习与探索,促动情感体验	☆☆☆☆☆
	自主性	具有能够满足研学者自主探索、自发组织或参与活动的公共空间	☆☆☆☆☆
	灵活性	空间可以根据人群年龄、数量、活动内容、季节、动线等不同需求进行灵活调整与适配	☆☆☆☆☆
人力资源管理	专职研学导师	拥有不少于5人的专职研学导师,可持教师证、导游证、研学导师证及其他相关专业资质,保证研学活动中师生比不低于1∶30,并定期进行业务培训和对外经验推广	☆☆☆☆☆
	兼职研学导师	拥有不少于50人的固定兼职导师来源,可以是大学生助教、相关专业人士、周边居民志愿者等,并定期进行业务培训或兼职导师队伍活动	☆☆☆☆☆
	生活辅导员	需拥有餐饮、住宿、集体生活性活动辅导员,并定期进行业务培训	☆☆☆☆☆
	安全人员	在门岗、医疗室、重点活动场所配备专业的安全保障队伍,并需要具备相应从业资质,并定期进行业务培训和安全应急演练	☆☆☆☆☆
	营销人员	拥有线上、线下营销推广人员,适应B端渠道、C端新媒体营销专业人员,并定期进行业务培训	☆☆☆☆☆
服务质量管理	服务流程	拥有清晰的客户旅程地图和标准服务流程,并对服务团队定期进行培训、考核	☆☆☆☆☆
	特定人群服务	对政务活动、大规模研学团、精品研学营、亲子研学等特定人群具有差别性的特定服务设计,并对服务团队定期进行培训、考核	☆☆☆☆☆
	质量反馈机制	具有线上、线下服务质量反馈机制,定期收集客户满意度、复盘改进服务质量	☆☆☆☆☆
市场营销管理	产品策略	具备线上与线下、课程与文创、有形与无形的产品矩阵,如已有成体系的IP产品更具发展潜力	☆☆☆☆☆
	价格策略	兼具学校性研学产品的公益定价策略和市场性研学产品的盈利定价策略,同时有完善的促销机制	☆☆☆☆☆

维度	子项	解释	评级
市场营销管理	渠道策略	具备线上、线下立体化渠道建设,并对不同渠道有不同的有效推进策略	☆☆☆☆☆
	推广策略	具有热点话题推动、粉丝群体互动、品牌联名活动、政府公益活动等多元推广方式,打响基(营)地品牌知名度	☆☆☆☆☆
安全质量管理	场地安全	具有完善的安全警示标识、安全健康设备、安全保障人员,购买足够研学相关责任险,定期与相关政府部门互动互联	☆☆☆☆☆
	活动安全	制定研学活动安全管理制度、应急预案等,建立与学校、家长实时沟通平台,定期培训研学服务团队	☆☆☆☆☆
	食宿安全	具有完善的食宿相应卫生、安全资质,并随时准备相关部门的检查需求	☆☆☆☆☆
	公共安全	制定和完善包括地震、火灾、食品卫生、治安事件、设备突发事故、公共健康事件等各项公共安全应急预案,并定期组织演练	☆☆☆☆☆

注:表 2-1 是系统梳理八大维度的运营指标,表 1-1 是区分基地与营地的维度指标,两者有相关,但不完全相同。

二、案例分析:人工智能基地的优势分析

按照表 2-1 所列项目,该人工智能基地研学工作组成员对本基地进行了运营优劣势自评,并把每一项指标的分数相加、汇总、制图,综合结果如图 2-2 所示。

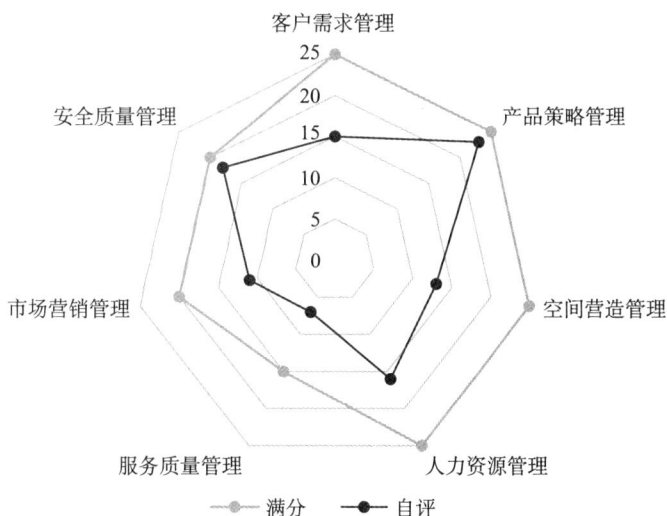

图 2-2 某人工智能基地运营优劣势自评结果

(注:也可以用蜘蛛图分析每一个维度中各指标的优势与痛点,寻找解决思路)

1. 优势分析

(1)产品占绝对优势。该基地在人工智能课程及产品开发上有着绝对技术优势,开发

了不同主题、不同年龄群体、半日到多日的课程产品,同时将自身高端人工智能产品模块化,设计或采购了一批适配课程的教具、学具,并且开始有自主IP。

(2) 强大技术实力带动其他优势明显。凭借着上百位科技工作者的团队优势,在研学导师、安全管理上也有明显优势。

2. 痛点分析

(1) 客户需求了解与研学服务经验少。由于本基地属于科研单位,对市场需求不甚了解,所接触的人群和讲解、服务方式也很难从高科技人才转向面对学生及家长群体,因此在这两方面上处于明显劣势。

(2) 空间营造需顾及现有主业。因为该基地是政府重点示范项目,研究空间向研学空间的转变,也要在保证正常科研和政府接待的前提下进行适度调整,所以空间营造还需要借助外力进一步设计。

(3) 市场营销方式受限。科研单位在市场营销层面也有可见的限制条件,如核心技术保密、公益性为主等。

3. 解决思路

(1) 关于客户需求,建立客户需求管理体系,然后借助区域内科普活动进校园、进社区等活动,进一步接触客户、收集需求、分析及应用于后续的研学服务。

(2) 关于空间营造,与了解学生心理发育特点的设计公司(尤其是打造过优秀科学活动中心的设计公司)合作,结合本单位产品优势,定制具有市场独特性的人工智能研学活动空间。

(3) 关于市场营销及服务质量,在公益普惠的原则下,线上科普课程先引流,积极跟随参与线下校园行、区域范围的科普研学等政府主导的系列活动,逐步累积学校渠道、参与人数、服务经验和品牌形象等,进而完善推广策略和提升服务质量。

不同优势与痛点的基(营)地会选择不同的运营模式来寻求可持续发展,这一部分会在任务三中继续学习。

🔍【训练题】

一、自测题

1. "完整性"是(　　)维度的分析指标。

    A. 产品策略管理　　　　　　　　　　B. 空间营造管理

    C. 人力资源管理　　　　　　　　　　D. 服务质量管理

2. 下面各项中,不属于市场影响管理范畴的是(　　)。

    A. 食宿安全　　　　　　　　　　　　B. 定价策略

    C. 推广策略　　　　　　　　　　　　D. 渠道策略

3. 下面各项中,不属于专职研学导师需要具备的证件是(　　)。

    A. 教师资格证　　　　　　　　　　　B. 导游证

    C. 食品安全经营许可证　　　　　　　D. 急救证

二、讨论题

请分小组讨论,教育部的研学旅游基地分类里不同类型的基(营)地的运营优劣和痛点都有哪些共性。

三、实践题

以小组为单位,走访一家研学旅游基地或营地,以表 2-1 为蓝本调研该基(营)地,访谈其运营中的优势与痛点,提出建设性的解决思路。

任务二　获取研学旅游基(营)地的客户需求

【任务概述】

本次任务将从客户需求管理流程出发,学会如何运用"客户需求管理表"获取政务单位、中小学及幼儿园(旅行社)、学生及家长的需求。

【案例导入】

任务一中的人工智能研究所已成功申报上当地市级研学实践教育基地,现在工作核心转向全面运营该基地的研学项目。运营的第一步即进一步研究客户需求,明确不同的客户适合怎样的产品和服务。本任务从"需求管理流程"和"四类客户需求"两个方案来详细拆解研学旅游基(营)地如何获取客户需求。

一、建立基(营)地客户需求管理流程

在基(营)地的运营模块中,"客户需求管理"是第一环节,也是最容易被运营团队忽视的环节。在多数情况下都是通过与客户交谈、市场感知来获取需求,之后也是口耳相传生成产品和服务,经验主义传授者居多,标准化管理者较少。但随着当今社会瞬息万变、获取信息途径增多、团队人员变迁、服务客户量增大等诸多因素带来的影响,对需求的标准化管理,可以有效避免内外部变化造成的需求信息偏差,以及由此带来的错误运营决策。

科学管理客户需求,应从"收集""处理""分析""应用""评估"五大方面构建本基(营)地客户需求管理标准(见图 2-3),有条件的基(营)地甚至可以把标准做到数字化系统中,通过客户行为(需求)数据积累、大数据分析、人工智能模拟决策等科技手段提升运营精准度和效率。

1. 收集需求

(1)调查问卷。收集指标可含"性别""年龄段""信息获取方式""兴趣点""期待收获""出行方式""出行时段""理想价位"等选项,以获取客户基本需求信息。

(2)焦点访谈。邀请不同客户群体代表进行焦点访谈,如"从什么途径知道这里?""什么能吸引他选择这里的研学产品?""研学产品有哪些地方让他觉得好/不好?""他多次购买/不再购买的原因是什么?""他是否愿意推荐给其他人? 理由是什么?"以此获取客户更深层次的想法和需求。

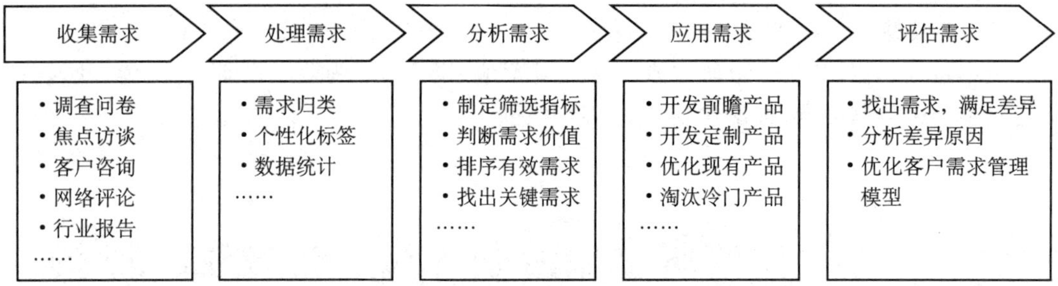

收集需求	处理需求	分析需求	应用需求	评估需求
·调查问卷 ·焦点访谈 ·客户咨询 ·网络评论 ·行业报告 ……	·需求归类 ·个性化标签 ·数据统计 ……	·制定筛选指标 ·判断需求价值 ·排序有效需求 ·找出关键需求 ……	·开发前瞻产品 ·开发定制产品 ·优化现有产品 ·淘汰冷门产品 ……	·找出需求,满足差异 ·分析差异原因 ·优化客户需求管理模型

图 2-3　研学旅游基(营)地客户需求管理流程及标准

(3) 客户咨询。对于主动咨询的客户,在提前备好一份"××产品百问百答"的同时,进一步挖掘其他潜在需求,并记录在对应的需求表中。数字化系统强大的基(营)地可以进一步收集客户在产品展示页的阅读时长、分享率、咨询率等客户行为数据及转化效果。

(4) 网络评论。收集各大平台上客户对本基(营)地的评论,尤其是好评、差评、咨询等,可以借助词云等技术手段提取关键需求。

(5) 行业报告。收集各行业协会、论坛、研究院、咨询公司发布的关于"研学旅游""营地教育""亲子游"等相关细分领域行业报告,把握市场趋势。

2. 处理需求

(1) 需求归类。可将需求按"产品偏好""团队大小""时间长短"等进行归类,以便于分析哪类产品最受市场青睐。

(2) 个性化标签。可给客户"打标签",以便于将客户精准分群,精准服务。标签可以从"年龄""偏好""忠诚度""消费级别""影响力""角色"等角度进行设置。

(3) 数据统计。运用 Excel、系统数据库等方式对收集到的需求数据进行汇总、删除无关数据、分类运算统计、制表等处理,以便后续综合分析。

3. 分析需求

(1) 制定筛选指标。根据不同客户群体的需求倾向,制定可供筛选的"需求价值指标体系"。

(2) 判断需求价值。根据"需求价值指标体系"给需求赋分,进一步判断需求价值。

(3) 排序有效需求。将需求价值进行分数排序,筛选出排名靠前的有效需求。

(4) 找出关键需求。经过团队讨论,进一步找出利于工作改进的关键需求。

4. 应用需求

(1) 开发前瞻产品。将团队未曾思考过的新需求、潜在需求转化为前瞻产品投入市场。

(2) 开发定制产品。将部分重要群体的个性化需求转化为定制产品投入市场。

(3) 优化现有产品。对热门产品出现的新需求进行产品优化。

(4) 淘汰冷门产品。对无法满足新需求、市场购买率低的产品进行淘汰处理。

5. 评估需求

(1) 找出需求,满足差异。对客户进行回访,找出新产品、新优化对需求的满足程度,找出理想与现实的差异点。

(2) 分析差异原因。通过调研问卷、深度访谈、客户评论、市场效益等方式,复盘分析产生需求满足差异的原因。

（3）优化客户需求管理模型。根据复盘结果,继续优化客户需求管理模型。

基（营）地在刚起步的时候,切勿随波逐流,更应做好客户需求管理,找准市场需求缺口,精确绘制客户画像,找到差异化市场发展之路。在具体工作时可以简化部分步骤,提高工作效率。但对于业务量大、数字化程度高的基（营）地,每一步决策都牵一发而动全身,更需要把需求管理标准细化到工作系统中,通过大数据智能分析,获取关键需求,推导关键决策。

二、案例分析:了解不同客户群体的需求偏好

研学旅游的客户群体分四类:政府/协会、学校/企业、家长和学生。不同的群体因各自的职责或角色不同,需求的偏好也不同。

政府/协会作为研学旅游行业的顶层设计者、推广者、监管者,在制定相应规章制度的同时,会选择最具代表性的基（营）地举办各类具有社会推广效应、战略引领价值的大型活动。

学校/企业作为研学旅游重要的组织者,在价值引领、内容形式、范围深度、品牌效应、安全系数等方面会尤为关注。

家长作为研学旅游的购买者、参与者,在价格、体验、效果上具有较大的话语权和选择权。

学生作为研学旅游最重要、最直接的参与者,非常注重体验感和获得感。

鉴于以上四类客户群体,人工智能研学基地通过收集需求、处理需求、分析需求,得到了这四类客户群体的关键需求（见图 2-4）。

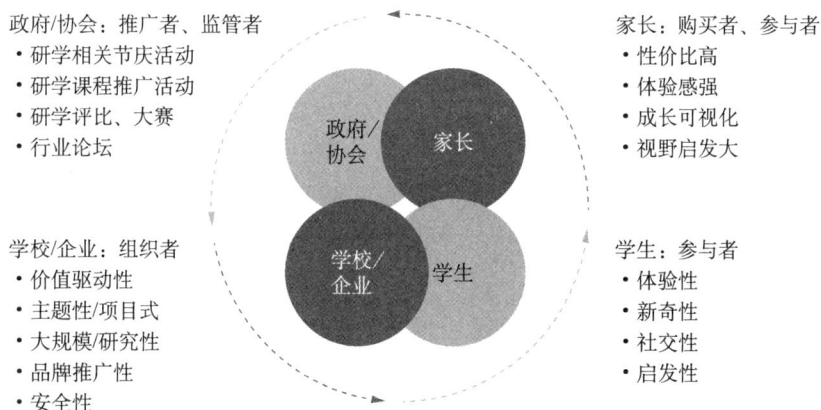

政府/协会:推广者、监管者
·研学相关节庆活动
·研学课程推广活动
·研学评比、大赛
·行业论坛

家长:购买者、参与者
·性价比高
·体验感强
·成长可视化
·视野启发大

学校/企业:组织者
·价值驱动性
·主题性/项目式
·大规模/研究性
·品牌推广性
·安全性

学生:参与者
·体验性
·新奇性
·社交性
·启发性

图 2-4　某人工智能研学基地客户群体关键需求

1. 政府/协会

（1）基（营）地具备承接研学相关节庆活动的能力,如举办科普文化节、科技研学周等活动的承接能力强。

（2）基（营）地具备承接研学课程推广活动的能力,如能承接省、市、区、科协优秀研学课程推介会。

(3)基(营)地具备承接研学基地评比、研学课程大赛等活动的能力。

(4)基(营)地具备承接行业论坛的能力,如省、市、区研学旅游发展研讨会。

2．学校/企业

(1)基(营)地具有价值引领/驱动性,如在科技思政、科学素养等方面具有教育价值。

(2)基(营)地具有符合国际视野、乡土文化或校本文化的主题性/项目式研学课程。

(3)基(营)地具有能承接500人以上全级或全校性大规模研学,或能提供主题深入、完整研究过程的研究性实践课程。

(4)基(营)地对学校或企业的品牌价值有推广效应。

(5)基(营)地能保证学生活动过程中的安全。

3．家长

(1)倾向于选择性价比高的产品。

(2)学生和家长在参与过程中互动体验感强,如有亲子互动环节会更佳。

(3)特别关注学生在参与过程中的成长可视化,如专注学习的照片、开心互动的视频、深度分享的音频、认真制作的作品等。

(4)倾向于能开阔学生的视野的产品,特别是能对学生的学科学习、未来升学及择业选择有所启发的产品会更受家长青睐。

4．学生

(1)喜欢互动性强,追求五感体验的刺激。

(2)喜欢没见过、没经历过的新奇场景或活动。

(3)能促进同龄群体或不同文化群体的社交互动体验。

(4)能在过程中获得启发,收获不同于校内的成长。

当确定好不同客户群体的关键需求后,该人工智能研学基地可以继续"应用需求""评估需求",不断迭代"客户需求管理流程"。

🔍【训练题】

一、自测题

1．客户需求管理流程的第一步是(　　)。

    A．评估需求　　　　B．分析需求　　　　C．收集需求　　　　D．应用需求

2．下面各项中,不属于研学旅游的客户群体是(　　)。

    A．学校　　　　　　B．政府部门　　　　C．学生　　　　　　D．老年人

3．学生最关注的需求是(　　)。

    A．行业论坛　　　　B．新奇性　　　　　C．性价比高　　　　D．品牌推广性

二、讨论题

请分小组讨论,一个刚建立的研学基(营)地在"客户需求管理流程"中,哪些环节是最有必要的,请说明理由及工作思路。

三、实践题

以小组为单位,走访一家研学旅游基地或营地,以图 2-3 为蓝本制作一份收集需求的 SOP。

任务三 选择研学旅游基（营）地的运营模式

【任务概述】

本次任务将以教育性、体验性、唯一性、长期性为原则,探讨具备不同优势的研学旅游基(营)地在自主运营、联合运营、委托运营、平台运营等运营模式中的选择倾向。

【案例导入】

在前面的分析中,人工智能研学旅游基地目前已拥有优秀的研学课程产品和导师团队,经费主要由地方政府和科技主管部门支持。现有几家研学机构在跟该基地洽谈合作,研学负责人该如何选择运营模式呢?

一、确立基(营)地运营模式的原则

运营模式是指企业内部人、财、物、信息等各要素的结合方式,这是商业模式的核心层面。如果缺乏合理有效的运营模式,即使再高效的销售模式,也会由于缺乏持续而优质的产品服务供应变得空心化。

本着打造具有中国特色的研学旅游基(营)地行业发展路径,提供优质、充足的研学产品及服务,避免市场无序竞争导致经营状况恶化等目标,基(营)地产权拥有方在选择适合自身的运营模式时,应把握以下几个核心原则。

1. 教育性原则

从研学旅游的定义、内容、组织者、受众来看,教育性都是研学旅游产品有别于其他文旅产品的根本属性,也是教育部门、中小学、家长及学生最重要的需求。坚持教育性原则,有助于基(营)地建立产品壁垒,扩大客户范围,填补运营空窗期,提升企业核心竞争力,进而更从容地面对逐步提升的客户需求和研学旅游基(营)地相关准入门槛。

2. 体验性原则

营造真实的实践体验场景,参与真实的实践体验活动,让学生"做中学",通过五感体验、亲身经历、现场感受来收获知识、感知世界、理解情感、领悟价值观。因此,把握体验性原则是研学旅游基(营)地保持长期吸引力的重要抓手。

3. 唯一性原则

鉴于研学旅游市场资源繁杂、渠道众多、壁垒较低等现状,为保证基(营)地持续、良性运营,需根据自身优势打造具有市场唯一性的空间、课程、知识产权(IP)产品、导师团队、服务模式等,进而选择与之适配的运营模式。

4. 长期性原则

在研学旅游的运营模块中,空间打造、服务流程设计、安全设施建设等是相对快速的,但具有教育性、体验性、唯一性的专业研学产品的设计、打磨、持续迭代是需要长期积淀的。同时，研学导师团队的成长与磨合、课程执行过程中的服务细节优化，也是需要一定时间的实践积累。因此，无论研学旅游基（营）地选择怎样的运营模式，长期、稳定的自营团队或合作关系，都是该基（营）地运营理念可持续、产品服务高发展的有力保障。

二、选择适配的运营模式

结合研学旅游基（营）地的八大运营模块能力中与运营模式最紧密相关的"产品能力""团队能力""服务能力""营销能力""数字能力"，加上"资本能力"和"开放程度"，综合分析各项能力的强弱，可以选择"自主运营模式""联合运营模式""委托运营模式""平台运营模式"四类运营模式，参考分法如表 2-2 所示。

表 2-2　根据研学旅游基（营）地自身能力可选的四种运营模式

序　号	产品能力	团队能力	服务能力	营销能力	数字能力	资本能力	开放程度	典 型 范 例	可选运营模式
第 1 类	强	强	强	强	强	强	弱	香港迪士尼乐园	自主运营模式
第 2 类	强	弱	弱	弱	强	皆可	中	广东科学中心	联合运营模式
第 3 类	弱	弱	弱	弱	弱	弱	强	紫金县苏区革命遗址群	委托运营模式
第 4 类	弱	强	弱	强	皆可	皆可	强	上海市金山区青少年实践活动中心	平台运营模式

1. 自主运营模式

基（营）地具有强产品能力、强团队能力、强服务能力、强数字能力及强资本能力的，可选择自主运营模式。在这种模式下，基（营）地需要组建自有研学团队，自主开发研学产品，搭建自有服务体系、营销渠道、数字系统，这对基（营）地的资本实力和抗风险能力要求非常高。

香港迪士尼乐园在自主运营模式上具有典型示范性[①]。香港迪士尼乐园联合香港幼儿园到中学的教育专家开发了 3～18 岁的"迪士尼青少年奇妙学习系列""迪士尼毕业庆典""迪士尼乐园探索之旅""迪士尼演艺日""全校课外活动策划""演艺工作坊"等一系列研学相关产品，其中"迪士尼青少年奇妙学习系列""迪士尼乐园探索之旅""迪士尼演艺日"可以申请全方位学习津贴。

学校、家庭和学生可以在香港迪士尼乐园官网上填写报名申请参与活动。乐园组建的导师团队、志愿者按照固定的时间、固定的接待点、固定的课程教具、固定的活动引导话术等标准化的服务流程接待报名研学课程的游客。其中穿插乐园设施体验和制作活动，教具都是依据迪士尼强大的 IP 衍生制作的。例如，小学组"迪士尼科学行动"通过体验"米奇幻想曲""疯帽子旋转杯""小小世界"等游乐设施，在互动课程中利用组合玩具了解协同作用的

---

① 香港迪士尼乐园. 迪士尼青少年团队活动计划［EB/OL］. https://www.hongkongdisneyland.com/zh-cn/disney-youth-programs/,2023-09-28.

原理。

强大的 IP、产业链能力和二次消费收益,使得研学旅游只是迪士尼众多业务模式中的一种,乐园完全有能力自主运营,对外开放合作的空间较小。

另外,如东方绿舟这类政府直属的营地和科学研究所类保密性要求较高的基地,对外开放合作的概率较低,也大部分采用自主运营模式。

2. 联合运营模式

如果基(营)地具有自身主打产品,想扩展多元产品,但不具备开发这些产品的能力和服务团队,同时也需要靠新产品和团队来营销引流,就可以选择联合运营模式,开放一部分场地分包给外部机构,同时在自身营销平台上进行联合推广,选择包租或分成的形式进行联合运营。

作为"吉尼斯世界纪录"认证的"最大的科技馆/科学中心",广东科学中心不仅科学设施和科普活动丰富,还联合科学实验类机构对外输出了科学实验一日营,如"能量果实""遗传的秘密""微观世界""拯救世界的中国队长""神医柳树"[①];多日营,如"火星探索营"[②]等。同时,联合机器人培训机构对外输出了"机器人总动员"周末研学营[③]、"机器人竞赛营"[④]等专业夏令营。

联合运营模式可以让基(营)地在现有的基础上,产品更多元、导师更个性、服务更专业、成本结构更优、收益更大,等等。当然,为保障品牌形象、课程品质、服务质量和安全,基(营)地方需对联合运营的机构有较为完善的准入、退出、奖惩机制。

3. 委托运营模式

部分偏远地区或财力不足的基(营)地,如一些乡村振兴项目中的基(营)地,无法自建团队、自主开发产品和平台,可以选择委托运营模式。

广东省河源市紫金苏区镇作为全国唯一以苏区命名的乡镇,其革命旧遗址群的管理运营项目(采购编号:GDXHH202108WT066)已通过招投标方式,由紫金县苏区镇人民政府委托给第三方机构全权运营[⑤]。该基地距离河源市区 100 多公里,人才匮乏、离市场远、地方财政支持有限,第三方机构通过搭建当地运营团队,以河源市区团队输送内容产品、公众号品牌宣传、服务培训,以深圳、河源市区团队进行市场推广、输送客源,保障了基地的正常运营和进一步修缮。

4. 平台运营模式

平台运营模式适合对区域资源整合能力强,能在研学方面有区域引领作用的基(营)地,利用平台公信力和品牌营销力,联合相关资源的团队,打造产品和服务平台,为本区域的中

---

① 广东科学中心. 特色研学｜科学实验一日营来啦! 来做小小科学家[EB/OL]. https://mp. weixin. qq. com/s/FEDD5gvy5iIII9ODvYUfxQ,2022-09-16.

② 广东科学中心. 火星探索营｜与科学大咖一起探索太空![EB/OL]. https://mp. weixin. qq. com/s/gs2wCUi1Kukqgai1KU9S6Q,2022-09-23.

③ 广东科学中心."机器人总动员"周末研学营来啦～[EB/OL]. https://mp. weixin. qq. com/s/3UOY_grLeC-cvFkP69uZvCQ,2022-10-21.

④ 广东科学中心. 机器人竞赛营｜报名开启! 编程、研制、花式 PK……满足你![EB/OL]. https://mp. weix-in. qq. com/s/Nc6pjLA1Ecktp3OmLPNMTg,2022-09-09.

⑤ 广东鑫华弘工程管理有限公司. 紫金苏区镇革命旧遗址群管理运营项目成交结果公告[EB/OL]. http://www. gdxinhuahong. com/nd. jsp? id=178,2021-08-12.

小学生提供多元、优质的研学课程、导师及相应服务。

上海市金山区青少年实践活动中心被教育部评为2018年"全国中小学生研学实践教育营地",本着开放、合作、共享、发展的宗旨,形成了"两心两区"功能定位,构建了"一核多区""三教育圈""四课程系列"课程模式。中心联合区学校少年宫联盟,借助家校社一体化资源平台,建立了研学营地社会化实践基地的课程联盟,有效实现"实践育人"研学旅游目标。

其中"两心"是指生命安全教育中心和艺术教育中心;"两区"是指国防教育体验区和现代农业科普教育体验区。"一核多区"是以研学营地为核心,周边区(廊下现代农业园区)—地域区(金山)—长三角区(江浙沪)的课程辐射模式。"三教育圈"分别是距中心15分钟、30分钟、90分钟车程的实践教育课程地域圈。"四课程系列"包括营地课程系列、现代农业课程系列、研学实践教育课程系列、创智体验物化课程系列。

三、非营利性和营利性基(营)地的运营模式探讨

目前,研学旅游基(营)地分非营利性和营利性两种。

非营利性基(营)地大多以政府部门直属的博物馆、文化馆、故居、科技馆、高校、研究所等为主。因研学产品的专业性较强,以自主运营模式为主;但考虑到公益活动和场馆建设经费支撑来源,以及研学产品多样化、个性化等原因,可以选择部分领域有条件地联合运营模式。具备区域整合能力的非营利性单位,如上海市金山区青少年实践活动中心,也可以选择平台运营模式。

营利性基(营)地,如旅游景区、主题乐园、工商业基地等,本着品牌形象宣传、业务板块多元、客户体验提升等目标,运营模式选择相对自由。资本力量、团队实力和产品开发能力强的优先选择自主运营模式;希望产品多元、成本结构更优的可选联合运营模式;资源有独特性,但除此之外其他方面都不足的情况下,最好选择委托运营模式;平台运营模式对于营利性基(营)地来说目前难度较大,成功案例也少见。

【主要术语】

运营模式(operation mode):是指企业内部人、财、物、信息等各要素的结合方式,这是商业模式的核心层面。如果缺乏合理有效的运营模式,即使再高效的销售模式,也会由于缺乏持续而优质的产品服务供应变得空心化。

【训练题】

一、自测题

1. 下面各项中不属于研学旅游基(营)地运营原则的是(　　)。

A. 教育性　　　　　　　　　　　　　B. 体验性

C. 唯一性　　　　　　　　　　　　　D. 短期性

2. 下面各项中适合偏远乡镇研学旅游基地的运营模式是(　　)。

A. 自主运营模式　　　　　　　　　　B. 联合运营模式

C. 委托运营模式　　　　　　　　　　D. 平台运营模式

3. 下面各项中属于营利性研学基地的是(　　)。

    A. 故宫博物院   B. 珠海长隆海洋王国

    C. 泸州市教育实践基地   D. 中共四大纪念馆

二、讨论题

请分小组讨论,人工智能研学基地可以选择的运营模式,并说出利弊。

三、实践题

以小组为单位,走访一家研学旅游基地或营地,调研分析该基(营)地的运营模式。

项目三

研学旅游基(营)地的产品策略

在了解各级研学旅游基(营)地申报标准后,基于目前基(营)地的运营痛点和市场需求,需要结合基(营)地的资源优势,进行产品开发。

项目按照基(营)地研学产品体系的开发流程,分解为七个任务。任务一,了解研学旅游课程是什么以及好的研学旅游课程有哪些共性,设计符合教育规律和旅行体验的好产品;任务二,了解研学旅游课程体系搭建的基本逻辑,先见森林再植树木;任务三,将进入正式的设计环节,萃取属于本基(营)地特有的研学旅游资源;任务四,从半日研学产品开始课程设计,掌握研学旅游课程的基本课程结构;任务五,掌握流量最大的一日研学旅游课程设计的方法;任务六,掌握高客单价及寒暑假爆款多日研学旅游课程设计的策略;任务七,基于所有可能的产品设计思路,设计与之搭配的高性价比研学物料。

学习目标

1. 知识目标

(1) 了解研学产品体系的多种形式。

(2) 理解研学旅游课程设计的基本模型。

(3) 了解研学物料设计的基本理念。

2. 能力目标

(1) 具备将学科知识融入课程设计的专业学习能力。

(2) 具备基于特有资源的策划设计能力。

3. 素养目标

(1) 具备跨学科思维,将新时代思政教育融入研学产品设计中。

(2) 在研学产品设计中有针对不同群体差异化设计的客户意识。

(3) 在课程和物料设计中具备安全意识。

📖 **学习重点和学习难点**

1. 学习重点

能基于研学基(营)地特色资源设计不同类型的研学旅游课程和对应物料。

2. 学习难点

针对不同年龄层、不同体验需求、不同规模的客户设计差异化研学产品。

🚩 **知识导图**

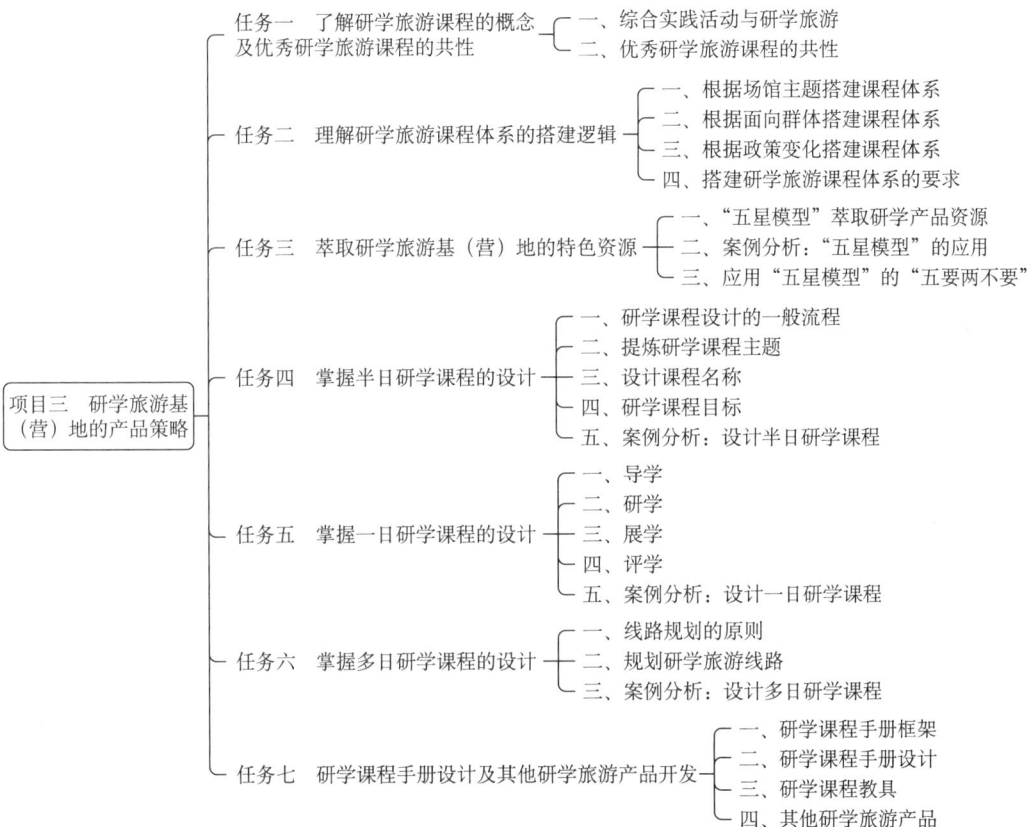

任务一　了解研学旅游课程的概念及优秀研学旅游课程的共性 ─ 一、综合实践活动与研学旅游 / 二、优秀研学旅游课程的共性

任务二　理解研学旅游课程体系的搭建逻辑 ─ 一、根据场馆主题搭建课程体系 / 二、根据面向群体搭建课程体系 / 三、根据政策变化搭建课程体系 / 四、搭建研学旅游课程体系的要求

任务三　萃取研学旅游基(营)地的特色资源 ─ 一、"五星模型"萃取研学产品资源 / 二、案例分析:"五星模型"的应用 / 三、应用"五星模型"的"五要两不要"

任务四　掌握半日研学课程的设计 ─ 一、研学课程设计的一般流程 / 二、提炼研学课程主题 / 三、设计课程名称 / 四、研学课程目标 / 五、案例分析:设计半日研学课程

任务五　掌握一日研学课程的设计 ─ 一、导学 / 二、研学 / 三、展学 / 四、评学 / 五、案例分析:设计一日研学课程

任务六　掌握多日研学课程的设计 ─ 一、线路规划的原则 / 二、规划研学旅游线路 / 三、案例分析:设计多日研学课程

任务七　研学课程手册设计及其他研学旅游产品开发 ─ 一、研学课程手册框架 / 二、研学课程手册设计 / 三、研学课程教具 / 四、其他研学旅游产品

项目三　研学旅游基(营)地的产品策略

🔔 **任务一**

了解研学旅游课程的概念及优秀研学旅游课程的共性

✏️ **【任务概述】**

研学产品是建设及运营一个研学实践基(营)地的重要组成部分,而作为研学产品中最

重要的内容，研学旅游课程的内容与品质至关重要。根据实际资源情况、客源群体或运营需要，不同研学基地应设计不同主题和内容的研学旅游课程供客户选择。自 2016 年 12 月教育部等 11 部门印发《关于推进中小学生研学旅游的意见》[①]（以下简称《意见》）发布以来，研学旅游行业开始发展，研学旅游课程如雨后春笋般出现在市场上。但因为缺少官方课程标准，市场上的课程质量良莠不齐。各地为了规范研学旅游行业的发展，让学生能够参加内容各异的优秀课程，各省市纷纷开展优秀研学旅游课程的评审与考核工作，明确优秀课程地方标准，展示地方优秀课程样板，逐步规范研学旅游行业的发展。

那么，究竟研学旅游课程是什么？从各省市的地方标准来看，优秀研学旅游课程存在哪些共性呢？

本项目第一个任务，将要厘清研学旅游课程的概念及其在国家课程中的位置；通过各地市评选优秀研学旅游课程的标准，发现优秀研学旅游课程所含有的共同特征；通过学习研学旅游课程概念、共性及实训任务，能够搜索、了解本地区优秀研学旅游课程的评审标准，并具备区分、分析研学旅游课程内容的能力。

【案例导入】

根据山东省教育厅等 12 部门联合印发的《山东省推进中小学生研学旅游工作实施方案》精神，山东省教育厅组织专家对全省 16 市申报的研学基地和研学旅游课程进行了评审，拟确定青州市博物馆等 46 处申报单位为第二批省级中小学生研学基地，《观千器而博学 踏百馆而广识》等 37 项申报课程为第二批省级优秀研学旅游课程。[②]

哪些产品属于研学旅游课程？什么样的课程能被评选为优秀课程呢？

一、综合实践活动与研学旅游

2016 年 12 月，《意见》首次对研学旅游进行了具体的解释。

中小学生研学旅游是由教育部门和学校有计划地组织安排，通过集体旅行、集中食宿方式开展的研究性学习和旅行体验相结合的校外教育活动。

同时，《意见》中提出：要将研学旅游纳入中小学教育教学计划。

各地教育行政部门要加强对中小学开展研学旅游的指导和帮助。各中小学要结合当地实际，把研学旅游纳入学校教育教学计划，与综合实践活动课程统筹考虑，促进研学旅游和学校课程有机融合，要精心设计研学旅游活动课程，做到立意高远、目的明确、活动生动、学习有效，避免"只旅不学"或"只学不旅"的现象发生。学校根据教育教学计划灵活安排研学旅游时间，一般安排在小学四到六年级、初中一到二年级、高中一到二年级，尽量错开旅游高峰期。学校根据学段特点和地域特色，逐步建立小学阶段以乡土乡情为主、初中阶段以县情

---

① 教育部等 11 部门．教育部等 11 部门推进中小学生研学旅游的意见［EB/OL］．http://www.moe.gov.cn/src-site/A06/s3325/201612/t20161219_292354.html，2016-12-02.

② 山东省教育厅．山东省第二批省级中小学生研学基地和优秀研学旅游课程评选结果公示［EB/OL］．http://edu.shandong.gov.cn/art/2020/11/19/art_11982_10031074.html，2020-11-19.

市情为主、高中阶段以省情国情为主的研学旅游活动课程体系。

从以上的主要任务中可以看出,教育部为研学旅游的组织形式、学习方式、课程对象、课程内容做出了对应的规定,并且提出把研学旅游与综合实践活动课程进行统筹安排。2017年9月,教育部印发《中小学综合实践活动课程指导纲要》①(以下简称《指导纲要》),其中明确了综合实践活动的课程性质,同时把研学旅游纳入考察探究的内容中。

(一)课程性质

综合实践活动是从学生的真实生活和发展需求出发,从生活情境中发现问题,转化为活动主题,通过探究、服务、制作、体验等方式,培养学生综合素质的跨学科实践性课程。

综合实践活动是国家义务教育和普通高中课程方案规定的必修课程,与学科课程并列设置,是基础教育课程体系的重要组成部分。该课程由地方统筹管理和指导,具体内容以学校开发为主,自小学一年级至高中三年级全面实施。

(二)活动方式

考察探究是学生基于自身兴趣,在教师的指导下,从自然、社会和学生自身生活中选择和确定研究主题,开展研究性学习,在观察、记录和思考中,主动获取知识,分析并解决问题的过程。例如,野外考察、社会调查、研学旅游等。

从《意见》到《指导纲要》,研学旅游在学校教育中的定位愈加清晰。它既是学校开展的教育活动,也是综合实践活动中的一项内容。综合《意见》和《指导纲要》对研学旅游的解释和定位,一个研学旅游课程需要具备以下几个特征。

1. 研究性

研究性学习是学生在教师指导下,从自然、社会和生活中选择和确定专题进行研究,并在研究过程中主动地获取知识、应用知识、解决问题的学习活动。研究性学习强调对所学知识、技能的实际运用,注重学习的过程和学生的实践与体验。② 研学旅游,"研"在第一位。如果没有研究性学习,研学旅游就失去综合实践活动中实践与体验的关键要素,"研学"将无从谈起。

2. 综合性

研学旅游课程是综合实践活动的一种活动形式,遵循综合实践活动的总目标,即学生能从个体生活、社会生活及与大自然的接触中获得丰富的实践经验,形成并逐步提升对自然、社会和自我之内在联系的整体认识,具有价值体认、责任担当、问题解决、创意物化等方面的意识和能力。这需要研学旅游课程从学生的真实生活和身心发展出发,在生活情景中发现问题,并转化为活动主题,让学生综合运用各科的知识、认识去解决现实问题,在实践中促成知行合一,提高学生的综合素质,实现学生的全面发展。

---

① 中华人民共和国教育部.教育部印发《中小学综合实践活动课程指导纲要》[EB/OL]. http://www.moe.gov.cn/srcsite/A26/s8001/201710/t20171017_316616.html,2017-09-27.

② 教育部.普通高中"研究性学习"实施指南(试行)[EB/OL].http://www.moe.gov.cn/srcsite/A06/s3732/200104/t20010409_82009.html,2001-04-09.

3. 开放性

研学旅游课程是面向学生整个生活世界开展的实践课程，其知识内容、活动内容及活动范围具有开放性。有别于学科教育，研学旅游课程是基于学生已有经验和兴趣专长，打破学科界限、学校围墙的综合性课程。研学旅游课程鼓励学生跨领域、跨学科学习，引导学生把自己生活、成长的环境作为学习场所，不断拓展活动空间和活动内容。

4. 实践性

综合实践活动课程强调学生亲身经历各项活动，在"动手做""实验""探究""设计""创作""反思"的过程中进行"体验""体悟""体认"；在全身心参与的活动中，发现、分析和解决问题，体验和感受生活，发展实践创新能力。研学旅游课程是综合性课程、跨学科课程，其实践性特征尤为明显。研学旅游课程应从学生的真实生活和发展需求出发，在生活情境中发现问题，融合多学科知识，通过动手探究解决问题。

二、优秀研学旅游课程的共性

自 2016 年《意见》发布以来，全国各省市针对各地的实际情况，对基地和课程提出对应的具体评选要求，陆续开展省级、市级研学旅游基（营）地评选和优秀研学旅游课程征集与推荐工作。以下研学课程评选要求节选自开展省级优秀研学旅游课程评选或案例征集的通知，从中可以发现一些优秀课程的共性（见表 3-1）。

表 3-1　部分省级优秀研学实践活动课程评选或案例征集的通知（节选）

省	文　　件	征集/推荐研学课程要求（节选）
山西省	山西省教育厅关于征集"游山西·读历史"研学实践教育活动课程和精品线路的通知（晋教政函〔2021〕1 号）①	① 体系完整。包含课程名称、课程目标、课程任务、课程资源、课程实施、时间安排、课程评价等内容。 ② 主题鲜明。课程名称要简洁凝练、主题突出、特色鲜明。能根据地域文化资源和自身资源的优势，体现中小学生研学实践教育活动主旨，体现课程的核心价值要义。 ③ 目标明确。课程目标应紧扣主题、具体明确、切合实际，从知识技能、过程与方法、情感态度和价值观等方面描述所要达到的目标和育人效果。 ④ 对象清晰。课程实施主体要明确适合的学段，以及开展研学实践教育活动的天数等内容。 ⑤ 内容翔实。课程内容要围绕课程主题和课程目标，结合地域文化和自身资源特点，设计出内容丰富、易于实践、过程流畅、价值突出的课程内容，包括实物场景（情景）、讲解演示（展示）内容、活动体验（操作）内容、互动交流、双向评价等基本内容，体现体验性、互动性、科学性、趣味性、教育性的结合。 ⑥ 计划周密。课程要有配套的实施计划，对课程实施的各个环节有周密的活动方案和安全应急预案，责任到人

---

① 山西省教育厅 . 山西省教育厅关于征集"游山西·读历史"研学实践教育活动课程和精品线路的通知[EB/OL]. http://jyt.shanxi.gov.cn/sjytxxgk/xxgkml/jytwj/202112/t20211223_4209464.html,2021-02-04.

续表

省	文　件	征集/推荐研学课程要求(节选)
山东省	关于组织开展首批省级中小学生研学基地复评和第三批省级中小学生研学基地及优秀研学课程遴选推荐工作的通知 (鲁教基函〔2021〕4号)①	① 主题鲜明。要充分挖掘资源单位的教育素材,立足立德树人根本任务,提炼研学主题和育人目标,突出思想性、科学性、教育性、实用性、实践性、体验性,引导和培养学生形成正确的世界观、人生观,弘扬社会主义核心价值观。 ② 对象精准。所申报课程内容应符合学生身心发展阶段和认知水平,课程实施对象应指向特定学段。 ③ 内容丰富。围绕课程主题和课程目标,结合所依托资源单位特点,设计出价值丰富、思路清晰、展示性强、表达准确、思想健康、内容充实的课程资源。明确课程组织实施的目标、路径、方法,日程安排合理。 ④ 资料完善。结合课程内容,设计出可供学生选择使用的行前、行中和行后等相匹配的资料。 ⑤ 评价科学。有科学、简便、可操作的评价标准和方式;评价结果科学规范,可以在适当范围内、通过适当方式进行呈现
河南省	河南省教育厅河南省文化和旅游厅河南省文物局关于开展2022年研学实践教育精品课程征集活动的通知 (教基〔2022〕217号)②	① 落实根本任务。紧紧围绕立德树人根本任务,体现实践育人教育思想,聚焦学生核心素养,以学生发展为本,突出思想性、科学性、教育性、实用性、实践性、体验性,注重培养学生正确价值观、必备品格和关键能力的形成,弘扬社会主义核心价值观。 ② 课程内容丰富。课程设计要素齐全,一般包含课程主题、课程资源、课程目标、课程内容、课程实施、课程评价、研学手册等内容。围绕课程主题和课程目标,结合所依托资源单位特点,设计出价值丰富、思路清晰、表达准确、内容充实的研学实践课程。 ③ 注重实施评价。明确课程组织实施的目标、路径、方法,日程安排合理,对课程实施的各个环节有周密的活动方案和安全应急预案。要注重过程性数据记录和结果性评价相结合的综合评价方式。 ④ 体现学科融合。申报课程要体现与学校课程紧密结合,研究性学习和项目式学习特征显著,充分结合学生认知水平和校内课程的内容,科学设计综合性探究问题。以游戏化、体验式、探究性主题、多学科融合学习为主,变知识灌输为素养学习。以任务驱动和问题解决为导向,构建跨学科研学课程体系。 ⑤ 经过实践检验。所申报课程内容应符合学生身心发展阶段和认知水平,课程实施对象应指向特定学段。要充分彰显课程的实践性,已经在中小学落地实践,同时提交体现课程效果的相关佐证材料
广东省	广东省教育厅关于征集中小学研学实践教育典型案例的通知 (粤教思函〔2019〕2号)③	① 研学实践线路。所推荐线路可包含但不限于以下研学实践内容:利用南粤古驿道、优秀传统文化等资源设计的,旨在培养学生历史文化素养的"文化之旅"线路;利用革命历史遗址、爱国主义教育基地等设计的,旨在培养学生爱国主义情怀的"红色之旅"线路;利用高校、知名企业等资源设计的,旨在培养学生研究创新意识的"科研之旅"线路;利用自然景区、生态保护区等资源设计的,旨在培养学生生态文明意识的"生态之旅"线路;利用乡村、示范性农业基地等资源设计的,旨在培养学生热爱劳动的良好品质的"乡村之旅"线路。

① 山东省教育厅.关于组织开展首批省级中小学生研学基地复评和第三批省级中小学生研学基地及优秀研学课程遴选推荐工作的通知[EB/OL]. http://edu.shandong.gov.cn/art/2021/1/26/art_124277_10285607.html,2021-01-26.

② 河南省教育厅.河南省教育厅河南省文化和旅游厅河南省文物局关于开展2022年研学实践教育精品课程征集活动的通知[EB/OL]. http://jyt.henan.gov.cn/2022/07-12/2485923.html,2022-07-12.

③ 广东省教育厅.广东省教育厅关于征集中小学研学实践教育典型案例的通知[EB/OL]. http://edu.gd.gov.cn/zwgknew/gsgg/content/post_3428230.html,2019-01-07.

省	文 件	征集/推荐研学课程要求(节选)
广东省	广东省教育厅关于征集中小学研学实践教育典型案例的通知(粤教思函〔2019〕2号)	②研学实践课程。所推荐课程应由中小学校(含中职学校)、中小学生研学实践基(营)地、学生综合实践基地等单位自主开发,落实"立德树人"根本任务,体现"实践育人"教育思想,以培养学生综合素质为导向,因地制宜,体现地方特色,彰显研学课程特点;课程要有具体设计方案,包含课程理念、课程目标、课程内容结构、课程开发策略、课程实施过程、课程评价、课程管理等要素,可附带出版的有关教材

从以上通知中的内容可以看出,省级教育部门对优秀研学旅游课程提出了不同的要求,其中有针对各省市自身的地域特性,同时也有不少的共性可供参考。

1. 价值引领:挖掘德育元素

2021年新修订的《中华人民共和国教育法》第五条规定:"教育必须为社会主义现代化建设服务、为人民服务,必须与生产劳动和社会实践相结合,培养德、智、体、美、劳全面发展的社会主义建设者和接班人。"

这是我国当前的教育方针,明确回答了"培养什么人、怎样培养人、为谁培养人"等问题。作为综合实践活动内容之一的研学旅游,同样全面贯彻党的教育方针,落实立德树人根本任务,坚持德育为先,坚持教育与生产劳动、社会实践相结合。研学旅游课程应面向学生的个体生活和社会生活,充分挖掘研学主题与研学资源的德育元素,在从课程设计到课程评价的全过程中融入社会核心价值体系,引导和培养学生在实践与体验中逐步形成正确的世界观、人生观与价值观。

2. 基本要求:课程结构完整

美国课程论专家泰勒在《课程与教学的基本原理》一书中提出课程编制的"四段论",指出开发任何课程都必须回答四个基本问题:学校应该试图达到什么教育目标? 提供什么教育经验最有可能达到这些目标? 怎样有效组织这些教育经验? 如何确定这些目标正在得到实现? 这四个基本问题——确定教育目标、选择教育经验、组织教育经验、评价教育效果,构成了著名的"泰勒原理"。实际上,这四个问题明确了课程设计的四个要素,即课程目标、课程内容、教学过程(实施)及课程评价。

研学旅游课程同样遵循这个原理,并且由于研学旅游课程是一门实践性与体验性非常强的科目,除课程设计四要素外,其内容结构还包括课程主题、课程资源、行程安排、课程任务、研学手册等。这些课程要素环环相扣,紧密衔接,共同构成了一个结构完整的研学旅游课程。

3. 学科融合:跨学科学习

跨学科学习,就是打破学科壁垒,以多学科协同的方式,综合运用各种知识与能力,解决真实情境中的问题。研学旅游课程是面向学生个体生活和社会生活的课程,是开放的,也是综合的。在研学旅游课程中开展跨学科学习,通过实践与体验,将生活与校内知识有机连接,帮助学生发现问题,运用不同的学科知识分析问题、解决问题,有助于学生加深与增强对知识的理解与运用。

4.形式丰富:沉浸式体验

研学旅游课程有明显的实践性与体验性,课程的实施注重学生主动实践和开放的研究体验。在研学旅游课程中加入形式多样的体验环节,将问题与知识游戏化、趣味化,将知识灌输转变为学生主动探索,让学生在沉浸式体验中获取新知识,掌握新方法。

除以上四点外,明确的课程主题、清晰的目标受众、鲜明的地域特色等,都能让研学旅游课程从众多的课程中脱颖而出。

综上所述,研学旅游课程是综合实践活动课程的内容之一,课程开发面向学生的个体生活和社会生活,注重学生的实践和体验。在设计研学旅游课程时,应从学生的生活出发,引导学生在日常生活中发现问题,运用多学科知识分析问题、解决问题,从实践与体验中灵活掌握知识,做到学以致用。

【主要术语】

1. 研学旅游:中小学生研学旅游是由教育部门和学校有计划地组织安排,通过集体旅行、集中食宿方式开展的研究性学习和旅行体验相结合的校外教育活动。

2. 综合实践活动:是国家义务教育和普通高中课程方案规定的必修课程,与学科课程并列设置,是基础教育课程体系的重要组成部分。该课程由地方统筹管理和指导,具体内容以学校开发为主,自小学一年级至高中三年级全面实施。

3. 研究性学习:指学生在教师指导下,从自然、社会和生活中选择和确定专题进行研究,并在研究过程中主动地获取知识、应用知识、解决问题的学习活动。研究性学习强调对所学知识、技能的实际运用,注重学习的过程和学生的实践与体验。

【训练题】

一、自测题

1. 下面各项中属于研学旅游活动的是(　　)。

    A. 周末父母带着孩子到植物园认识植物

    B. 学校组织初一年级的学生到博物馆进行参观

    C. 班主任利用班会时间为同学们开展非遗体验活动

    D. 假期几位同学相约一起进行社区水质调查研究

2. 下面各项中不属于"泰勒原理"课程设计四要素的是(　　)。

    A. 课程目标　　　　　　　　B. 课程主题

    C. 课程评价　　　　　　　　D. 课程内容

二、讨论题

请分小组讨论,除了任务一中提到的课程共性,一个优秀的研学旅游课程还可能具备哪些优点?

三、实践题

请通过资料搜索,查找本地的研学旅游课程,找出你认为设计优秀的课程,说一说课程的优点。

任务二　理解研学旅游课程体系的搭建逻辑

【任务概述】

在上一个任务中，通过《意见》及《中小学综合实践活动课程指导纲要》两份文件，厘清"研学旅游"与"综合实践活动"的概念及两者的联系，并且了解了优秀研学旅游课程的共性，学会区分、分析研学旅游课程内容的优点与不足。

然而，在实际的研学旅游基（营）地运营中，仅靠一个研学旅游课程远远不能支撑一个研学旅游基（营）地的内容建设。任何研学旅游基（营）地，都需要根据基（营）地实际的资源、客源或各方政策的变化去研发、设计、迭代自有的研学旅游课程，形成完整的特色研学旅游课程体系，以应对不同场景、不同客户的需求。

什么是研学旅游课程体系？研学旅游基（营）地可以通过哪些角度搭建自身的研学旅游课程体系呢？一个研学旅游课程体系应满足哪些要求呢？

在这一任务中，将通过剖析三个全国中小学生研学实践教育基（营）地的课程体系案例，了解研学旅游课程体系的类型和不同体系的搭建要点。通过实训任务的练习，能针对具体基（营）地的特色与现有资源，归纳整理、梳理总结、提炼主题，以绘制思维导图的方式搭建简单的产品体系。

2017年起，教育部共计开展了两次"全国中小学生研学实践教育基（营）地"的推荐工作，共计选出了621个全国中小学生研学实践教育基（营）地。每个基（营）地都根据自身基地的特色，搭建了基（营）地特色研学旅游课程体系。以下将通过三个国家级研学旅游基（营）地的课程案例，了解搭建研学旅游课程体系的逻辑与要求。

一、根据场馆主题搭建课程体系

从2018年6月7日发布的《教育部办公厅关于开展"全国中小学生研学实践教育基（营）地"推荐工作的通知》[①]中可看出，除去营地，研学旅游基地在申请时需要根据自身的基地资源特色，选定其所属的主题板块。绝大部分基地在选择主题板块的同时，都根据其主题特色搭建了研学旅游课程体系。而根据场馆主题搭建课程体系，是最常见的课程体系搭建逻辑之一。

根据《教育部办公厅关于开展"全国中小学生研学实践教育基（营）地"推荐工作的通知》可知，国家级研学旅游基（营）地按照主题板块可分成五类，分别是优秀传统文化板块、革命传统教育板块、国情教育板块、国防科工板块、自然生态板块，如表3-2所示。

---

① 教育部办公厅.教育部办公厅关于公布2018年全国中小学生研学实践教育基地、营地名单的通知［EB/OL］.http://www.moe.gov.cn/srcsite/A06/s3321/201811/t20181106_353772.html,2018-11-01.

表 3-2　研学旅游基(营)地主题划分

主　题	内　容
优秀传统文化板块	包括旅游服务功能完善的文物保护单位、古籍保护单位、博物馆、非遗场所、优秀传统文化教育基地等单位,能够引导学生传承中华优秀传统文化核心思想理念、中华传统美德、中华人文精神,坚定学生的文化自觉和文化自信
革命传统教育板块	包括爱国主义教育基地、革命历史类纪念设施遗址等单位,引导学生了解革命历史,增长革命斗争知识,学习革命斗争精神,培育新的时代精神
国情教育板块	包括体现基本国情和改革开放成就的美丽乡村、传统村落、特色小镇、大型知名企业、大型公共设施、重大工程等单位,能够引导学生了解基本国情及中国特色社会主义建设成就,激发学生爱党爱国之情
国防科工板块	包括国家安全教育基地、国防教育基地、海洋意识教育基地、科技馆、科普教育基地、科技创新基地、高等学校、科研院所等单位,能够引导学生学习科学知识、培养科学兴趣、掌握科学方法、增强科学精神,树立总体国家安全观,树立国家安全意识和国防意识
自然生态板块	包括自然景区、城镇公园、植物园、动物园、风景名胜区、世界自然遗产地、世界文化遗产地、国家海洋公园、示范性农业基地、生态保护区、野生动物保护基地等单位,能够引导学生感受祖国大好河山,树立爱护自然、保护生态的意识

实际上,大部分研学旅游基(营)地并非只有单一主题,而是多元的。例如,世界文化遗产地虽然在大类上属于自然生态板块,但其中可能还包含优秀传统文化、革命传统教育等其他类别的资源。因此,这一类主题多元的基地在搭建研学旅游课程体系时,通常会以最重要、最清晰的主题作为重点课程,辅以其他主题课程,主题与主题之间相互配合,让课程体系更为多元,也更为完整。

根据场馆主题搭建研学旅游课程体系的基(营)地有很多,可以通过上海科技馆的案例来一探究竟。

作为国防科工板块代表性基地之一,上海科技馆是具有中国特色、时代特征、上海特点的综合性自然科学技术博物馆。上海科技馆以科学传播为宗旨,以科普展示为载体,围绕其12 个常设展厅、2 个浮雕长廊、院士信息墙、科学影城,根据青少年的年龄特点、认知水平和兴趣所在,建构了一系列主题研学活动(见表 3-3)。

表 3-3　上海科技馆研学实践活动体系[①]

课程类型	主　题	分主题	课　程　内　容
核心课程	科技与人	STEM 科技馆奇妙日	包括"纸飞机""水火箭""察岩观色""风中起源""跷跷板与天平秤""桥梁工程师""迷你污水处理系统"等子项目
		遇见@科学家	每月选取一位当月出生的杰出科学家,举办"科学家主题月"活动,以"科学家及其成就"为主线,展示科学家的人格魅力、科学精神、科研成就和科学理念

---

① 王益熙.解码新时代研学活动与课程体系的构建[J].科学教育与博物馆,2021(1).

课程类型	主题	分主题	课程内容
特色课程	走进人工智能	科迷工作坊	包括"搬运材料""海洋清理""灾难警报""废物回收""空投营救""倒车雷达""太空探索"等子项目
		创客课堂	包括"Logo 设计师""火箭工程师""指尖陀螺""安全标识"等子项目
探索课程	再续航天梦	神箭凌霄	根据不同的探索任务满足不同受众的需求,旨在让学生了解我国航天技术的发展历程,培养动手能力和团队意识
		探索宇宙飞行器	
趣味课程	地球守护联盟	动物世界	注重在轻松有趣的互动游戏和动手体验中学习相关知识,树立关爱动物、保护环境的意识
		自然环保	

从表 3-3 可以看出,上海科技馆的研学旅游课程体系以核心课程"科技与人"为中心,分设四个模块,包括核心课程、特色课程、探索课程、趣味课程。每个模块设置不同的主题和分主题,根据社会科技发展趋势实时更新、迭代课程内容。从课程题目和内容设置上可以看出,上海科技馆的研学旅游课程主题大部分是从日常生活中提取出来的,贴近学生日常生活,帮助学生在具体的问题情境中经历知识的形成和发展,满足不同学生的知识需求。每一个课程均配备了对应的研学手册或活动指南,帮助学生理解课程知识。

同时,基于场馆资源,上海科技馆创立了展览教育、拓展教育和线上教育三大类。以展览教育为基础,拓展教育为抓手,线上教育为推手,对接国家课标,设计分层教学,强化探究,提升能力,满足不同年龄段的青少年的知识需求,提供个性化的科普服务。

二、根据面向群体搭建课程体系

在研学旅游蓬勃发展的几年内,国内的许多旅游景区为了寻求新的发展方向,纷纷转型成为研学旅游基(营)地,依据景区内原有的设施,为游客提供研学课程服务。

除去 40 个研学旅游营地,在 581 个研学旅游基地中,有部分基地既是国家级研学旅游基地,又是国家级旅游景区。例如,同时为 AAAAA 级景区的故宫博物院、恭王府博物馆、山西的平遥古城、安徽的黄山风景区等。这一类基地不仅接受学生团队的来访,在日常也有大量的游客从世界各地前往参观。不同年龄、不同层次的游客,对该地的产品有着不同的需求和期望。因此,这一部分从传统旅游景区转型为研学旅游基地的目的地,为满足不同群体的需要而开发不同的课程成为其搭建研学旅游课程体系的逻辑之一。

从传统旅游景区转型,且游客类型众多的研学旅游基地,描绘游客画像成为搭建研学旅游课程体系的第一步。只有了解游客,才能得到游客。了解了游客的需求和期望,研学旅游基地才能针对游客开发出更有针对性的研学旅游产品。

故宫博物院作为这一类型的代表性基地,可以从其课程体系中找出特色之处。

从 2012—2019 年,故宫博物院一直在不断刷新参观纪录。2019 年,故宫博物院接待游客超过 1933 万人次,是世界上接待游客人数最多的博物馆。其中,40 岁以下的年轻游客占比 56％,"80 后""90 后""00 后"成为参观故宫的大多数。①

作为中国最重要、世界上到访人数最多的博物馆,面对形色各异、需求各异,不同年龄阶层的众多游客,为了满足游客了解故宫,认识故宫的期望,故宫成立了故宫博物院教育中心。该中心发挥其作为重要公众教育基地的作用,充分整合了故宫现有的教育资源,开展针对不同年龄段游客的教育或研修活动,也为常年面向中小学生及家庭游客提供了各类具有故宫特色、内容丰富、形式多样的专题教育项目并提供了灵活便利的场地空间。

故宫宣教团队以故宫博物院藏品展览为资源,按照"以儿童教育为特色,以学校教育为主体,以成人教育促发展"的理念,根据不同人群特点和需求开展课程研发、产品包开发、教辅材料制作等多方面的核心业务。目前,故宫已设计开发五十余项特色鲜明、适合不同群体的主题教育课程(见表 3-4)。

表 3-4　故宫博物院教育课程②

面向群体	课 程 内 容	课 程 示 例
少年儿童	开展课堂互动式动手教育活动,设计开发了配套的教育材料包,包含知识手册、DIY 材料包及动手指南等,寓教于乐,讲解历史文化知识	《朝珠 DIY》《八旗娃娃放肆萌》《佳果呈祥》《一窗一世界——故宫里的窗》等
教师群体	配合展览、特定文物设计的教育项目,吸引教师群体对博物馆教育资源产生兴趣和关注,探索其教学价值	"中印佛教雕塑展"教师工作坊、"有界之外:卡地亚·故宫博物院工艺与修复特展"教师工作坊
成年游客	选取细节切入,邀请游客参与体验,配合详细的历史背景和数据资料,让游客体会动手的乐趣	"发现故宫里的太平缸"线路探索活动
馆校合作	通过与学校课堂衔接的方式,将教育资源输送至校园,与学校教育有机结合	与北京市第六十五中学合作共建故宫课程群
图书出版	与出版社合作,出版不同主题的儿童读本,部分配套线上公开课程,帮助读者了解故宫	儿童绘本《哇!故宫的二十四节气》、儿童游戏书《哇!故宫海错拼图》、故宫文化通识读本《我要去故宫》

从表 3-4 可以看出,故宫博物院针对少年儿童、教师群体、成年游客开发了不同主题、不同内容的课程。少年儿童主要以互动式的体验课堂为主,帮助少年儿童在活动中了解故宫及历史文化知识。面对教师群体,故宫采取工作坊的模式,配合展览、特定文物等项目,引导

---

① 中国青年报. 博物馆这十年:如此深厚 又如此青春[EB/OL]. https://mp. weixin. qq. com/s/ihmJdFCdEuIsz6dUfVmd8A,2022-09-07.

② 张娜. 立足宣传教育,传播历史文化——故宫博物院宣传教育部的专业化发展道路[J]. 中国文物科学研究,2020(3).

教师关注博物馆的教育资源，吸引教师的兴趣，并能积极探索、开发博物馆的教学价值。而面向普通的成年游客，故宫主要以线路探索等实地打卡的方式，从细节入手，带领游客参与到"寻宝打卡"中，告别走马观花，提升游客的参观体验。此外，故宫通过馆校合作、图书出版与数字故宫等渠道，则可以满足未能亲身前来故宫参观的游客们的好奇心，让游客们即便无法亲临现场，也能享受到故宫所带来的文化盛宴。

三、根据政策变化搭建课程体系

与基地相比，在申请研学旅游营地时，不需要选定主题。申报条件中对研学旅游营地的要求是：有多个不同主题、不同学段（小学、初中、高中），且与学校教育内容相衔接的研学实践课程和线路，能够实现中小学研学实践教育活动的育人目标。因此，研学旅游营地在课程主题的选择上有更多的自主性。

与一般旅游景区不同，对研学旅游营地而言，其最主要的客户来自团体客户，如学校学生集体出行、旅行社包团出行等大批量团客。为了满足这些大批量团客的需求，同时满足教育部"实现中小学研学实践教育活动的育人目标"的要求，研学旅游营地会根据国家政策的变动更新、迭代自有课程。

例如，2020年3月，中共中央 国务院印发《关于全面加强新时代大中小学劳动教育的意见》①发布，劳动教育成为学校的必修课程，各大研学旅游营地随之推出了不同类别的劳动教育课程供学校与家长挑选。如今，劳动教育课程已经成为研学旅游营地的必备课程之一。又如2020年10月，中共中央办公厅、国务院办公厅印发《关于全面加强和改进新时代学校体育工作的意见》②和《关于全面加强和改进新时代学校美育工作的意见》③发布后，各大研学旅游营地也将目光转向了体育类课程和艺术类课程，增加体适能、体育锻炼等体育类课程，以及艺术欣赏、非遗体验等美育类课程。

研学旅游营地通常由青少年校外活动场所、综合实践基地等场所转型而来。以下将以上海东方绿舟为例。

上海市青少年校外活动营地——东方绿舟建成于2002年年初，是上海市教育委员会直属的事业单位。营地秉承"五育并举"的教育思想，贯彻"处处有知识，时时受教育"的教育理念，通过200多种（门）丰富多彩、形式多样的主题活动，为青少年学生提供国防教育、生态环保、素质拓展、科普实践、法治体验、国际修学、跨文化交流、志愿者服务等多种主题的综合实践与体验平台。

至2016年年底，根据营地适应性维度，东方绿舟的活动课分为公共类活动课、专业类活动课（见表3-5）。

---

① 中共中央 国务院．关于全面加强新时代大中小学劳动教育的意见[EB/OL]．http://www.gov.cn/zhengce/2020-03/26/content_5495977.htm，2020-03-26．

②③ 中共中央办公厅 国务院办公厅．关于全面加强和改进新时代学校体育工作的意见[EB/OL]．http://www.gov.cn/zhengce/2020-10/15/content_5551609.htm，2020-10-15．

表 3-5　东方绿舟活动课类型及内容①

课程类型	课程类别	课程内容
公共类活动课	仪式教育课	包括入营式、结营式、少先队入队仪式、14 岁少先队离队仪式等活动,并且包含共同的仪式活动——向国旗致敬活动
	班级(年级)才艺展示课	包括班级文艺展示、班级协作力展示等,通过以班级为单位的文艺表演、班级集体"通关"等活动,促进班级同学之间的感情交融
	融冰活动课	形式多样,能让青少年学生快速调整身心状态,以轻松愉快的心情进入营地实践的新团队、新角色
专业类活动课	各专门主题的活动课	可分为国防教育类、自然环保类、劳动体验类、素质拓展类、趣味体育类、普法教育类、艺术欣赏类、国际修学类等

　　2017 年以来,东方绿舟按照"系统性、辩证法、高品质"的要求,对标国家战略、上海目标,依据《中小学德育工作指南》与《中小学综合活动课程指导纲要》,规划升级新时代东方绿舟版青少年社会实践活动课体系。综合东方绿舟的任务和现有基础,截至 2022 年,已形成中小学生国防教育类活动课、公共安全实训类活动课、研学实践类活动课、素质拓展类活动课、环保实践类活动课、法治体验类活动课、学农实践类活动课、礼仪实践类活动课、志愿者服务类活动课、国际修学类活动课、国际交流类活动课等 11 大类活动课,并结合不同学段学生特点构建相应各类的活动课群,构成完备的活动课体系。

　　从 2022 年东方绿舟版青少年社会实践活动课体系可以看出,升级后的课程主题对标了国家战略与教育政策,涵盖了国防教育、研学旅游、劳动教育、美育、自然教育、大思政课等教育热点。随着政策的不断更新与迭代,研学旅游营地所拥有的场地优势,能根据时代主题,灵活调整场地的使用方式和呈现内容,用多元的主题课程,更快地响应国家、社会的新需求。

四、搭建研学旅游课程体系的要求

　　通过上述三个案例,可以看到研学旅游基(营)地在搭建课程体系时所运用的三种常见的逻辑:根据场馆主题搭建、根据面向人群搭建及根据政策变化搭建。尽管这三种课程体系搭建方式各有不同,但从中可以发现一些体系搭建上的共同点。

　　1. 主题清晰,具有基地资源特色

　　搭建研学旅游课程体系,应做到课程主题清晰、多元,且具有基地的资源特色。无论是上海科技馆,还是故宫博物院,它们的课程都紧紧围绕其自身主题内容,深入挖掘主题特色。其课程丰富多样,主题明确,且每个主题下的课程数量不少于 3 门,能满足游客不同的课程需求,给予游客极大的课程选择空间。

---

① 陈莹利,房佳杰,李琴,等．构建新时代东方绿舟青少年学生综合实践教育活动课体系[J].上海教育,2021(3).

2. 内容明确,确保课程的合理性和可操作性

研学旅游课程体系内的课程,要明确课程类型、面向对象、课程安排、组织方式等内容,并且确保课程科学、合理、可操作。

3. 配备适当的研学材料

研学旅游课程是实践性、体验性强的综合实践课程,在课程体验的过程中,根据不同的体验群体,配备适当的研学材料有助于增强实践、体验的性质。例如,博物馆类的课程会开发研学手册与课程体验包,基(营)地类课程会根据不同的体验配备相对应的器具等,这些研学材料是完善研学旅游课程体系的重要内容。

【训练题】

一、选择题

1. 近几年,某知名传统乡村以现代乡村风光为主题,大力发展旅游业,吸引了众多亲子家庭前来游玩。现该乡村计划申请研学旅游基地,若根据国家级研学旅游基地的主题分类,其应属于的主题板块是(   )。

A. 优秀传统文化板块　　　　　B. 自然生态板块

C. 国情教育板块　　　　　　　D. 革命传统教育板块

2. 某地是某非遗文化的起源地,多年来的非遗文化发展和传承吸引了众多非遗文化爱好者前来体验。同时,该地还拥有风景优美的自然景观及现代农业的展示和体验。现该地计划建设研学旅游基地,并搭建具有本地特色的研学课程体系。该地应建设的研学旅游基地的主题板块是(   )。

A. 自然生态板块　　　　　　　B. 优秀传统文化板块

C. 国防科工板块　　　　　　　D. 国情教育板块

二、讨论题

小组讨论,除了根据场馆主题、面向人群及政策变化搭建研学旅游课程体系,研学旅游基(营)地还能从哪些方向搭建研学旅游课程体系?

三、实践题

请小组合作,选择一个研学旅游基地,收集其课程信息,分析其课程特色及课程体系的搭建逻辑。

任务三　萃取研学旅游基（营）地的特色资源

【任务概述】

在前两个任务中,了解了研学旅游课程的基本性质;并且,通过三个基(营)地的课程体系案例,了解了搭建课程体系的主要逻辑及要求。接下来的任务,将正式开始为研学旅游基(营)地设计研学产品。

"巧妇难为无米之炊"，凭空编造一些课程或产品，极有可能出现两种情况：一是跟当地难以融合或难以落地运营；二是没有地方特色的课程极其容易被其他地方复制。因此，发掘当地特色，整合当地资源，是研学旅游课程设计和产品开发的重要基石。

哪些资源适合开发成研学旅游产品呢？怎样获取这些资源呢？收集完资源之后如何梳理出设计思路呢？

本次任务将运用"人—地—物—事—理"五星模型，学习如何从当地人的生产、生活场景中萃取独特的研学课程及产品资源的通用方法；通过实训任务的练习，具备发现、挖掘、整合资源及相关信息的能力及绘制思维导图展示实训成果的能力。

【案例导入】

某市郊外乡村有一块以葡萄种植为主的农业基地，占地 800 亩，基地内果树遍布，湖草相依，是以葡萄文化为核心，集现代农业和生态农业于一体，食、住、赏、娱、购于一体的综合性景区。

从 2007 年成立以来，该基地吸引了源源不断的学生春秋游团队来此进行游玩或简单的科普实践活动，并先后获得了"全国青少年农业科普基地""青少年社会实践活动基地""油茶文化示范基地""省研学教育基地"等。但随着设施老旧，内容单一，教育属性不足等因素影响，该基地接待中小学生的数量有所下滑，且现有研学产品除门票外，园内研学活动客单价低，寒暑假缺乏客单价高的夏冬令营产品，存在空间利用率严重不足的现象。

2020 年，由全国知名景观设计企业和当地的农业科学院强强联合，对该基地进行全面升级，仍然以葡萄文化为主线，设计了多重体验的葡萄主题研学活动。基地除大面积的果树长廊外，也拥有葡萄时空故事馆、温室自然生活馆、手工作业区、多功能会议室、露营大草坪、水果采摘区、儿童乐园区、房车小院区、水上皮划艇区、磨坊野炊区、轻食餐饮区、璞院别墅区等活动分区。

该基地的研学产品设计人员会从何入手规划这里的产品体系？现有条件下有哪些关键人群可以提供产品开发相应的支持？哪些场地可用于研学客户进入体验？这里可以提供什么物品？场地与物品的结合又分别适合设计什么体验活动？其中哪些是该基地值得深挖的特色资源？哪些是用户喜爱的大众资源，需要搭配进产品体系里？在这些资源中，哪些跟中小学生的学习经验、成长规律相互关联，如何关联？这些都是本次任务需要探讨的核心问题。

一、"五星模型"萃取研学产品资源

在为某个研学旅游基地开发研学产品时，一般会通过信息检索、资料收集、现场勘察、人员访谈等方式获得第一手素材，纷繁杂乱的素材需要通过归纳整理、逻辑梳理、主题提炼、教育转化等方式梳理成研学产品体系设计思路，如图 3-1 所示。

从四种途径采集到的众多文字、图片、视频、音频等素材中，梳理出逻辑线条，提炼出主题，并联系各年级、各学科知识进行教育话术和活动的转化。其中，"归纳整理"是至关重要

图 3-1 从素材采集到产品设计的一般路径

的第一步。好的归纳法，可以极大地提高工作效率，尽快梳理出设计思路，有助于后续尽可能整合内外部资源，从而引发好的产品创意。

"五星模型"（见图 3-2）就是从中小学生在研学旅游中直接或间接接触到的"人—地—物—事—理"五大资源出发，有条理、有计划地对所获素材进行归纳整理的"收纳柜"。而所有的资源的开发与整合，都是围绕开启中小学生的"眼—耳—口—鼻—手"的五感体验而设计，从而直达人"内心"的感受、触动、启发和收获。

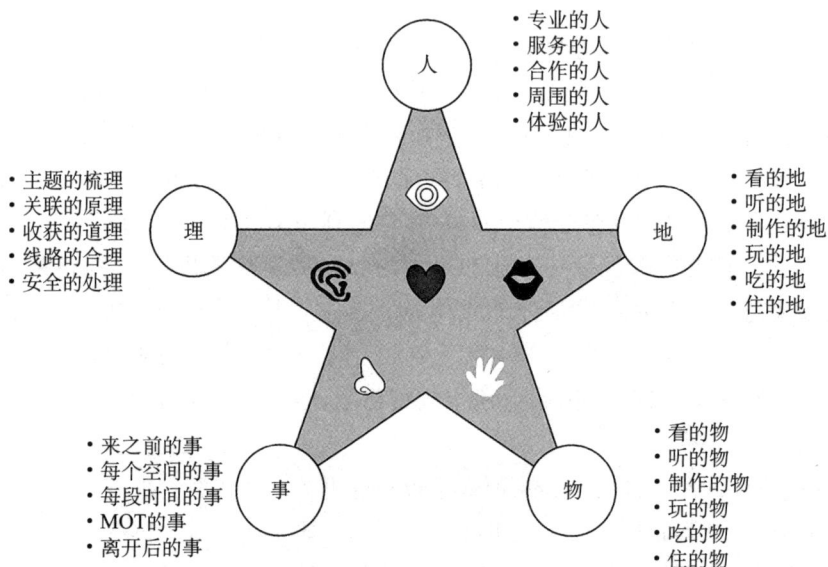

图 3-2 萃取研学旅游基（营）地特色资源的五星模型

1. 人的资源

服务行业，核心的资源是人；文化的内核，也是人与人之间的关系。而找到能为中小学研学旅游服务的关键人物群体，是开发好的研学产品和确保产品落地的第一步。

（1）专业的人

研学产品是具有研究性、学习性、实践性的教育型产品，需要挖掘能向中小学生传递专业知识、弘扬社会价值的专业人群。这类人群可以是研究当地发展的学者，可以是熟悉中小学教学或实践指导的师者，也可以是常年在当地劳作的职业人士。

（2）服务的人

除了提供学习、体验内容的专业人员，由于需要接待大批量的学生和其他游客，研学旅游基（营）地也需要提供大量的服务人员，如市场营销人员、门岗门票人员、餐饮住宿人员、物资仓库人员、客服人员、基建设备维护人员、安保医疗人员、保洁人员等。

（3）合作的人

研学旅游的客流量有极强的淡旺季特点，瞬时客流量大是这个行业的一个突出的问题，这就制约着研学旅游基(营)地无法长期维持最大客流量时所需的全员配置，需要跟高校、研究院、各类专业研学课程团队进行专业内容开发和兼职人员方面的合作，以及跟营销团队、物业团队、安保团队等进行服务方面的合作。同时，从基(营)地的空间营造出发，还需要与设计团队、基建团队、设备团队等建立长期合作关系。

（4）周围的人

研学旅游基(营)地周边乡镇或社区、企事业单位等，都是可以联动的研学资源。

（5）体验的人

参与过研学旅游基(营)地以外研学产品体验的人，他们的反馈也是新产品开发很重要的资源。在条件成熟的情况下，他们也可能成为前四种人中的一员。

2. 地的资源

场地的大小、空间的设计与用途，直接影响研学产品的开发。旅行有"吃住行游购娱"六要素，研学有"眼耳口鼻手心"六感观，所以研学产品注重让学生"看什么""听什么""制作什么""玩什么""吃什么""住什么"。从场地资源的这六种用途来看，地的资源包括以下方面。

（1）看的地

看的地即学生可以参观什么场地，如展厅展览、工厂车间、研究院所、实验空间、田间地头等一切能让学生了解古往今来、真实社会、未来场景的地方，都可以设计到研学产品中。

（2）听的地

听的地指能让学生集中听讲的场地，如会议室、阶梯讲堂、视听空间、室外空地等。

（3）制作的地

在研学产品中，动手制作类的体验活动受欢迎程度很高。例如，空旷的草地、劳作的田地、半封闭的棚区、摆满设备的制作区域、教室类空间等，都是研学旅游基(营)地所必需的重要场所。

（4）玩的地

研学旅游需要学习，也肩负着放松的功能，所以自由玩耍、探索的安全场地也是非常重要的。例如，游戏区、挑战区、观赏区、打卡区等。

（5）吃的地

用餐是研学产品中的重要一环，可以是纯粹的美食体验，也可以是美食制作实践活动。因此，团餐区、野餐区、野炊区、烧烤区、精致厨艺的厨房区等，都需要纳入产品策划的资源考虑范围。

（6）住的地

如果是研学基地，那就要考虑周边具有一定规模、星级、安全的酒店；如果是研学营地，学生营房和教师营房都是重要的产品资源；2021年开始流行起来的帐篷营地、房车营地，也可以纳入产品体系。

3. 物的资源

每个场地都有配套的物品、教具来支持各类研学活动，这些物品和教具，有的灵活多变，有的稳固可靠，有的体型庞大，有的精美细致，它们共同构成了提升学生的五感体验、带来心灵震撼的重要资源。

（1）看的物

看的物主要是各种文物、标本、展板、工厂流水线、影视作品、虚拟影像、表演等。

（2）听的物

听的物主要是各种音频、发出声音的自然物、音响设备、智能语音设备等。

（3）制作的物

制作的物主要是各种需要动手动脑制作的具有主题教育意义的物品。例如，蜡染、木屋、机械设备、物化生实验器材等。

（4）玩的物

玩的物主要是各类机动、非机动游戏设施和设备。

（5）吃的物

吃的物最好是具有当地特色的食物或菜品，如果是能提供学生简单易上手制作的菜品则最佳。例如，竹筒饭、窑鸡、艾叶粑粑、拉面等。

（6）住的物

常规营房或酒店这类居住环境，可以提取其中关于学生自理、安全使用的物品纳入研学课程中，如被子、洗漱用品或消防道具；帐篷或房车营地这类对学生新鲜感较强的居住环境，所有的物品都值得纳入研学课程中。

4. 事的资源

从基（营）地正常的生产、生活的事件中，提取出适合提供给学生体验的环节，这是研学资源萃取的重中之重。同时，在此基础上根据学生的学段水平及现有的人、地、物资源，创设新颖、有趣、有调整的体验活动，从而贯穿学生"来之前、来了后、不舍离、回家后、想再来"的全时间周期，并匹配研学课程设计中的"导学""研学""展学""评学"四个学习阶段（详见本项目任务五）。

（1）来之前的事

来研学旅游基（营）地参加研学活动前，可以根据主题，提前阅读哪些书本知识、查阅哪些文献资料、观看哪些影音资料、参与哪些本地实践活动，进而帮助学生更好地理解和参与接下来的活动。

（2）每个空间的事

每一个研学场地，都有适合这个场地的体验活动。例如，展示区可以听讲解、寻找展陈线索，会议室可以开展讲座、团建活动，制作区可以完成各类制作体验活动，游玩区可以有趣味运动项目，餐饮区可以进行美食 PK 活动，住宿区可以有生活技能挑战活动等。

（3）每段时间的事

一般情况下，一日研学的活动时段分上午、午餐午休、下午三个时段，多日研学的活动时段分晨练、早餐、上午、午餐午休、下午、晚餐、晚课、夜宿等时段，而每一时段活动都要考虑到学生的接受度、天气状态、场地大小及扭转等情况，也会有 40 分钟、1.5 小时的分段设计。

（4）MOT 的事

MOT 是 moment of truth（关键时刻）的缩写，是 1980 年由北欧航空总裁詹·卡尔森所提出的，指客户与基（营）地的各种资源发生接触的那一刻，这个时刻决定了整个基（营）地在客户心中的形象。因此，找到那些能让学生印象深刻、体验达到峰值的活动或服务事件，是设计研学产品和吸引客户再来的关键资源。

（5）离开后的事

有哪些活动,是可以从基(营)地带回家跟大家一起做的,或者离开后有什么事件是吸引客户再来购买体验的,这些都是值得萃取的资源。

5. 理的资源

研学产品的开发,需要紧贴教育政策导向、各学段教育目标,还要兼顾旅行体验,死守安全红线,而围绕这些所提供的一些理论性、原理性、原则性的资源,是产品营销和可持续运营的重要资源。

（1）主题的梳理

一般情况下,一个基(营)地要围绕自身特色资源梳理出一个核心主题。例如,优秀传统文化类、革命传统类、国情教育类、国防科工类或自然生态类。围绕这个核心主题,再根据实际情况细分为若干个小主题。

（2）关联的原理

在主题确定的情况下,需要充分理解从幼儿教育、小学教育到中学教育不同学段的各学科的教育目标和身心发展阶段,从而萃取与本基(营)地相关的知识原理。

（3）收获的道理

围绕主题和教育目标之下的研学活动,需要萃取出其中希望客户体验或感受的人生道理、社会价值观或理想信念,从而身心得到升华。

（4）线路的合理

在萃取了不同时空下研学活动及场地、人员的资源后,不同规模下的学生团体的移动线路的合理性,是在产品设计时必须考虑的一环。

（5）安全的处理

安全是服务行业的红线,对中小学研学旅游来说更显敏感。关注人、地、物、事上的所有安全隐患及其相应的安全应对措施最后汇总成安全预案、安全演练流程、应急公关机制等重要的处理机制资源。

二、案例分析:"五星模型"的应用

回到本次任务伊始的案例中,对于以葡萄文化为主的自然生态营地,如何运用"五星模型"来萃取该营地的特色资源呢? 可以用一张简表(见表3-6)来清晰展示。

通过五星模型的梳理,可以很清晰地看到一个基地目前有哪些已经成熟的特色资源,如果要进行研学产品的开发或迭代,还需要挖掘、改造、联动、整合哪些资源,才能更具独特性、市场吸引力和持续运营的竞争力。

从表3-6中可以看出,该基地目前还没有能够容纳至少500人的住宿空间,所以不足以达到研学营地的基本标准。从研学基地的标准看,该基地拥有较好的人和场地资源,葡萄主题也具有市场独特性。但目前只有适合小学三年级以下儿童来此研学的课程及相应的手工制作活动,内容在学科知识难度、体验活动设计及社会主义核心价值观感悟上的提升空间有限,需要跟专业的葡萄研究机构和课程开发及运营机构继续探讨适合小学高年级以上客户群体中的研学产品。同时,目前寒暑假的高溢价夏冬令营产品较为缺乏,研学产品开发及合作空间无限。

表 3-6 葡萄基地研学旅游特色资源示例

人	地	物	事	理
1.1 专业的人 农科院研究葡萄种植的专家、景观设计师、景区管理者	2.1 看的地 葡萄长廊、葡萄时空故事馆、温室自然生活馆	3.1 看的物 葡萄树、展陈、温室植物、园区景观	4.1 来之前的事 无	5.1 主题的梳理 葡萄文化
1.2 服务的人 客服、物管、票务、耕作人员、景观维护人员、保洁、保安、客房人员、餐饮人员	2.2 听的地 多功能会议室	3.2 听的物 舞台音响、会议室投影	4.2 每个空间的事 科普讲解:见2.1 手工制作:见3.3 午餐活动:见3.5 自由活动:见3.4 和 3.6	5.2 关联的原理 葡萄的育苗、研发、种植、生产、精加工、销售、文创等涉及生物、物理、化学、美术等学科知识
1.3 合作的人 拓展教练团队、研学课程团队	2.3 制作的地 手工作业区	3.3 制作的物 葡萄科学小实验、帐篷、扎染、皮艺、陶泥、盆景	4.3 每段时间的事 上午:参观讲解、手工制作 中午:午餐午休 下午:自由活动 曾合作过军事主题夏令营	5.3 收获的道理 无
1.4 周围的人 附近的村民、临近高职院校	2.4 玩的地 童趣玩乐区、萌宠乐园、泡沫水池区、水上皮划艇区、大草坪	3.4 玩的物 水果采摘、沙池、蹦床、滑梯、秋千、皮划艇、小动物、小火车	4.4 MOT 的事 泡沫水池大战、房车小院下午茶、皮划艇	5.4 线路的合理 入园—葡萄林—手工区—午餐区—玩乐区
1.5 体验的人 中小学研学团、周末亲子游客、其他旅行团或散客	2.5 吃的地 磨坊野炊区、烧烤区	3.5 吃的物 葡萄主题餐、蛋白磨坊野炊、烧烤、特色温室火锅、轻食、团餐	4.5 离开前后的事 在茶养蚕宝宝,进行成长观察	5.5 安全的处理 安全应急处理准则
—	2.6 住的地 房车小院、别墅区	3.6 住的物 房车、帐篷、别墅	—	—

三、应用"五星模型"的"五要两不要"

一要先查阅、收集尽可能多的关于研学旅游基(营)地相关资源信息,填入五星模型列表后,再去现场采集。

二要通过现场观察、亲身体验每一个空间、每一个活动细节,以客户视角挖掘现场资源。

三要尽可能多地跟现场负责人、工作人员、游客和基(营)地周边的人、目标客户群交流访谈,获取一手信息。

四要在填表时尽量详尽,多人补充,以便成为后面进行研学产品体系规划或迭代的可靠依据。

五要在填完五星模型后,再次根据教育主管部门的指导方针,有针对性地萃取"理想"的五星模型细目,进入后期产品开发工作。

不要脱离目标群体的身心发展规律和认知基础创设研学产品,降低产品购买率和体验感。

不要一味关注"学"的资源,也要兼顾"体验"好、好"玩"的 MOT 资源。

【主要术语】

1. 五星模型:从中小学生在研学旅游中直接或间接接触到的"人—地—物—事—理"五大资源出发,有条理、有计划地对所获素材进行归纳整理的"收纳柜"。而所有资源的开发与整合,都是围绕开启中小学生的"眼—耳—口—鼻—手"的五感体验而设计,从而直达人"内心"的感受、触动、启发和收获。

2. MOT:moment of truth(关键时刻)的缩写,是 1980 年由北欧航空总裁詹·卡尔森所提出的,指客户与基(营)地的各种资源发生接触的那一刻,这个时刻决定了整个基(营)地在客户心中的形象。

【训练题】

一、自测题

1. 下面各项中不属于五星模型中的资源类型的是(　　)。
   A. 现场工作人员　　　　　　　　B. 外省博物馆
   C. 300 人会议室　　　　　　　　D. 3D 打印笔

2. 下面各项中不能作为提供给中小学生研学的活动资源是(　　)。
   A. 陶泥制作　　　　　　　　　　B. 观看无人机编队表演
   C. 穿越封锁线　　　　　　　　　D. 红酒品鉴

3. 下面各项中不是可以萃取的研学主题是(　　)。
   A. 游泳　　　　　B. 帆船　　　　　C. 广府文化　　　　　D. 生物基因库

二、讨论题

请分小组讨论,一个研学旅游产品的 MOT 可以是哪些时刻?

三、实践题

以小组为单位,运用"五星模型"为当地一个研学旅游基(营)地梳理现有特色资源。

任务四　掌握半日研学课程的设计

【任务概述】

上一个任务通过"五星模型"萃取了研学旅游基（营）地的特色资源。现在，要对这些资源进行整理、分析、解读、重构，活用资源，将资源转化为能够给游客带来知识和乐趣的课程与活动。

按照课程时长分，研学课程可以分为半日课程、一日课程和多日课程。半日课程作为研学课程时长最短的课程，多见于博物馆、科技馆、科普基地等受场地、空间限制，无法提供餐饮服务及住宿服务的基地；或设计为客制项目，满足定制客户的需求；或设计为体验课程，供游客在短时间内体验研学基（营）地的课程内容与设施设备，达到引流的作用。

本次任务将从半日课程开始了解研学课程的课程结构与搭建步骤。同时，引入基地案例，运用本任务中所讲述的课程设计步骤，为案例中的基地设计一个半日课程。在任务的最后，各位同学将根据本任务学到的知识，自选基地，并为基地设计一个半日课程。通过案例实训，同学们将掌握研学课程最基本的设计方法，为接下来的一日课程及多日课程打下基础。

【案例导入】

某革命起义纪念馆为更广泛地向本地市民宣传本土革命历史，传播红色文化，计划设计一个研学旅游课程。该纪念馆位于起义军临时政府遗址，是本地保护文物建筑。展厅共两层，约 800 平方米。展厅以该起义事件为主要陈列内容，以 4 大主题全面展现该起义的起源、经过、结果及意义。展品根据不同内容配合使用不同色调渲染展览气氛，凸显起义的凝重感。纪念馆收藏了起义时所用的标语、红布带等重要文物，并广泛使用多种形象设计和多媒体展示等高科技手段，重现当年起义的重要历史场景。纪念馆有一支专业的讲解团队，为来访游客提供免费讲解。

请根据该纪念馆的实际情况，为该纪念馆设计一个半日研学旅游课程。

一、研学课程设计的一般流程

研学课程设计的一般流程如图 3-3 所示，依次为"提炼主题""目标设定""内容设计""线路设计""撰写方案""制作学生手册""编写导师手册"等，具体工作内容后面会一一展开讲解。

```
┌──────────┐      ┌──────────┐      ┌──────────┐
│  提炼主题  │ ⟹  │  目标设定  │ ⟹  │  内容设计  │
└──────────┘      └──────────┘      └──────────┘
                                          ⟱
                                    ┌──────────┐
                                    │  线路设计  │
                                    └──────────┘
┌──────────┐      ┌──────────┐      ┌──────────┐
│ 编写导师手册 │ ⟸  │ 制作学生手册 │ ⟸  │  撰写方案  │
└──────────┘      └──────────┘      └──────────┘
```

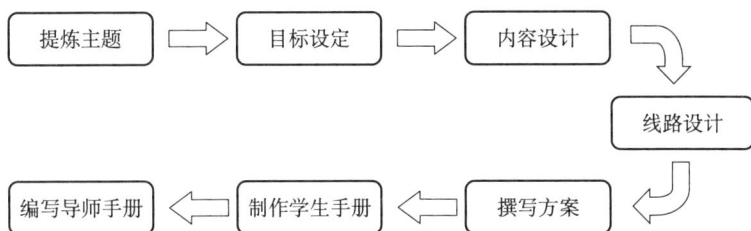

图 3-3　研学课程设计流程

二、提炼研学课程主题

在完成研学基地的资源萃取后,下一步工作就是对资源进行归纳整理、逻辑梳理、主题提炼、教育转化。其中,归纳整理与逻辑梳理这两步在完成"五星模型"时,已经完成了大部分的工作。接下来就需要对已经梳理好的素材,进行主题提炼的工作。

无论是半日课程、一日课程还是多日课程,确定研学课程主题都是设计研学课程的第一步。由于研学课程没有课程标准和教材,因此,明确的课程主题对研学课程而言尤为重要。课程主题决定了课程的内容与方向。通俗而言,即课程主题可以回答以下基本问题:这个课程学什么? 要达到什么目标? 要解决什么问题? 能得出什么成果?

在本项目的任务二中曾提到,目前国家级研学旅游基地按照主题板块分成五类,分别是:优秀传统文化板块、革命传统教育板块、国情教育板块、国防科工板块、自然生态板块。然而,在实际的课程设计中,各大基地及机构对课程主题的分类更为细致。目前国家仅对研学基地进行了主题板块分类,对研学课程主题并没有严格的分类,因此,每个基地对于研学课程主题分类都有所差别。但总体来说,基本包含以下几类主题(见表 3-7)。

表 3-7　研学课程主题分类表

研学课程主题	内　　　　容	课程示例
历史文化主题	历史文化主题的学习内容包括且不限于文化遗产、重要历史事件、优秀传统文化等历史人文内容,主要目的是丰富学生历史知识和文化素养,结合新时代,传承与发扬优秀传统文化,坚持文化自信	故宫博物院:一窗一世界——故宫里的窗
红色教育主题	红色教育一直以来都是学校爱国主义教育的一项重要内容,通过爱国主义教育和革命传统教育,让学生感受老一辈革命者的英雄事迹,弘扬红色文化,发扬革命传统与革命精神,树立正确的人生观和价值观	广州起义纪念馆:穿越 1972 广州起义
科技创新主题	科学精神和实践创新素养在中国学生发展核心素养框架①中,被称为重要的文化基础和社会参与方面的支撑。科技创新主题课程依托高新技术资源,整体指向科学精神和创新能力的培养,促进学生发展探索精神,热爱科学,以及培养学生严谨认真的态度	上海科技馆:桥梁工程师

---

① 核心素养研究课题组．中国学生发展核心素养[J]．中国教育学刊,2016(10).

研学课程主题	内　　容	课　程　示　例
自然生态主题	中国幅员辽阔，南北生态特征差异明显，丰富的自然生态资源能给学生带来主题各异的自然生态课程。这一类课程旨在让学生在真实的环境中考察与探索，联系及印证课堂内的知识，深入了解自己所生活的环境，增强生态文明意识，以及对家、国、世界和大自然的热爱	成都大熊猫繁育研究基地：我做动物行为学家
国防科工主题	国防科工类课程旨在展现国防军工、国家重器的技术创新等一系列与国家发展联系密切的事物。这一类课程多融入企业参访、职业体验等相关内容，培养学生国防意识与主人翁意识，树立国家利益至上的观念	张掖市综合实践基地："大国重器 航天伟业"国防科工研学课程
生命安全主题	生命安全课程宣扬的是"生命至上，健康第一"的理念，主要针对现实生活中可能会发生的自然灾害、安全事故等自然或人为灾害，教育学生应对灾害和侵害时如何保护自身安全，增强应急避险能力	生命奥秘之无声的生命
艺术体验主题	绘画艺术类如写生、摄影等，工艺制作类如非遗体验、模型搭建等，都可以纳入艺术体验主题。艺术体验课程面向所有学生，关注学生对艺术作品的感受、欣赏、理解与创造，注重体验，旨在让学生通过艺术熏陶提高文化素养与艺术素养	西安碑林博物馆：拓片体验
劳动教育主题	劳动教育是发挥劳动的育人功能，对学生进行热爱劳动、热爱劳动人民的教育活动。劳动教育课程是目前所有研学主题中，唯一拥有课程标准的课程主题，其课程目标、内容均遵循教育部所制定的《义务教育劳动课程标准》①	千年农耕 一脉传承——中国蔬菜之乡寿光劳动教育研学课程

研学旅游作为综合实践活动内容之一，其提炼课程主题的原则也同样遵循《中小学综合实践活动课程指导纲要》（以下简称《指导纲要》）中课程开发的基本理念。其中，最主要的原则是课程开发面向学生的个体生活和社会生活。

研学旅游课程面向学生完整的生活世界，引导学生从日常学习生活、社会生活或与大自然的接触中提炼出具有教育意义的活动主题，使学生获得关于自我、社会、自然的真实体验，建立学习与生活的有机联系。要避免仅从学科知识体系出发进行活动设计。

同时，《指导纲要》也提出，在内容选择与组织上应该遵循自主性、实践性、开放性、整合性、连续性的原则。除此以外，在提炼课程主题时，还应注意以下几方面。

1. 从学生出发

在提炼主题时，应站在学生的角度，结合他们所生活的环境的地方特点、文化特色；结合学生的兴趣爱好，以学生为主体，从学生的视角出发，提炼出贴近学生生活的、学生感兴趣的、能引起学生共鸣的课程主题。

2. 遵循青少年身心发展规律

在提炼主题时，需遵循不同年龄学段不同学生的身心发展规律，明确该课程所对应的年龄或学段。部分专业性较强，需要一定知识储备的研究型内容，更适合高年龄段的学生，如

---

① 中华人民共和国教育部．义务教育劳动课程标准[M]．北京：北京师范大学出版社，2022．

航空航天类体验课程、生物实验类课程等;而一些基础的、更具有普及性质的内容,如植物鉴赏、香囊制作等课程,更适合低年龄段的学生。

同时,在提炼主题时经常会出现适合全年龄段的大主题,此时需要在设计课程时,针对不同的学段的课程目标,设计不同的课程内容与课程体验,以便加以区分。在设计课程时,应避免使用同一个课程对应全学段的行为。课程设计应有层次,有分级,不存在"万能"的研学课程。

3. 主题选择具有教育价值和现实意义

在提炼主题时,除了从学生出发,同时应立足于现实情况,选择符合社会主义核心价值观,有助于培养学生发展核心素养的主题,能让学生学有所长,学以致用。从特色资源中提炼出来的研学主题,应能衍生出完整的课程目标,或贴近学生的现实生活,能让学生从中获取相应的知识与技能,从而服务于生活;或面向学生与社会的未来,为学生和社会的未来发展服务。

三、设计课程名称

名称是游客看到完整课程前,首先看到的课程信息。一个课程能否吸引游客继续了解课程内容,取决于课程名称是否能够抓住游客的注意力。

那么,什么样的研学课程名称能抓住游客的目光呢?

从各省市已发布的研学课程评选公告中,选取了 10 个研学课程名称,如表 3-8 所示。请大家看一看,以下研学课程名称都有哪些特点呢?

表 3-8　研学课程名称举例

序号	课 程 名 称	序号	课 程 名 称
1	盐里有世界 向海向未来	6	探寻"最早的中国"
2	发掘太阳奥秘 探索绿色能源	7	如何让电动汽车跑得更快更久
3	研读夏都文化,走进第一王朝	8	一粒米的故事
4	化泥为陶——解锁土与火的密码	9	解密红色电波 体验测向科技
5	绿的 N 次方——立体种植	10	重走古战场——寻迹英雄

以上 10 个研学课程名称,其主题虽各有不同,但它们都有以下共同点。

1. 主题明确

虽然游客并未看到具体的课程内容,但从这 10 个名称中,游客能够清晰地理解这门研学课程的主题。例如,"盐里有世界 向海向未来",其中的关键词"盐"和"海"能让游客了解到,这是一个海洋主题的研学课程,其中内容与"盐"相关。又如"化泥为陶——解锁土与火的密码",清晰地表达了这是一门以"陶"为主题的研学课程。将课程主题清晰融入课程名称中,能让游客直观地了解课程主题,吸引意向游客深入了解课程内容。

2. 语言精练

一个好的名称,要能让游客在短时间内对标题一目了然。因此,在设计名称时需控制标题的字数,做到语言精练。以上 10 个名称,都是主标题加上副标题,总字数均不超过 20 个字。为了能在 20 个字内把课程主题及课程亮点表达出来，在设计标题时，每一个字或词都要精准选择，力求用精练且准确的语言，讲述主题，突出亮点，吸引游客。

3. 小而精

小而精是指在设计标题时要聚焦课程重点或课程亮点，不追求"大而全"。例如，"解密红色电波 体验测向科技"这一标题，从标题中能了解到，"红色电波"表示这个课程是一个红色课程，课程的重点在于"测向科技"的学习与体验。在设计标题时，聚焦课程的主题和1～2 个课程亮点，能够让标题与内容相得益彰。

在设计标题时，首先需要聚焦主题，提炼主题内容；其次需要精选课程亮点，打磨关键词，让课程主题更聚焦、语言更精练。在设计时，还可以尝试"主题＋场地""主题＋行为""场地＋行为"等组合方式来设计，如"发掘太阳奥秘 探索绿色能源""重走古战场"；或可使用提问的形式，如"如何让电动汽车跑得更快更久"，将探究主题转化为问题，让游客带着问题了解课程。

四、研学课程目标

如果说课程主题规定了"学什么"，那么课程目标就是"学到什么"。

课程目标是指课程本身要实现的具体目标和意图，是指导整个课程编制过程最关键的准则。研学课程目标设计受制于课程主题，在设计时，应在相关政策的指导下，紧紧围绕主题，围绕学生核心素养培养框架，突出内容重点，选择基地内能够突出课程主题的场地，再根据场地的具体资源，设计每阶段的课程目标。

1. 设计研学课程目标

研学旅游作为综合实践活动的一部分，同样遵循综合实践活动的课程总目标，即学生能从个体生活、社会生活及与大自然的接触中获得丰富的实践经验，形成并逐步提升对自然、社会和自我之内在联系的整体认识，具有价值体认、责任担当、问题解决、创意物化等方面的意识和能力。作为研学旅游基（营）地，即研学旅游目的地，在设计课程目标时应该根据本基（营）地的资源样态来构建。在为本基（营）地的研学课程设计课程目标时，一般遵循以下流程，如图 3-4 所示。

图 3-4　课程目标设计流程

研学旅游课程是综合实践活动的一部分，同时也是跨学科课程。在设计课程目标时，离不开由教育部制订的各学科课程标准。在 2011 年版课程标准①中，课程目标遵循"三维目标"，即"知识与能力""过程与方法""情感态度与价值观"。在 2022 年版课程标准②中，课程

---

① 中华人民共和国教育部．教育部关于印发义务教育语文等学科课程标准（2011 年版）的通知［EB/OL］．http://www.moe.gov.cn/srcsite/A26/s8001/201112/t20111228_167340.html，2011-12-28.

② 中华人民共和国教育部．教育部印发《义务教育课程方案和课程标准（2022 年版）》［EB/OL］．http://www.moe.gov.cn/srcsite/A26/s8001/202204/t20220420_619921.html，2022-04-08.

目标强调核心素养,而且以核心素养为纲。区别于"三维目标",核心素养强调的是学了知识或技能之后能做什么,能解决什么问题。在设计研学课程目标时,应与课程标准中的学科核心素养内涵和具体知识点相联系,将学科知识运用到解决具体的实际问题中,不脱离学科课程,做到真正的校内校外相联系。

除课程标准外,在设计课程目标时还需考虑五育、素质教育、《中国学生发展核心素养》等要求,融合乡土乡情、县情市情、省情国情,设计出与课程主题相契合的课程目标。

2. 研学课程目标编写方法及模板

在编写研学课程目标时,可思考以下五个问题,帮助整理思路。

(1) 这个主题能让学生学到什么? 解决什么问题?

(2) 这个主题让学生学到的知识,是具体行为还是抽象意识? 有固定的标准还是开放的成果? 是重方法还是重过程?

(3) 这个课程的目标对象是谁?

(4) 针对课程目标对象的发展水平,这个课程主题和课程内容应达到什么样的知识和技能水平? 学习这些知识与技能对目标对象有什么意义?

(5) 想要获得这些知识和技能,需要经历哪些过程和方法?

以上五个问题,分别回答了:这个课程的总目标是什么,课程对象是谁,课程难度和深度,各部分课程的分目标及目标实现的过程和方法是什么。在厘清以上问题后,根据具体的学情和教学内容,将目标与方法结合在一起,综合成一句话或者一段文字表述出来即可。

可参考以下模板进行编写:

通过＋行为(课程内容/技能方法/学习过程)＋行为结果＋达到的目标。

其中,"行为"是指在研学课程中所运用的技能方法或教学内容;"行为结果"是指运用该技能方法能达到的具体成果;"达到的目标"是指这一项课程内容/技能方法/学习过程所能达到的抽象的能力/意识,即核心素养目标。

例如,通过学习芯片的结构与应用,了解芯片解析编码的原理,初步认识信息处理的作用。

"学习芯片的结构与应用"是行为,"了解芯片解析编码的原理"是学习后所能获得的具体成果,"认识信息处理的作用"就是学习芯片的结构和应用后所希望达到的"信息意识"的核心素养目标。

五、案例分析:设计半日研学课程

在了解了设计课程的流程,提炼课程主题,编写课程目标的内容后,进入设计课程内容的环节。本内容将结合本项目的案例,具体分析设计半日课程的方法。

1. 半日课程的应用场景

本项目任务概述中曾说过,半日课程的主要应用场景有四种。

(1) 受场地、空间限制,无法提供餐饮服务及午间休息场地的基地。

(2) 受内容体量限制,基地的内容仅能支持半天课程。

(3) 设计为体验课程,供游客在短时间内体验研学基地的课程内容与设施设备,达到引流的效果。

(4) 客制产品,满足定制客户的需求。

在案例中,该纪念馆位于起义军临时政府遗址,展厅共两层,面积约 800 平方米。可见,该纪念馆面积较小,且由于其博物馆的特殊性质,不适宜提供餐食。因此,该纪念馆适用于半日课程。

2. 主题选择

一般而言,半日课程的总时长约 3 小时。在短时间内,研学课程的内容无法做到"大而全"。因此,半日研学课程的内容追求"小而精"。

在半日课程里,课程主题的选择应关注"精品",在大主题范围内选择其中一个小主题开展设计。例如,故宫博物院的"一窗一世界——故宫里的窗",在故宫庞大的历史文化资源中,故宫选择了"窗"这个常见又精巧的主题,在半天的时间内,通过故宫的窗,展示中国传统建筑的精巧设计、审美意蕴和空间美感。

在本案例中,该纪念馆的主题非常明确,即起义。同时,纪念馆面积紧凑,主题单纯,非综合性博物馆。因此,该研学课程可以以"起义"这一历史事件为主题进行拓展。

3. 编写目标

确定主题后,就是编写课程目标。在本案例中,纪念馆作为革命历史主题的博物馆,与其学科联系最强的科目,在义务教育阶段为历史和道德与法治,在高中阶段为历史和思想政治。在编写课程目标时,需根据基地的实际情况,结合学科内容,参考课程目标编写模板,设计恰当的课程目标。

在本案例中,根据义务教育阶段《道德与法治》核心素养内涵中的"政治认同",可以这样编写课程目标:通过参观革命起义纪念馆,了解起义发生的时间、地点、原因和结果,认识中国共产党在国家独立、人民解放、民族复兴进程中的领导作用。

4. 内容设计:"1+1"模式

在完成以上步骤后,该研学课程进入内容设计的部分。

研学课程作为开放的、动态的课程,其内容需要满足实践性、活动性、体验性和跨学科的性质。在课程结构的组织上,可以采取"1+1"模式,即"一段静态课程+一段体验课程"。

静态课程是指听讲、参观类的环节,如听讲解,听专家讲座,观看视频,参观展厅等不涉及动手体验的环节。课程时长根据场馆内容或课程具体内容而定,一般而言时长在 40~60 分钟为佳。

体验课程,顾名思义就是涉及动手体验的动态课程,如非遗手工体验,展厅内的互动设施体验,剧本杀,寻宝解密游戏等。课程时长根据体验具体内容而定,一般而言时长在 60~90 分钟为佳。

在"1+1"模式中,静态课程与体验课程相辅相成,互相印证。静态课程为体验课程提供了理论知识,体验课程则在体验中印证静态课程中所学习的理论知识。例如,广东海上丝绸之路博物馆的"南海Ⅰ号"研学课程,采用的就是"一段静态课程+一段体验课程"的模式(见表 3-9)。

表 3-9 "南海Ⅰ号"研学课程样表(主选课程)①

序号	课程名称	课程用时/min	课程内容及形式	学龄段
1	基本陈列展览	40	由讲解员带领参观,讲述"南海Ⅰ号"前世今生的故事,体会"南海Ⅰ号"出帆远洋,搏击风浪和货通万国的浪漫情节,感受古代海上丝路恢宏灿烂的历史	全学龄段
2	护照打卡	40	孩子根据参观线路图,带着观展小册——"护照",使用自助语音导览设备,在博物馆边参观边"打卡"盖章。该课程适合稍大年龄段的学生,可以自主思考、探知、探索出更多古沉船秘密,加深了对丝路文化的感受和认知,锻炼孩子的求知欲,提高观展积极性、主动性	13岁以上(中学生)

在该课程中,游客首先会跟随讲解员参观展厅,总体了解"南海Ⅰ号"前世今生的故事,这是静态课程,以被动输入为主。在参观后,游客带着观展小册——"护照",在博物馆内自主参观,对文物或者相关历史知识进行"寻宝打卡",在打卡的过程中加深对"南海Ⅰ号"的认识。这是体验互动课程,以游客主动输入为主。

在本案例中,在进行内容设计时同样可以采用"1+1"模式。

因纪念馆自有讲解团队,所以静态课程可以选择以"参观讲解"的方式开展,由专业讲解员首先带领游客整体了解起义发生的时间、地点、原因和结果,让游客对这段历史有了整体了解,为接下来的体验课程提供背景知识。同时,让游客熟悉纪念馆的环境与参观路线,也为接下来的体验课程打下环境基础。

在体验课程中,为了打破常规红色革命课程枯燥、呆板的"参观+缅怀"模式,可以引入时下年轻人喜欢的元素,如剧本杀、桌游、角色扮演等沉浸式体验。在本案例中,课程主题及展厅主题均为"起义"这一历史事件。作为"事件",其中必定涉及同一时间内不同人物、不同团体的不同故事。因此,可以根据起义的实际情况,设计不同的团体任务,让游客分别饰演不同角色,以闯关的方式设计沉浸式体验课程(见表 3-10)。

表 3-10 红色革命主题研学体验课程安排示例

序号	模块	时长/min	课程内容	年龄段
1	课程导入	10	① 集中学员,导师致欢迎词,宣布课程开始 ② 导师讲解课程流程及活动规则,导入课程	全年龄
2	参观讲解	40	跟随讲解员参观展厅,了解起义发生的时间、地点、原因和结果	全年龄
3	互动体验	90	① 角色分组,每个学员分别领取自己在起义团中的角色及团队任务单,更换服装 ② 导师带领各组学员分别开展团队任务,在展厅内寻找线索,解开谜题,合作完成任务单上的所有任务	10岁以上学生

以上为根据纪念馆情况所设计的课程框架。该课程采用"1+1"模式,课程总时长为140分钟,分为"课程导入""参观讲解"和"互动体验"三部分。需要注意的是,在设计具体的

---

① 李剑.博物馆研学课程开发与"南海Ⅰ号"的资源利用初探[J].客家文博,2020(3).

讲解内容和体验任务时，需要根据参与学员的学龄段，设计符合该年龄段身心发展的内容与任务。切记，研学课程可以使用类似的课程框架，但不存在"万能"的课程内容。

另外，课程框架中出现了"课程导入"及"任务单"两项内容。"课程导入"为每次课程开始前的引子，是活动的开场，目的是唤起学员的注意力，让学员意识到课程现在开始，并且能在课程开始前了解课程流程，让学员们"心中有数"。"任务单"则为课程物料中的一种，这部分内容将在本项目任务七中进行讲解。课程物料是研学导师的"好帮手"，巧用课程物料，会让研学课程更具灵活性。

【训练题】

一、自测题

1. 课程设计的第一步是（　　）。

　　A. 线路设计　　　　　B. 提炼主题　　　　　C. 内容设计　　　　　D. 撰写方案

2. 研学课程内容的选择是基于（　　）。

　　A. 课程主题　　　　　B. 课程目标　　　　　C. 场地环境　　　　　D. 活动模式

3. 下面各项课程中不属于体验课程的是（　　）。

　　A. 版画拓印　　　　　B. 角色扮演　　　　　C. 行军拉练　　　　　D. 古画鉴赏

二、讨论题

请分小组讨论，在使用"1＋1"模式设计课程内容时，除了上文提到的活动模式，体验课程还能采用哪些活动方式？这些体验方式如何融入研学课程？请举例说明。

三、实践题

以小组为单位，实地考察一研学基地，为该基地设计一个半日研学课程。

任务五　掌握一日研学课程的设计

【任务概述】

上一个任务完成了单位时间最短的半日研学课程的设计，本次任务将完成研学课程流量最大的一日课程的设计。本次任务同样会以一个案例进行导入，通过四步拆解一日研学课程的设计方法。

【案例导入】

某市为纪念苏轼，对本市内的苏轼故居遗址进行复建，并在遗址复建的基础上建设了以"东坡文化"为主题的纪念公园。纪念公园分为东坡祠核心景区、东坡纪念馆景区、东坡亭粮仓艺术展区及游园休闲景区四部分，全力还原苏轼千年前在此的生活场景和周边环境。纪念公园为纪念馆配备了完备的讲解团队，在园区内为游客提供免费讲解服务；定期更新展览，从不同角度展示苏轼的生平故事、文学作品、城市贡献等内容，丰富及宣传东坡文化。为了让本地市民、学生,外地游客走入纪念公园,纪念公园决定以研学旅游作为切入点,设计数个一日研学课程,吸引游客了解东坡文化。

一日课程是研学旅游流量最大的课程,在一天的时长内,研学旅游基(营)地可以为客户提供不同的主题性课程,提供综合实践活动的场地和内容,其充足时长和课程容量能最大限度满足研学旅游最大的消费群体——即学校的不同需求。

与半日课程相似,一日课程在设计时同样遵循提炼主题、目标设定、内容设计的流程。在一日课程中,提炼主题和目标设定的设计方法与半日课程一致,因此本任务将不再赘述。在内容选择上,半日课程是一日课程的基础。通常情况下,一日课程分上午、下午进行,上午、下午的课程时长分别为2～3小时。因此,一日课程可以看作两个半日课程的结合。但是,一日课程并非两个半日课程的简单相加,其课程内容的选择与连接自始至终以课程主题为中心,根据基地资源的情况,围绕课程主题分步拆解静态课程与体验课程。

一日研学课程,可以使用"导、研、展、评"课程模型进行设计,如图3-5所示。

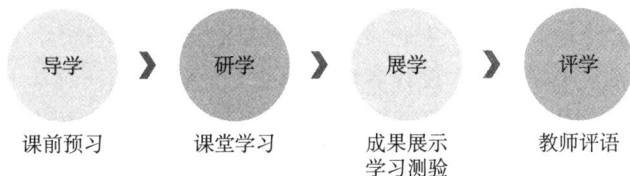

图3-5　"导、研、展、评"课程设计模型

一、导学

导学,即在研学课程出发前,提前对课程背景知识、研究性学习方法、研学旅游安全事项等进行学习,是研学课程的开始,相当于学科课程的课前预习环节。其可分为两种模式,一种是行前导学,另一种是课前导学。

1. 行前导学

行前导学即在课程行程开始前,让学生通过阅读导学、视频导学、课程导学和课题导学四种方式(见图3-6),对课程主题内容进行提前预习,储备相关知识;在旅程开始前对课程主题内容"了然于心",为下一步"研学"做好行前铺垫。

行前导学的具体开展形式及导学资料的推荐需要根据客户需求及学生的学龄段进行选择。四种开展方式可以同时开展,也可按需选择。其中,阅读导学与视频导学是最常见,也是最容易开展的两种导学方式,基(营)地可准备与主题相关的阅读清单及视频清单,供学生根据自身需求进行阅读和观看。

课程导学是指通过校内课堂、线上直播或录播课的方式,在正式课程开始前为学生开展主题导入课程。在课程导学中,研学导师通过介绍主题相关知识、研学课题、研学线路及研学目的地等,让学生在短时间内了解本次研学课程的重要知识,调动学生的积极性,提高学生对本次研学课程的兴趣与期待。课程导学的导师,可以由校内学科导师、基(营)地研学导师担任,也可以邀请研学主题相关学科的专家学者、社会从业者等社会导师担任。

图 3-6　导学的开展形式

阅读导学	视频导学	课程导学	课题导学
整本书阅读 网络信息阅读 学术论文阅读	纪录片 新闻视频 文娱视频 短视频	校内学科/综合课程 线上直播/录播课	小课题提出 研究方法学习 课题开题报告

课题导学是四种方式中难度最大、研究性学习性质最强的方式。设计者在设计课程时，需要根据主题内容设计若干研究性主题，供学生在课前进行分组选题、确定研究方法、进行开题报告。课题导入方式考验课程设计者对研学主题、研学对象、研学内容、研学线路等多重维度的把握与运用。因其强烈的研究性质，课题导入的方式更多用在多日课程中，借助多日课程充足的课程时间与丰富的课程内容，让学生从多方面、多角度，全面、深入地对本组课题开展研究。

2. 课前导学

课前导学，即在研学课程开始的当天，对学生开展约 30 分钟的课前导入。在这 30 分钟的时间内，需为学生介绍本日课程主题、课程内容及目的地概况，让学生提前了解本日的学习任务和体验任务，同时也让学生对研学基地有一个初步认识，做到"心中有数"。

二、研学

研学是整个研学课程的重心，也是最重要的一部分。

如果把研学课程的模块与传统课程的内容对应起来，"研学"对应的就是"课堂学习"的模块。研学，即在集体旅行过程中，进行多种形式、多重感官的学习体验。在这一模块中，研学导师就是本次课程的学科导师。在课程开始前，导师需要根据课程主题和课程目标设计课程内容与课程计划。

1. 设计课程内容

一日课程内容设计方法可以使用"1＋1"模式，静态课程与体验课程相结合。

课程主题是研学课程的中心，所有课程活动内容必须围绕课程主题开展。课程内容根据静态课程和体验课程分类，可以归纳出五类内容，如图 3-7 所示。

参观讲解与专业讲座属于静态课程，与传统课堂类似，以导师讲授为主，学生被动接受知识。静态课程的导师除了研学导师本身，也可以是场馆的讲解员，还可以是行业内的专家导师，能为学生传道授业解惑，不仅带来丰富的知识，也为后面的体验课程打下理论基础。

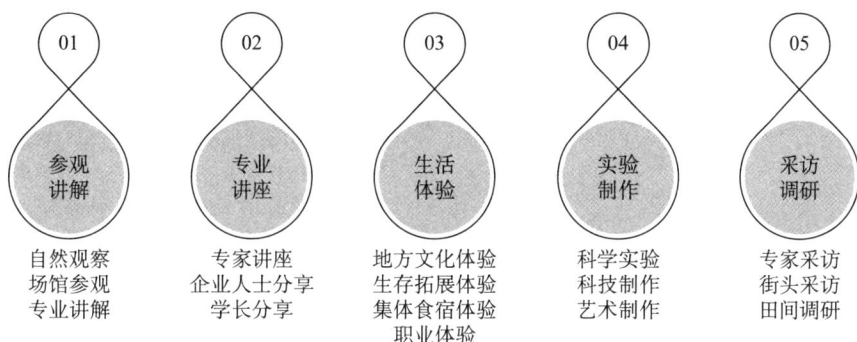

图 3-7 五类课程内容设计

生活体验、实验制作、采访调研属于体验课程，基本涵盖了常见的文化体验、职业体验、科学制作、艺术制作、考察调研等研究性学习和体验性学习。研究性学习和体验性学习不同于传统课堂教学，因学习目的、学习内容不同，决定了这类课程必须采用校外活动的学习方式。研学方式决定了学生的学习途径和学习手段，对于事实性知识，应指导学生通过多种途径获取知识，传授学生获取知识的方法，让学生化被动为主动，自己获取知识，生成知识。

不同的主题内容需要搭配不同的活动内容，在设计课程时需寻找活动内容与学科之间的关联性知识，关注主题背后的思政元素，注重培养学生的核心素养。同时，还可以参考各学科的课程标准、教育部和各省市教育部门推荐的主题活动、综合实践活动推荐主题、劳动教育主题等，结合乡情、县情、省情和国情，充分挖掘基（营）地资源，开发研学活动。例如，历史文化主题，可以设计寻宝、闯关等游戏项目，配合时下流行的剧本杀、桌游、热门综艺元素等，融合主题内容将知识故事化、游戏化，寓知识于游戏中；科学创新主题可着眼于科学实验、科技创作、科技体验等环节，利用身边的物品进行物理、化学、生物小实验，或开展航模、船模等模型拼搭体验，或亲身体验最新科技成果等，都能让学生在体验中理解知识，运用知识，最终转化为学习成果。

在设计课程内容时，针对不同学龄段学生的知识水平、技能水平和知识综合程度，运用不同的方式、方法，有重点、有层次、有梯度地开发研学课程内容，如表 3-11 所示。

表 3-11　不同学段开展研学活动的方式

学段	课程开展方式、方法	内容层次	研学课程内容示例
小学	运用"五感"，通过自然观察、亲身体验、讨论交流、动手制作、简易实验、故事启发等方式学习，可安排自主学习，也需要开展合作学习	以乡土、乡情为基础进行拓展	制作革命英烈英雄卡、搭建简易电路
初中	运用收集信息、阅读文献、专家讲授、实验探究、观察记录、社会调查等方式，开展自主学习、探究学习、协助学习，用学科知识解释问题、解决问题，在实践中掌握研究方法	以县情、市情为基础进行拓展	模拟行军、搭建机械臂

续表

学段	课程开展方式、方法	内 容 层 次	研学课程内容示例
高中	《普通高中课程方案（2017 年版 2020 年修订）》① 要求高中 3 年完成 2 个课题研究或项目设计，获得 6 个学分，因此应以研究性学习为主，教师适时指导，并提出明确的课题完成质量标准，学生自主选题、完成研究	以省情、国情为基础进行拓展	设计红色文化研学线路、利用现有程序生成 AI 画作

2. 根据时间节点编排课程内容

研学课程被定位为"课程"，与普通春、秋游有本质区别。与春、秋游不同，研学课程有课程主题、课程目标、课程活动方式的整体规划和设计，因此必须有相对固定的课时安排、教学内容、参与人员安排等。

对基地而言，研学课程开始时间一般遵循以下时间安排（见表 3-12）。具体的课程时间安排可根据具体情况进行微调。课程开始时间一般不早于 8：30，离开基地的时间不晚于 16：00。

表 3-12　研学课程时间安排表

时　间　段	内容安排
8：30—9：00	迎接学生
9：00—12：00	上午课程
12：00—13：30	午休时间
13：30—15：30	下午课程
15：30—16：00	离开基地

从表 3-12 可以看出，一日研学课程分为上午、下午两部分，每部分时间为 2～3 小时，各为一个半日课程的时间。在此基础上，一日课程可以选择由两个半日课程组合在一起，上午、下午各有一段静态课程和一段体验课程；或以上午课程以静态课程为主，下午课程以体验课程为主的形式结合在一起，延长每段课程的时间，让知识讲解和体验活动都更为丰富，更为深入。

值得一提的是，在设计下午课程时，不推荐在下午课程中安排静态课程（如专家讲座）。经过上午的知识输入和活动体验，学生会出现一定程度的疲劳。为了调动学生学习的积极性，下午课程更推荐进行体验课程，让学生能在动手体验的过程中，更投入研学课程中。

三、展学

展学即将研学过程中搜集到的信息、制作流程、体验感悟等知识，整理成报告或创新型作品，展示研学的学习成果。其对应的是学科课堂中的"成果展示""成绩测试"环节。

---

① 中华人民共和国教育部. 教育部关于印发普通高中课程方案和语文等学科课程标准（2017 年版 2020 年修订）的通知[EB/OL]. http://www.moe.gov.cn/srcsite/A26/s8001/202006/t20200603_462199.html，2020-05-13.

"展学"虽与"成绩测试"有所对应,但实质上二者有本质区别。不同于学科课堂以纸笔测评为主的常规考量方式,展学没有标准答案,其形式丰富多样,可以通过不同载体展示研学的学习成果,如图3-8所示。

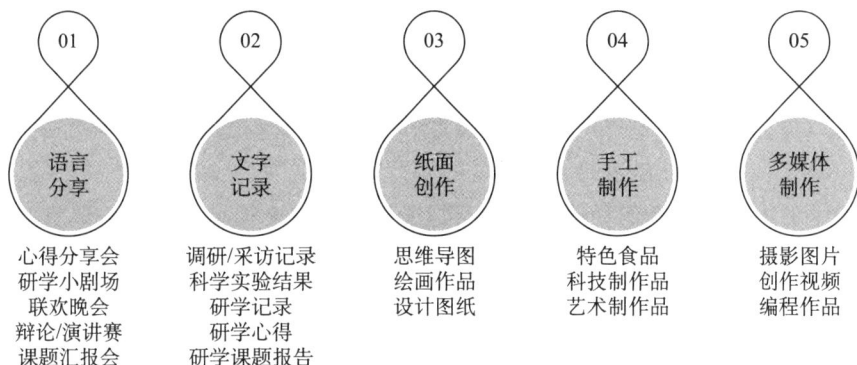

01	02	03	04	05
语言分享	文字记录	纸面创作	手工制作	多媒体制作
心得分享会 研学小剧场 联欢晚会 辩论/演讲赛 课题汇报会	调研/采访记录 科学实验结果 研学记录 研学心得 研学课题报告	思维导图 绘画作品 设计图纸	特色食品 科技制作品 艺术制作品	摄影图片 创作视频 编程作品

图 3-8　展学的开展方式

语言分享类和文字记录类展学是最常见的展学方式,其开展难度与门槛较低,是最容易开展展学的方式。语言分享类展学最常见的形式是心得分享会,即在所有课程活动结束后,研学导师组织学生对本次研学活动分享感想与心得体会。但该类心得分享会对导师的临场发挥与控场能力要求较高,需要导师活跃现场气氛,让学生能够踊跃发言。文字记录类展学常见于研学手册中,学生在研学时,边体验边完成手册上的内容,在所有活动结束后,研学手册就是最终的文字记录成果。同样,如果体验课程是实验制作类课程,其最终作品就可以成为学生的展学成果。

四、评学

教育评价是指在一定教育价值观的指导下,依据确立的教育目标,通过使用一定的技术和方法,对所实施的各种教育活动、教育过程和教育结果进行科学判定的过程。

评学即对学生在研学旅游过程中的综合素质和研学成果进行评价,并建立综合素质档案。根据不同的评价对象,评学可分为三种不同的评价类型:①学习评价,是对该课程学生学习情况的评价;②导师评价,是对研学旅游课程导师的服务评价;③课程评价,是教师、学生、专家对该课程设计方案及整体实施效果的评价。因篇幅有限,本任务主要讲述评价主体为学生的学习评价。

1. 评学的原则

研学评价是研学旅游课程的重要组成部分,具有定标导航、鉴定、改进、反馈、展示、激励等功能。在开展研学旅游课程评价前,需要遵循一些基本原则。

(1)立足学生

立足于学生的学情和心理成长规律,以学生为出发点,把学生在评价中的主体地位落到实处,发挥学生的主体作用,在评价中不断增强学生的自信心和进取心。

(2)发展导向

研学旅游课程作为综合实践活动的一部分,其课程目标以培养学生综合素质为导向。

在评价时，突出发展导向，通过对学生学习过程的观察、记录、分析，了解学生的个性与特长，激发学生的潜能。在研学旅游课程进行中应重在发现学生的"闪光点"，并通过"导师评语"等方式及时指出，对学生进行强化、激励、扩散，有意引导学生发挥自身的个性与长处，促进学生全面发展。

（3）多元评价

《中小学综合实践活动课程指导纲要》建议，课程评价主张多元评价和综合考察。评价多元指的是评价主体多元、评价内容多元、评价形式多元、评价方法多元、评价成果多元等。一个研学旅游课程，其实施渠道是多样的，活动特色是丰富的，作用发挥是多面的，因此要将学生在课程中的各种表现和活动成果作为分析考察课程实施状况与学生发展状况的重要依据，对学生的活动过程和结果进行综合评价。

（4）全面评价

对学生的评价应贯穿研学课程前、课程中、课程后全过程，课前开展诊断性评价，课中开展过程性评价，课后开展总结性评价。评价的首要功能是让学生及时获得关于学习过程的反馈，改进后续活动，避免评价过程中只重结果、不重过程的现象。同时，在评价时，应面向每一位学生，选取具体、明确的指标，涵盖知识与技能、过程与方法、情感态度及价值观等多个维度，发展学生核心素养，提高学生综合素质。

2. 评学的方式

（1）量化评价

在进行研学旅游课程评价时，导师可对标课程目标，制定相对应的评价维度和要素，用等级、分数等可量化的方式对学生的反应和表现进行评判。典型的评价细则是对学生表现的言语描述，包括学生在初始、半熟练、熟练和高级等各个阶段的所有表现，描述学生在不同评价标准、不同质量、不同完成度上的表现。

使用量化评价，可借助行为观察表或等级量表等工具进行评价，通过不同行为表现及其程度做出相应判断。等级量表设计流程如图 3-9 所示。

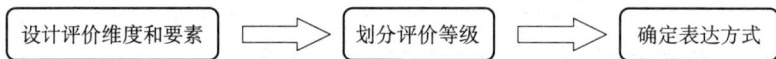

图 3-9　设计等级量表的步骤

① 设计评价维度和要素

评价维度和要素需要对标课程目标进行设计，在设计时，可参考各学科课程标准中的学科核心素养内涵、五育、素质教育、《中国学生发展核心素养》等要求进行设计。例如，在历史文化类课程中，在涉及历史学科的评价时，可根据历史学科课程标准，将学科核心素养内容设计为评价维度的五个方面：唯物史观、时空观念、史料实证、历史解释、家国情怀，确定评价维度的对应要求，再根据实际的课程内容划定评价等级。

② 划定评价等级

每一个评价等级需对应一条评价细则，这些细则对应的是学生学习时可观测的具体行为表现，这些表现是在研学课程中出现的，也是课程导师希望能够在学生身上看到的表现。在设计评价细则时，尽量采用可明确分辨的行为和表现，尽量规避评价者对学生主观意愿的判断。以上文中"唯物史观、时空观念、史料实证、历史解释、家国情怀"的"历史解释"为例,如图 3-10 所示。

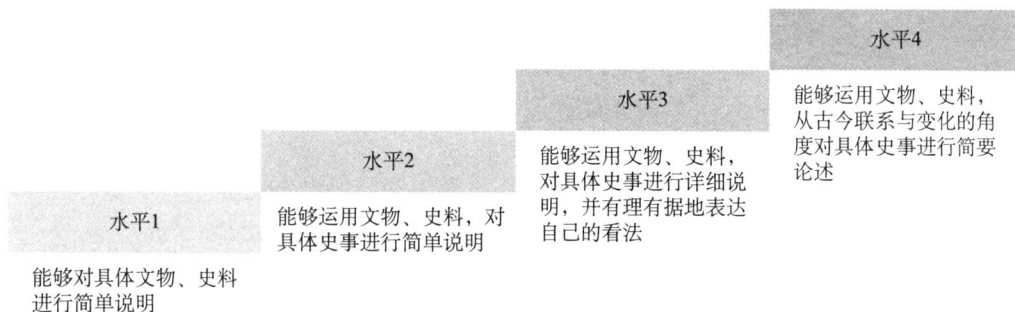

图 3-10　历史解释表现能力及水平分级示例

③ 确定表达方式

评价一般以等级或分数的形式表达。

等级形式至少设置 3 个等级,如"上、中、下""优秀、良好、一般、合格"等。每个等级对应不同完成质量或不同完成度,导师根据学生的实际表现进行评价,如图 3-11 所示。

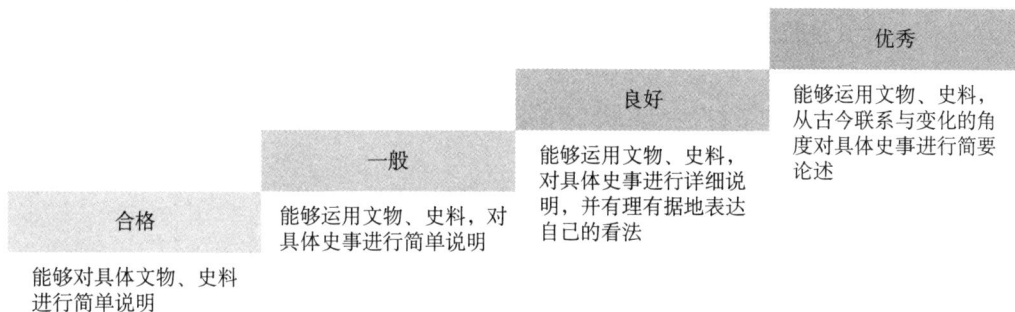

图 3-11　历史解释表现能力及等级分级示例

分数形式分为平等赋分和分项赋分两种方式。平等赋分指为学生的不同维度表现赋予同样的分值比重,分值比重一般为 0～3 分,如图 3-12 所示。

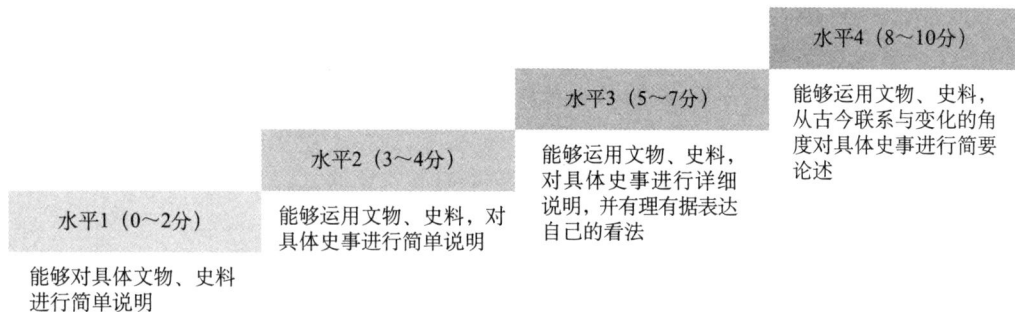

图 3-12　历史解释表现能力及分数分级示例

分项赋分则是根据课程分项维度以不同的侧重点,赋予不同的分数,如表 3-13 所示。

表 3-13　评学分项赋分表示例

评价维度	评 价 要 素	分值	学生自评	小组互评	导师评价
团队合作	主动与同伴合作,互帮互助	10			
沟通分享	主动与同伴交流,积极分享	20			
安全意识	留意安全隐患,主动提醒同伴	15			

（2）写实评价

写实评价是对学生成长过程中的真实评价,由学生和导师共同记录——学生对自己在研学旅游中的表现进行自评及互评,导师对学生在课程中的表现进行教师评价。

《中小学综合实践活动课程指导纲要》提出,学生在进行写实评价时,教师要指导学生客观记录参与活动的具体情况,包括活动主题、持续时间、所承担的角色、任务分工及完成情况等,及时填写活动记录单,并收集相关事实材料,如活动现场照片、作品、研究报告、实践单位证明等。活动记录、事实材料要真实、有据可查,不可胡编乱造。

《指导纲要》对写实评价的评价主体、记录内容做出了相应的要求。学生在进行写实评价时,应通过学生自评、组员互评的方式,客观记录自身及同伴在研学过程中的真实表现,导师从旁给予帮助和指导。而导师在编写评语时,要客观地描述学生在课程中的真实表现,评语中要充分肯定学生的优点,个性化描述学生在研学课程中的"闪光点";对于学生的不足,应恰如其分地指出并提出中肯的建议。

五、案例分析:设计一日研学课程

上文通过"导、研、展、评"研学课程设计模型讲解了一日课程的设计方法,下面将以本任务中的案例为例,运用"导、研、展、评"设计一个一日研学课程。

1. 导学

本案例的导学,针对不同的群体有不同的开展方式。

如果参与研学旅游课程的群体是本市在校学生,研学导师可选择面向参与研学旅游课程的学生开展入校的课程导学。除研学导师外,开展课程导学的导师可以由专业的东坡文化研究学者或东坡纪念馆策展人、专业讲解员担任。

面向社会游客,则可开展阅读导学及视频导学,包括:定期在网络上推荐适合不同年龄段的,关于东坡文化的书籍;拍摄纪念公园或东坡文化相关的短视频;推荐以苏轼为主题的影视作品,让游客在参与课程前,提前认识苏轼,初步了解东坡文化。同时,也可采取线上直播或录播课的方式,通过线上课程导学让游客了解纪念公园,了解东坡文化。

在一日研学课程的设计方案中,可使用表 3-14 的形式表达。

表 3-14　一日研学课程导学案例示例

时　间	模　块	地　点	课程内容
开课前一周	行前导学(一)	线上	① 阅读导学:×××编著.《苏轼》.××××出版公司 ② 视频导学:《苏东坡》,纪录片,全6集,中央电视台 ③ 资料收集:通过查阅网络资料、阅读书籍等方式,收集苏轼在某市曾经写下的诗文,曾为某市百姓做了哪些事情,了解东坡文化隐含了哪些寓意

续表

时　间	模　块	地　点	课 程 内 容
开课前一周	行前导学(二)	线上+线下	① 课堂导学:参加行前导学课,聆听东坡文化专家讲座,了解某市东坡文化的起源和发展 ② 资料收集:通过查阅网络资料、阅读书籍等方式,收集苏轼在某曾经写下的诗文,曾为某市百姓做了哪些事情,了解东坡文化隐含了哪些寓意

2. 研学

纪念公园分为东坡祠核心景区、东坡纪念馆景区、东坡亭粮仓艺术展区及游园休闲景区四部分,在设计一日研学课程活动时,应充分利用纪念公园的每一处景点和景观,围绕课程主题进行活动设计。

同时,可根据不同的景点与景观,以及园区内的体验设施设备,设计相应的静态课程和体验课程,作为园区的研学课程库;并根据不同群体的要求和特质,搭配组合不同的课程模块,如表 3-15 所示。

表 3-15　纪念公园课程活动设计示例

地　点	课 程 内 容	
	静 态 课 程	体 验 课 程
东坡祠核心景区	参观讲解(40min):跟随讲解参观东坡祠	斗茶体验(60min):体验宋代斗茶
东坡纪念馆景区	参观讲解(40min):跟随讲解参观东坡纪念馆	寻宝打卡(60min):寻找指定文物并打卡
东坡亭粮仓艺术展区	文化讲座(60min):聆听东坡文化专题讲座	讲解体验(60min):选择一样苏轼的作品进行讲解
游园休闲景区	景区观察(60min):寻找景区园林设计的特色	游客调研(60min):对前来参观的游客开展调研

在完成课程活动设计后,就可以根据不同学龄段的学生安排具体的课程时间。在课程组合时,采用静态课程与体验课程相结合的模式,如表 3-16 所示。

表 3-16　纪念公园课程活动安排示例

时　间	主　题	地　点	课 程 内 容
9:00—9:30	课前导学	纪念公园广场	研学导师介绍本日课程内容,发放课程道具
9:30—10:30	参观东坡祠	东坡祠	跟随讲解参观东坡祠,聆听东坡故事
10:30—11:40	斗茶体验	东坡祠	了解宋代斗茶故事,体验斗茶的乐趣
11:40—13:00	午间休息	—	午餐及午休
13:00—14:00	景区寻宝	纪念公园	寻找景区中凸显东坡文化的设计,并说一说自己的理解
14:00—15:00	游客调研	纪念公园	对前来参观的游客进行游客调研,以收集游客对纪念公园的意见和建议

在安排课程时间时,应为每一段活动留出 5~10 分钟的灵活时间,以防课程执行时出现

突发情况。同时,也应根据不同群体的具体情况,灵活安排课程的活动量,避免活动量过重让学生"疲于奔命",也要避免活动量太少让学生"无所事事"。

3. 展学

课程的展学要根据当天实际的课程安排开展。

在进行活动设计时,应同时预设该活动的成果。不同场景、不同阶段的活动成果可以通过不同的方式展现。例如,参观讲解、专家讲座这一类静态课程,可以通过在研学手册上设计相应的问题进行记录;寻宝打卡、游客体验这类体验课程,可通过任务卡、调研表等教具进行记录并作最终展示。例如,制作类的活动,最终的作品就是可展示的成果。如表 3-17 所示。

表 3-17　纪念公园课程展学设计示例

时　间	主　题	地　点	课程内容
课程结束当天或一周内	展学	—	学生自选一项任务并完成 ① 以编辑图文或录制视频的形式,介绍一则关于苏东坡的小故事,并说一说这个故事体现了苏东坡的哪种精神 ② 根据亲身体验和收集的游客意见,找出纪念公园的优点和缺点,并以思维导图的方式提出自己的改进意见

4. 评学

最后的评学,根据课程目标及课程活动进行设计,并同时使用量化评价和写实评价两种评价方式。在评价时,要做好全过程评价和多元评价。在设计评价维度和要素时,使用可观测得到的具体表现来描述。其描述的细致程度,取决于教师自身的需要。

🔍【训练题】

一、自测题

1. 不同学龄段学生的知识水平、技能水平和知识综合程度,适合开展不同层次的内容,适合作为拓展小学生课程的内容是(　　　)。

　　A. 省情国情　　　　　　　　　　B. 乡土乡情
　　C. 县情市情　　　　　　　　　　D. 区情县情

2. 下面各项中不适合放在午休后进行的活动是(　　　)。

　　A. 寻宝活动　　　　　　　　　　B. 讲解体验
　　C. 参观展览　　　　　　　　　　D. 模型制作

二、讨论题

请小组讨论,以本任务案例为例,除了上文中所提到的活动设计,还能为这个纪念公园设计什么样的课程活动及展学方式?

三、实践题

以小组为单位,实地考察一研学基地,并为该基地设计一个一日研学课程。

任务六　掌握多日研学课程的设计

【任务概述】

上两个任务介绍了半日研学课程及一日研学课程的设计方法，本任务将开始研学课程时长最长的多日研学课程设计的学习。本任务将综合任务四和任务五的内容，分析多日研学课程的课程设计及线路规划方法。

【案例导入】

某人工智能研究所具有全国领先的 AI 技术和产品，拥有百余位人工智能领域专业人士，有一个占地约 1000 平方米的展厅和多个会议室，曾接待过一些学生家庭来参加科普活动，现计划申报当地市级研学实践教育基地。对照当地研学实践教育基地对课程及研学线路的考评标准，除基地内的一日课程外，还需至少提供 2 条以上结合周边资源的研学实践教育线路，小学以乡土乡情为主、初中以县情市情为主，高中以省情国情为主。目前，研究所已经以智能芯片、机械臂、无人机和虚拟现实为主题设计了 4 个一日课程。现在，研究所应如何结合自身资源，设计多日研学课程呢？

多日研学课程，顾名思义，就是课程时间在 2 天以上的研学课程。区别于半日课程和一日课程，多日课程除了需要考量课程主题、目标、活动和评价等教育要素，还需要考虑交通、食宿等旅行要素。因此，对于多日课程而言，合理的线路规划是重点。研学旅游基地的搭配，课程之间的关联，都需要课程设计者多方考量。

一、线路规划的原则

多日研学课程，可将研学课程拆分为数个一日课程组合起来。但多日课程不是数个一日课程的简单叠加，每一日的基（营）地搭配与课程搭配，都必须与课程主题相符，并且能与自身基（营）地资源和课程相互联系，相互融合。作为一个研学旅游基（营）地的课程设计师，在设计多日研学课程时，需以本基（营）地为核心，辐射周边，乃至全市、全省的研学资源。面对众多资源地，在选择研学旅游基（营）地进行线路规划时，应遵循以下原则。

1. 安全性原则

"安全"是研学旅游的第一要义。《教育部等 11 部门推进中小学生研学旅游的意见》及《中小学综合实践活动课程指导纲要》都对安全做出了相应的要求。在规划研学旅游课程线路及选择研学旅游基（营）地时，要以安全性为第一原则，坚持安全第一，不仅排查研学旅游基（营）地无自然安全隐患和社会安全隐患，也要排查地点转移线路的路面危险及转移安全隐患。例如，避开正在修路的路线，排除危桥、过于陡峭的山道和陡坡等路段等。

同时，研学旅游基（营）地要建立安全保障机制，明确安全保障责任，落实安全保障措施，确保研学旅游课程实施中学生的安全。

2. 教育性原则

研学旅游是学校教育和校外教育衔接的创新形式,是教育教学的重要内容,是综合实践育人的有效途径。研学旅游不是目的,通过研学旅游让学生获得生活的经验,培养学生各项能力,提高综合素质才是研学旅游的最终目的。因此,在选择研学旅游基(营)地时,要根据学生的身心健康、接受能力和发展需求,依据不同的学段对知识学习和能力培养的需求,选择能够体现出历史类、自然类、科技类、体验类等单一类型或多种学习类型相结合的基(营)地。同时,选择基(营)地时要以研学旅游课程主题为中心,围绕该课程主题内容进行选择与组合,保持课程主题与基(营)地资源的一致性。不同基(营)地资源的组合,能让研学旅游课程的开展更多元。

3. 代表性原则

代表性原则是指选择最具主题特征的、最与众不同的、完整的研学旅游基(营)地资源或线路资源。这些研学资源应该具有概括性,能反映主题普遍意义的特征、本质和趋向;具有独特性,是独一无二的,强调与众不同与特色鲜明;具有完整性,资源应是在真实情境或场景中的完整存在,不可分割或断章取义。例如,集中展示中国古代文化的故宫博物院,集聚科学体验和科技科普的科学馆,各具地域特色与丰富自然资源的各地特色自然景区等。作为一个研学旅游基(营)地的课程设计师,平时应根据本基(营)地的资源特征,有意识地收集基(营)地周边乃至基(营)地周边县市的代表性研学资源点,做好调查与分类,以便联合周边资源设计研学旅游课程。

4. 便捷性原则

研学基(营)地应具有便捷性,所处的县市应交通便利,能通过航空、铁路或公路交通到达。在选取研学基(营)地和规划行程时应力争最优,在设计时考虑好最佳出行时间和出行条件,以便将研学旅游课程效果最大化。在本基(营)地作为接待方,为客户规划周边线路时,为了在有限时间内保质保量完成课程,应优先选择在基(营)地周边或与基(营)地位处同一县市的目的地。要注意基(营)地与基(营)地间的交通时间,避免选择路途较远、交通不便的基(营)地,增加交通成本,降低研学体验。例如,当上午与下午的课程需要转移地点时,基(营)地与基(营)地之间的车程要控制在 1.5 小时以内。之所以选择路程近的基(营)地,一是可以避免舟车劳顿;二是可以减少长时间旅途中的安全隐患;三是费用较为经济,能减少路程上的花费,把预算用在其他更有价值的事情上。

5. 经济性原则

研学旅游本质上是公益性活动,《教育部等 11 部门推进中小学生研学旅游的意见》规定,研学旅游不得开展以营利为目的的经营性创收,对贫困家庭学生要减免费用。因此,在挑选基(营)地时,优先选择费用较为经济的研学基(营)地作为目的地。目前,在国家及各省市所评选出来的国家级、省级和市级研学旅游基(营)地中,不乏对公众免费开放的优质基(营)地。而在运营研学旅游课程及活动时,优先选择经济的、能充分展示课程知识的体验活动。在规划线路时,尽量选择分布集中的资源点。线路以环线设计或简单设计为主,不走回头路,从而节约研学成本。

二、规划研学旅游线路

规划研学旅游线路的步骤一共有四步,如图 3-13 所示。

做好考察,确定研学点 ⇨ 资源整合,规划线路 ⇨ 围绕主题,确定课程 ⇨ 检查调整,完善线路

图 3-13　四步规划研学旅游线路

1. 做好考察,确定研学点

同一个研学基地,在不同的课程设计师手中,也能设计出不同主题的不同课程。研学基地的资源是固定的,但如何运用资源,让资源为我所用,靠的是课程设计师对主题的理解和对资源点的活用。因此,在确定一个研学点适不适用于本次的研学主题前,课程设计师需要对目标研学点进行线上或线下的资料收集,并实地考察不同的资源点,对研学基地的布局、路线、资源做到了然于心。

本项目任务三中介绍了"人—地—物—事—理"五星模型,运用该模型可以从人们直接或间接接触到的"人—地—物—事—理"五大资源出发,围绕开启中小学生的"眼—耳—口—鼻—手"的五感体验,萃取研学基(营)地的特色资源进行课程设计。在这里,"人—地—物—事—理"五星模型同样也适用。除此之外,在考察的过程中,课程设计师们还需要注意除特色资源外的许多细节,如图 3-14 所示。

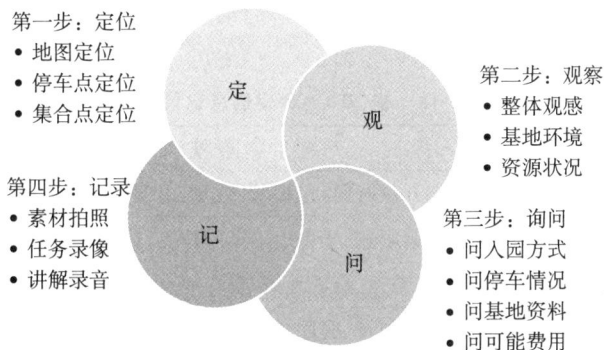

第一步：定位
• 地图定位
• 停车点定位
• 集合点定位

第二步：观察
• 整体观感
• 基地环境
• 资源状况

第四步：记录
• 素材拍照
• 任务录像
• 讲解录音

第三步：询问
• 问入园方式
• 问停车情况
• 问基地资料
• 问可能费用

定　观　记　问

图 3-14　研学基地考察四步走

第一步:定位。

定位,顾名思义,即定点、确定位置。考察基(营)地时的第一步定位,是确定研学基(营)地的具体位置信息,并使用地图软件把定位标记出来,确保每一位参与课程的工作人员了解研学地点的具体位置信息。除了地点定位,在考察研学基(营)地的过程中,还需要对必要的设施进行定位。例如,大巴停车点定位,团队上下车地点定位,团队集合点定位,卫生间、医务室、餐厅等基础设施定位,以及展厅、活动室、会议室、礼堂等活动设施定位等。

在考察时,还需确认研学点的每个资源位置,并在景区地图中标识出来。如果没有研学点或景区地图,则需要通过拍照或录像等方式将位置信息记录下来,以便以后翻阅记录。

第二步:观察。

考察基(营)地的第二步是观察基(营)地的实际情况。客户对基(营)地的初步印象与整体观感的好坏,影响着他们对课程的期待值与满意度。因此,在考察基(营)地时,要注意观察基(营)地的基础设施是否完善,园区内卫生清洁是否到位,设施设备是否安全,有否出现老化的迹象,园区内的安全警示和安全防护设施是否完善并定时维护。更重要的是,要注意基(营)地内的资源情况,看资源是否具有代表性,能否满足本次课程的要求。如果基(营)地内有相关的研学活动,可进行亲身体验,看能否与课程相融合。

第三步:询问。

在考察基(营)地时,如果只是观察就会忽略非常多看不见的实施与细节问题。因此,善于询问是非常关键的。在入园前,应了解清楚平日基(营)地外的交通状况,可供上下车的位置,入园的方式,以及有门口可供集合的地点等基本情况。每到一处资源点考察时,应及时询问基(营)地相关问题,以便了解清楚基(营)地的基本情况。例如,在考察展厅,需要了解讲解相关事宜时,需要询问基(营)地讲解团队的规模,是否配备讲解设备,讲解内容、讲解时长及讲解行进路线,讲解是否收费及收费的方式,预约的方式等内容。在需要了解活动内容时,则需要询问活动的方式,每场活动可同时容纳的人数,活动指导老师的数量、活动物料及活动费用等内容,做到心中有数。

第四步:记录。

考察基地时,通常采用三种记录方法。

(1)纸笔记录。考察时记录下关键信息点,考察后完成踩点信息记录表或踩点报告,详细记录本次基地考察的实际情况。记录的内容包括基地的基本情况、基地内部资源点情况、基地内活动情况等,如表3-18所示。

表3-18　基(营)地考察信息记录内容

记 录 内 容	详 细 说 明
开放时间	基(营)地的详细开放时间,包括基(营)地内部分不随主园区同时开放的资源点
基地外围	附近道路有无限高限宽、学生上下车的位置、停车场位置、团队入口
基地内部	洗手间位置、午餐地点、合影地点、集合地点、各资源点位置
基地容纳量	基地最大和最佳容纳量、餐厅容纳量、活动容纳量
安全保障	基地资质、逃生通道、警卫室、医务室、附近三甲医院和其他医院、安全隐患(设备、施工、灾害、走失等风险)
费用	门票、场地费、讲解费、活动体验费(是否包含研学成果作品)、其他费用(如礼品等)
晴天、雨天方案	室内活动场地、室外活动场地、可遮阳挡雨的半开放场地等

以上内容可以随考察的实际情况增加或减少,在考察结束后,应及时根据考察情况记录相关信息,配以照片或视频记录,以供后来者参考。

(2)素材拍照。单纯的纸笔记录缺乏直观性,因此在纸笔记录的同时,应把重要的信息用拍照的方式记录下来,以图片的方式直观记录实际情况,从而增加记录的真实性,同时也为课程设计收集更多的实景素材。

(3)录音录像。在听讲解和体验活动时,通过录音录像的方式,把当时的活动记录下来,不仅可以熟悉讲解的内容与活动体验的流程,也能为接下来的研学手册和导师手册收集素材与资料。

2.资源整合,规划线路

在确定了研学旅游目的地后,就可以进行最优线路设计,并且根据踩点考察的实际情况进行目的地顺序调整或更换目的地。

最优化线路应该满足三个条件。①各研学点距离适中,避免在路上花费大量时间。②选择的目的地数量适中,强调研学效果。一天之内,步行可达的目的地数量不超过 5 个,需要乘车转移的目的地数量不超过 2 个。③目的地安排顺序科学,要符合教学规律,做到循序渐进。

作为接待的基(营)地方,在规划线路时,可以自身的基(营)地为核心。根据不同的课程主题和内容需求,可选择以"半天在本基(营)地内活动,加半天在其他基(营)地活动"的方式进行编排,保证本基(营)地在课程目的地中的主体地位。也可以选择每天搭配不同的目的地,围绕课程主题进行循序渐进的内容学习。但无论选择哪种排列方式,在串点成线、规划线路时,都不能完全从经济和服务的角度出发,谨记研学的目的是帮助学生成长,培养学生各项能力,提高学生核心素养,时刻确保研学的教育性。

3.围绕主题,确定课程

研学点规划完成后,需要确定在各研学点开展的课程内容。在多日研学课程中,一般一个研学点安排一次研学活动,沿用"1＋1"模式,合理安排静态课程和体验课程的内容和比例。在设计研学课程内容时,要以课程主题为中心,根据学生的身心发展和接受能力,融合研学点的特色进行设计。

4.检查调整,完善线路

在初步完成研学课程后,课程设计师需要对线路从开始到结束进行检查。在检查时,要注意课程中可能出现的安全隐患,排查生活保障情况,如用餐的饭店、居住的酒店是否合规等。利用手中的工具,如线上地图、导航软件等,检查课程时间安排是否合适,线路串联是否合乎课程逻辑,线路往返是否合理等。根据实地考察的结果,做好相对应的突发情况应急措施,避免在行程中途出现任何的应急事件。检查调整后完善的线路,应确保线路的安全性、课程的可行性、行程的合理性,并符合研学的初衷和线路规划的原则。

三、案例分析:设计多日研学课程

上文讲解了多日研学课程线路规划的原则和方法,下面就以本任务开始的案例为例,为该人工智能研究所设计一个多日研学课程。

1.确定课程主题、课程目标、课程对象、课程时长

无论是设计半日研学课程、一日研学课程还是多日研学课程,研学课程设计的第一步都是确定研学课程的主题、目标与对象。

从该研究所的资料可知,目前研究所已有 4 个与人工智能相关的一日研学课程,分别是智能芯片、机械臂、无人机和虚拟现实。那么多日研学课程便可在此基础上,设计一个"人工

智能体验之旅"的综合性主题,将已有的 4 个人工智能一日研学课程进行适度的调整和修改,把已有的研学课程内容纳入多日研学课程中。

研学课程目标要根据实际参加课程的学生学龄段进行编写。人工智能在义务教育阶段涉及信息科技学科,在高中阶段涉及通用技术学科,可以根据实际情况进行编写。研学课程时长则是研学课程的天数,应按照客户的具体要求进行规划,一般为 2 天以上,7 天以下为宜。

综合考虑下,研究所可以初中学生为对象,设计一个 4 日研学课程。

2. 调研考察,确定研学点

本次研学课程主题是"人工智能体验"之旅,作为课程设计师,应在平日有意识地建立研学资源信息库,以供日后在设计研学课程时使用。通过线上资料收集及线下考察,最终研究院根据自身的资源特点和本次研学课程主题,确定了数个研学资源点,如表 3-19 所示。

表 3-19 研学资源点简介表

研学资源点	类　型	主要内容	安全隐患点
本市科学中心	场馆类	中心内设有 13 个常设主题展馆,700 余件(套)展品及多个临时专题展区,建有 4 座科技影院,以及融自然、科技和艺术为一体的室外科学探索乐园,拥有 8 万 m² 生态湖、2000 多种特色植物和数十个室外展项	参观人数众多,人流密集,容易出现走失的问题,需要关注学生的行动及项目体验安全
某汽车制作中心	企业	中心内设有企业文化展厅,介绍该企业诞生的历程,了解企业的未来发展方向。车身焊装车间开放参观,全球领先的数字化自主决策系统通过大数据平台,支撑数百台机器人有条不紊地工作,让数据来为生产过程分析决策	注意园区内来往车辆安全,在参观中引导学生以观察为主,不随意触碰展品和商品,不干扰企业的正常生产运营
某 VR 体验中心	场馆类	场馆总面积达 650 多 m²,通过 VR 虚拟现实技术沉浸式体验各类科普内容,包含航空航天、防风防震、消防安全、交通安全等多主题	注意学生项目体验安全

以上为根据本次研学主题确定的研学资源点,除表 3-19 中所示内容外,各个研学资源点应在实地考察后,附上图文并茂的详细考察报告,以便日后查阅。

3. 资源整合,确定线路行程

确定研学点后,根据每日的分主题内容,规划线路,确定初步行程,如表 3-20 所示。

表 3-20 线路规划示例

日　期	时间	主　题	地　点
开课前一周	—	行前导学	线上
第一日	上午	初识人工智能	人工智能研究所
	下午		本市科学中心
第二日	上午	神奇机械臂	人工智能研究所
	下午		某汽车制作中心

续表

日 期	时间	主 题	地 点
第三日	上午	奇幻虚拟世界	人工智能研究所
	下午		某 VR 体验中心
第四日	上午	人工智能主题展学	人工智能研究所
	下午		

如表 3-20 所示,由于研究所内部自有课程库,因此研究所可选择以"半天在本基地内活动,加半天在其他基地活动"的方式进行行程规划。每日的行程以"上午"和"下午"进行划分,分别前往不同的基地,围绕每日分主题开展活动。

在设计多日研学课程时,同样使用"导、研、展、评"课程模型进行设计。"导学"可根据实际情况开展,多日研学课程可使用"课题导学",根据主题给出数个研究性学习主题,让学生在研学的过程中完成课题学习。"展学"一般安排在研学课程的最后一天,平日里可利用晚上在酒店的时间,让学生开展小组讨论和创作;也可以在最后一天安排半天时间让学生设计、制作展学的成果,并在最后一天开展成果发布会。"评学"则贯穿研学的全过程。在多日研学课程中,由于学生数量较少,导师与学生朝夕相处,有更多的机会发现学生的"闪光点"。在导师编写的每日评价中,可更多采取写实评价的方式,记录下学生成长过程中的每一个细节,让学生的成长看得见。

4. 围绕主题,确定研学课程内容

定好研学点后,就可以开始设计研学课程内容。在本案例中,在设计研学课程内容时,可把 4 天的内容分割成 8 个半天课程,采用"1+1"模式,围绕每日分主题进行设计。如表 3-21 所示。

表 3-21 多日研学课程内容设计示例

日 期	时间	模 块	地 点	课 程 内 容
开课前一周	—	行前导学	线上	① 读一读:《给孩子讲人工智能》 ② 看一看:《你好,AI》纪录片,共 5 集 ③ 查一查:查阅近年来我国人工智能的相关成就,找一下国内与人工智能相关的标杆企业有哪些,它们分别是在做哪些模块的研究
第一日	上午	初识人工智能	人工智能研究所	① 课前导学:开展开营仪式,分小组介绍课程行程 ② 参观讲解:参观人工智能研究所,初步了解人工智能 ③ 项目体验:体验研究所内的人工智能设备
	下午		本市科学中心	项目体验:体验人工智能科技项目,了解人工智能在生活中的应用
	晚上		酒店	本日课程小结,分享本日的学习见闻

续表

日　期	时间	模　块	地　点	课　程　内　容
第二日	上午	神奇机械臂	人工智能研究所	① 专家讲座：认识机械臂，了解机械臂的前世今生 ② 体验课程：独立拼搭一个机械臂模型，让模型动起来
	下午		某汽车制作中心	① 展厅参观：了解人工智能在汽车行业的应用 ② 工厂参观：查看机械臂在工业上的应用，以及了解大数据是如何支持生产决策的
	晚上		酒店	本日课程小结，小组讨论，构思成果展示内容
第三日	上午	奇幻虚拟世界	人工智能研究所	① 专家讲座：虚拟现实是什么 ② 体验课程：佩戴 VR 设备，体验虚拟现实
	下午		某 VR 体验中心	① 展厅参观：了解 VR 的发展和实际应用场景 ② 体验课程：通过 VR 技术沉浸式体验各类科普内容
	晚上		酒店	本日课程小结，小组讨论合作，制作成果展示内容
第四日	上午	主题展学	人工智能研究所	成果发布会：总结三日的学习内容，分小组展示学习成果，开展成果发布会

设计好研学课程内容后，回头检查研学课程线路是否合理，内容设计是否符合研学课程主题，有无未发现的安全隐患，生活保障是否完善，确保研学课程合理，内容充实，线路科学，生活、安全有保障。

【训练题】

一、自测题

1. 选择交通方便的研学资源点，符合的线路规划原则是（　　）。

    A. 经济性原则　　　　　　　　　　　B. 安全性原则

    C. 便捷性原则　　　　　　　　　　　D. 代表性原则

2. 规划研学线路的步骤是（　　）。

①资源整合，规划线路　　　　　　　②做好考察，确定研学点

③检查调整，完善线路　　　　　　　④围绕主题，确定课程

    A. ①②③④　　　　　　　　　　　B. ②①④③

    C. ①③②④　　　　　　　　　　　D. ④②①③

二、讨论题

请分小组讨论，一份完整的研学资源点踩点报告应具备哪些内容？请小组合作，设计一份踩点报告模板。

三、实践题

以小组为单位，实地考察一研学基地及周边资源，并为该基地设计一个多日研学课程。

任务七　研学课程手册设计及其他研学旅游产品开发

【任务概述】

在完成研学课程设计后,还需要设计配套的研学课程手册和研学课程教具,才能算完成一次完整的研学课程设计。本项目最后一个任务,将讲解研学旅游手册的框架及设计方法,并介绍常见的研学教具类型,同时也会介绍除研学课程外的其他研学产品。学习本次任务后,将通过课后实训题,尝试独立设计一份研学旅游手册,从而掌握完整的研学课程设计方法。

【案例导入】

19 日,江苏研学旅游产品征集与推广活动颁奖仪式在南京举办,省文化和旅游厅联合中江网首次发布 46 条江苏中小学研学旅游线路。

江苏研学旅游产品征集与推广活动在去年 9 月全面启动,46 条研学旅游线路是从各单位和个人申报的 253 个征集作品中选出来的,包括"森林·湿地梦之旅""黄海湿地森林公园五日游学营"等 6 个自然观赏类产品,"吴地丝绸文化深度践行之旅"等 20 个知识科普类产品,"大报恩寺遗址公园·感恩成长礼"等 11 个体验考察类产品,"淮安西游主题研学四日游"等 3 个文化康乐类产品,以及"新四军国防教育拓展活动"等 6 个励志拓展类产品。这 46 个产品充分体现了江苏特色资源优势,是我省优秀研学旅游产品首次集中亮相,极大限度地丰富了我省文化旅游产品内涵。[①]

除了研学旅游课程,还有哪些产品也属于研学旅游产品?

一、研学课程手册框架

研学课程手册是学生在开展研学旅游时重要的课程资料,相当于研学旅游课程的"教材",其使用过程贯穿了研学旅游全过程。

一本完整的研学课程手册,应包含研学旅游课程的课程主题、课程安排、学习任务、活动内容、学习评价等主要内容,具体内容可根据课程实际内容及导师的实际使用情况进行增删,如表 3-22 所示。

---

① 江苏省首次发布研学旅游产品 包含 6 大类 46 条优质线路[N]. 新华日报,2019-03-20.

表 3-22　研学课程手册主体内容框架

主 体 框 架	详 细 内 容
封面封底设计	研学课程名称、基地标识等
研学课程简介	研学课程主题内容、研学目的地介绍、个人资料表单、导师联系方式等
研学课程活动清单	行前导学学习清单、研学活动内容清单等
行程安排	半日/一日研学课程时间安排表、多日研学课程行程安排
活动内容	研学课程内容、研学课程任务单、学习内容记录表单、知识拓展等
学习评价	每日学生个人评价、小组评价、导师评价表等
附件	研学课程补充资料

二、研学课程手册设计

1. 封面封底设计

研学课程手册的主要使用者是学生,因此,封面封底应围绕研学课程主题,设计符合不同年龄段的主题封面,引起学生使用研学课程手册的兴趣。研学课程手册封面应包含研学课程名称,也可在封面增加本基(营)地的名称和标识,增加基(营)地在学生心中的印象。在设计封面封底时,针对不同的主题,不同的学龄段,应在设计时加入符合主题的意象图案,让学生在拿到研学课程手册的第一时间,就知道本次研学课程的主题。

2. 研学课程简介

研学课程简介包括研学课程主题介绍、研学目的地介绍、基地学生守则等内容。在多日研学课程手册中,还包括学生个人信息表及导师联系方式等,方便学生和导师在行程中辨认自己的手册,以及在需要导师帮助时,能及时联系研学导师。以图 3-15 为例,某校北京博物馆主题研学手册,在研学课程简介这一页,囊括了研学课程简介、学生名片和教师热线三部分内容,合理地利用有限的篇幅最大化地呈现研学课程手册的必要内容。同时在页面设计中,研学课程手册加入了课程中最主要的研学基地——故宫的插图,让学生能够在阅读研学课程简介的同时,了解本次研学课程的主要课题就是围绕故宫博物院开展的。在图 3-16 中,某研学实践基地则在研学课程手册的开头放入《学生规范守则》,目的是在研学课程开始前与学生约定行为规范,可以为接下来的研学课程顺利开展打下基础。

3. 研学课程活动清单

研学课程活动清单可以放入行前导学学习清单和研学课程活动清单,供学生核对行前导学学习任务的完成情况,了解研学课程中的课程活动和课程任务。在多日研学课程中,可以列出学生每日行动清单,帮助学生培养生活习惯、学习习惯,锻炼学生的自理能力和培养各项综合素质。同时,可以使用开放性问题,让学生在研学课程开始前提出对本次研学课程感兴趣的内容和对研学课程的期待,让学生带着问题和期望开展研学课程。研学课程活动清单页面示例如图 3-17 所示。

图 3-15 研学课程简介页示例

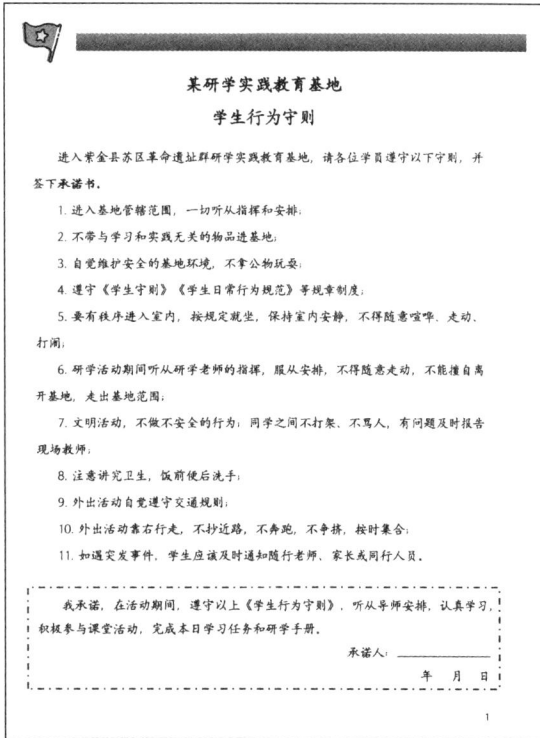

图 3-16 基地学生守则示例

图 3-17 研学课程活动清单页面示例

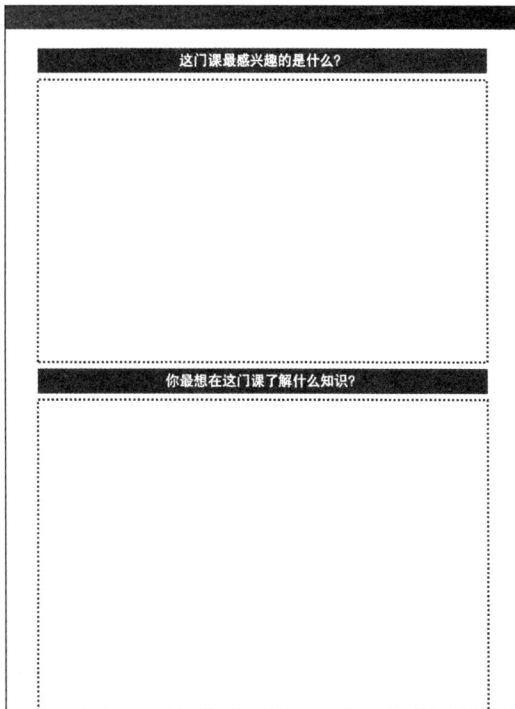

4．行程安排

行程安排是研学课程活动的具体实施方案。半日/一日研学课程可附上课程时间安排，功能上类似于课程表，帮助学生了解本次研学课程的时间安排和课程内容。在多日研学课程上，除了每日的行程安排表，还可以附上行政区域地图，把研学目的地或者每个地点的研学主题标注在地图上，让学生对行程安排更有实感。

5．活动内容

活动内容部分是研学课程手册的主体部分，它就像教材上的课文，习题册上的题目，教辅上的讲解。其包括研学课程内容、研学课程任务单、学习内容记录表、知识拓展等各项，都是与研学课程相关的学习内容。

在设计学习内容时，需要课程设计师清晰了解该研学课程的使用者是谁。设计具体的学习内容需要根据不同学龄段的身心发展和接受能力进行设计，在研学基地观察什么，阅读什么，寻找什么，设置什么样的问题，不同学龄段的学生有不同的任务。

小学低年级的学习任务，重点在使用"五感"感受：看到什么，听到什么，闻到什么，触摸到什么，品尝到什么，把自己的所见所闻记录在研学手册上。低年龄段学生的研学课程手册上的问题，应以选择、填空、连线、绘图等方式为主，让学生完成简单的知识认知任务，达到科普的效果，如图 3-18 所示。

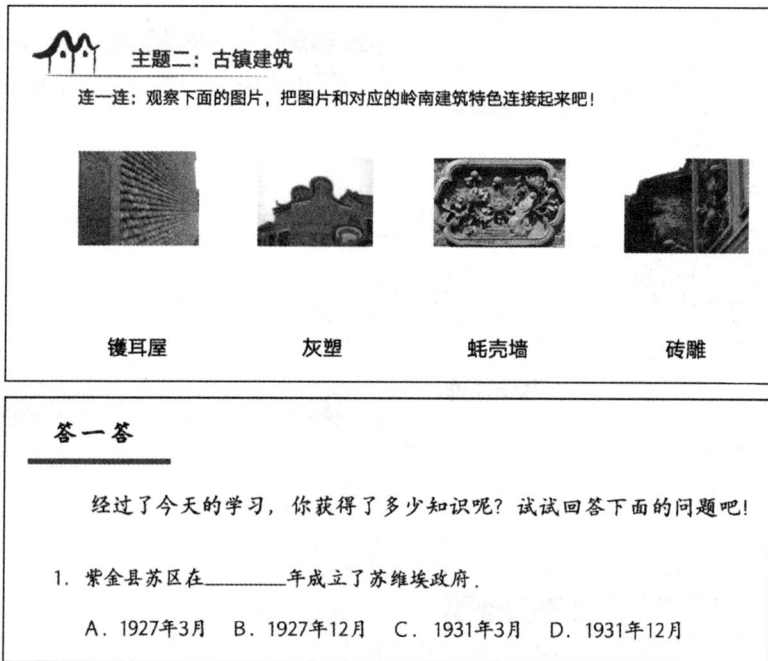

主题二：古镇建筑

连一连：观察下面的图片，把图片和对应的岭南建筑特色连接起来吧！

镬耳屋　　　　灰塑　　　　蚝壳墙　　　　砖雕

答一答

经过了今天的学习，你获得了多少知识呢？试试回答下面的问题吧！

1. 紫金县苏区在_____年成立了苏维埃政府.

A. 1927年3月　B. 1927年12月　C. 1931年3月　D. 1931年12月

图 3-18　小学低年级学生研学课程手册题目示例

从小学高年级开始，可以逐渐设置主观题内容，此时研学课程手册的作用从"课本"逐渐向"笔记本"过渡。学生通过导师的讲解、开展的活动、在现场的所见所闻输入知识，再用自己的方式输出，并记录在研学课程手册上。在研学课程手册上可以设置开放性问题，让学生记录下在活动中遇到的问题和解决方法；或进行实验观察，填写简单的实验观察报告等，如图 3-19 所示。

在制作机械臂的过程中，你遇到了什么问题？你是如何解决的呢？请尝试在下方写一下你的发现吧！

遇到的问题：

解决方法：

实验记录

每天观察实验样品的状况，包括每天的温度、空气湿度和日照时间，并把样品情况记录在下表内，分析影响铁钉生锈的因素。

样品	第一天	第二天	第三天	第四天	第五天
样品1					
样品2					
样品3					

本次实验可以在研学活动结束后回家再次进行，实验观察时间越长，效果越明显哦！

图 3-19　小学高年级学生研学课程手册示例

初中及高中的研学课程手册，则以研究性学习问题为主，研学课程手册成为研学课程中重要的记录工具。研学课程手册上的学习内容和任务应围绕研学课题开展，融合学科知识，包含观察、调研、假设、实验、收集证据、论证、得出结论等一系列研究过程，让学生在研学中经历科学家、社会学家等专业人士的研究过程，如图 3-20～图 3-22 所示。

除任务单以外，研学手册学习内容还包括知识拓展等学习内容，用于帮助学生了解与研学课程知识相关的其他拓展知识。如图 3-23 所示，在研学课程手册中，可使用“知识拓展”等小窗口插入，或加入二维码，让学生通过扫码了解相关知识。由于研学课程手册篇幅有限，在设置知识拓展内容时，需要仔细甄选内容，以精简的字句阐述，避免喧宾夺主。

主题一　寻找鸦片战争的10个关键点

在参观《虎门销烟》《鸦片战争》两个基本陈列的过程中，请你寻找十个你认为最能代表鸦片战争的关键事件，在下方画出时间轴，并说明你选择这十个事件的原因。

文献检索是科研人的必备技能，科研工作者几乎有一半的时间都在和文献打交道，从选题、综述、引言再到论文写作，全程都离不开文献的支撑。在导师的指导下，开始解锁"科研文献检索"这个技能吧！

文献检索卡	
文献主要来源	
高效检索策略	
本组研究主要文献	

注：文献可用电子文档按标准进行记录和编辑

13

图 3-20　围绕信息搜索设计研学课程手册示例

鸦片战争博物馆铁炮文物调查表

文物名称	存放地点 (室内/室外)	存放地环境			文物状况
		温度	空气湿度	日照时长	

3. 人类一直梦想像蝴蝶和鸟儿那样扇动翅膀在天空中飞来飞去。然而，人类研制出各种类型的飞机、直升机，却独独未能研制出扇动翅膀就能飞行的"扑翼飞机"。这双扇动的翅膀一直吸引着人们对扑翼机的不断学习和探索。请根据你做的扑翼机，完成下列表格。

| 扑翼机结构图 | 飞行原理 |
| | 成功/失败原因及改进建议 |

13

图 3-21　围绕观察和实验设计研学课程手册示例

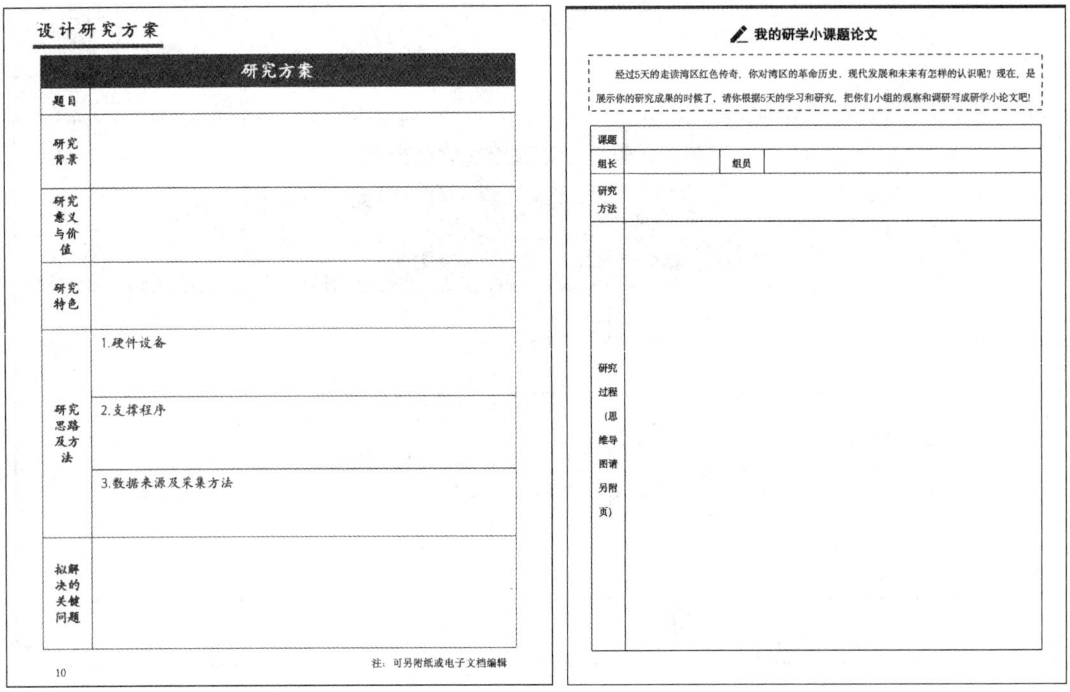

设计研究方案

研究方案	
题目	
研究背景	
研究意义与价值	
研究特色	
研究思路及方法	1.硬件设备
	2.支撑程序
	3.数据来源及采集方法
拟解决的关键问题	

10

注：可另附纸或电子文档编辑

✏ 我的研学小课题论文

经过5天的走读湾区红色传奇，你对湾区的革命历史、现代发展和未来有怎样的认识呢？现在，是展示你的研究成果的时候了，请你根据5天的学习和研究，把你们小组的观察和调研写成研学小论文吧！

课题			
组长		组员	
研究方法			
研究过程（思维导图请另附页）			

图 3-22 围绕课题方案和结论设计研学课程手册示例

航海小知识

❓ 什么是海图？

海图又称航海图，是供航海使用的一种专用地图，标注以岸形、岛屿、礁石、浅滩、水深、地质、水流资料、助航设施等与航海有关的资料。海图在航行前可用于拟定航线、制订计划，航行中可用于航迹推算、定位与导航，航行结束后可用于总结航行经验，如发生海事可用于判断事故责任。

大桥小知识

❓ 海上没有任何阻拦，为什么大桥路线要设计成弯的呢？

① 切合水流走向。由于受到海流的影响，跨海大桥受到的海浪冲击远远大于普通桥梁，所以通过设计"S"型曲线，能让水流通过引导减少对桥梁造成的伤害。由于海底并不是平坦的，也会和地面一样，呈现凹凸不平的地形，把桥梁修成弯曲的形状是为了避开这些起伏的地形，保障桥梁的稳定和安全。

② 避免视觉疲劳。在一条直线上开车，司机经常会因为周围相同的驾驶环境，产生视觉疲劳和精神懈怠，通过弯曲的路线，能引导驾驶人员的视线，这会让司机的注意力更加集中，不容易发生交通事故。

图 3-23 知识拓展部分设计示例

6. 学习评价

学习评价可通过表格、提问、笔记等形式，让学生进行量化评价和写实评价，如图 3-24 所示。

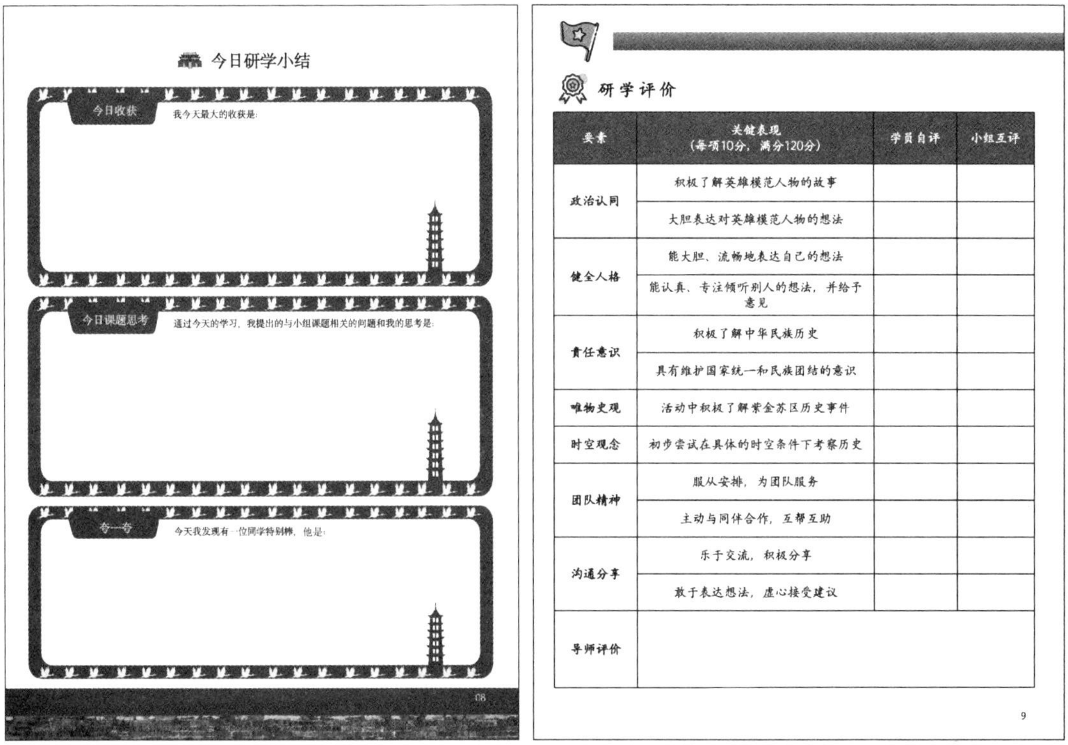
今日研学小结

今日收获

我今天最大的收获是:

今日课题思考

通过今天的学习，我提出的与小组课题相关的问题和我的思考是:

夸一夸

今天我发现有一位同学特别棒，他是:

08

研学评价

要素	关键表现 (每项10分，满分120分)	学员自评	小组互评
政治认同	积极了解英雄模范人物的故事		
	大胆表达对英雄模范人物的想法		
健全人格	能大胆、流畅地表达自己的想法		
	能认真、专注倾听别人的想法，并给予意见		
责任意识	积极了解中华民族历史		
	具有维护国家统一和民族团结的意识		
唯物史观	活动中积极了解紫金苏区历史事件		
时空观念	初步尝试在具体的时空条件下考察历史		
团队精神	服从安排，为团队服务		
	主动与同伴合作，互帮互助		
沟通分享	乐于交流，积极分享		
	敢于表达想法，虚心接受建议		
导师评价			

9

图 3-24　研学课程手册学习评价设计示例

学生在研学课程手册上写下的笔记、完成的自我评分等，都是学习评价的一种。因此，学习评价部分并不仅局限于课程最后的自评和他评，而是贯穿于整个研学旅游的过程中。传统的评价统计，或采取人工统计师生评分的方式，或采取扫描的方式，将学生和老师的评价保留下来，如图 3-25 所示。

在教育信息化时代，学生记录在研学课程手册上的不同评价，可以通过信息化技术的力量，转变为可测量、可统计的数据。例如，智慧纸笔系统，学生只需要使用一支点阵笔在点阵化处理过的研学课程手册上作答，就能通过使用纸笔系统，将研学旅游过程中的所有记录即时记录于信息系统中，帮助学校留存研学旅游途中的点点滴滴，如图 3-26 所示。

7. 附件

附件为课程的补充文件，比如在课程开始前需要提前派发给学生和家长的导学清单、出行清单、学习资料等；或者没有印刷在研学课程手册上，但需要在研学课程中额外使用的任务卡、记录表单等工具；也可以是列举的参考课题、参考文献、参考资料等其他补充材料，如图 3-27 所示。

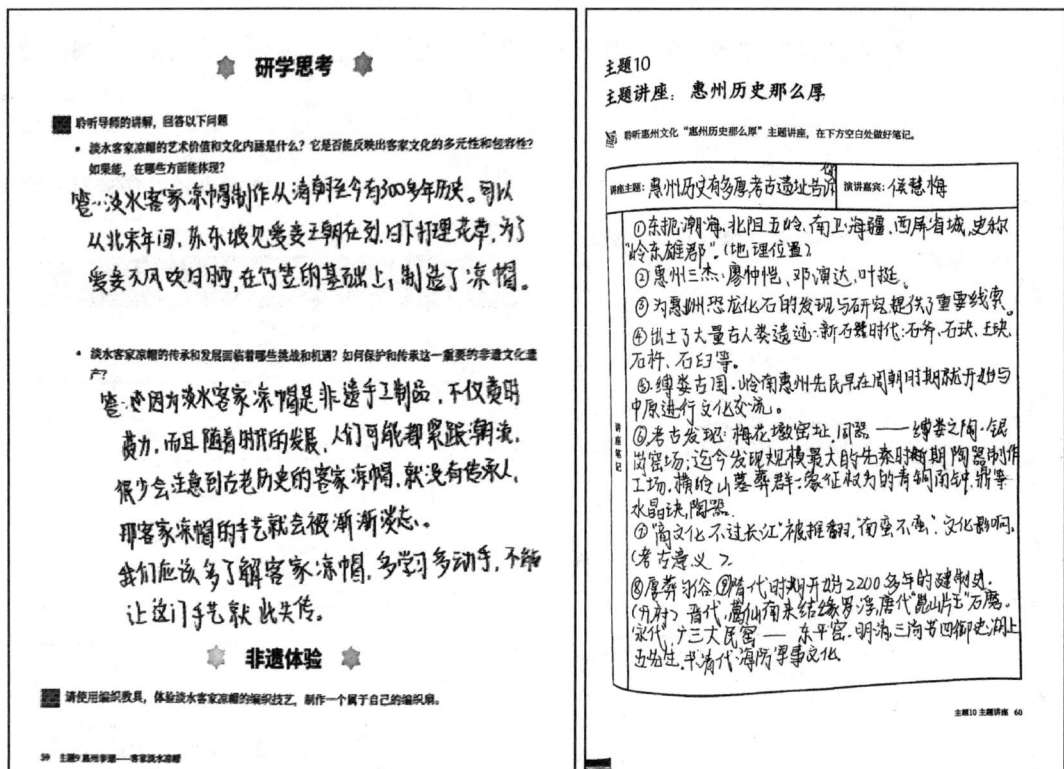

图 3-25　学生完成研学课程手册学习评价示例

三、研学课程教具

与研学课程手册一样，教具也是研学课程中不可缺少的一部分。一个合适的教具，能为研学课程增色，提升学生的体验感。同时，为研学课程量身定做的教具，也是一种特色研学产品。经过再次开发和提升设计，教具也可以成为基（营）地的特色文创产品。

部分研学基（营）地有自己的研学团队，并有能力为研学课程量身定做相对应的教具包。故宫博物院的研学课程，每个研学课程均根据研学课程主题设计了相对应的教具。如图 3-28 所示，在讲述如意的"宫廷里的遂心'如意'"课程中，故宫为研学课程准备了制作如意的教具包，让学生在了解了如意的历史、结构、装饰工艺和功能后，自己亲手制作一个如意。而在主题为"印章"的课程中，在结束相关理论知识的学习后，学生们则会动手刻制橡皮章，用实践和体验来理解前面学习的理论知识。

在设计研学课程时，应同时进行课程教具的设计。课程教具并不一定要从零开始进行设计，更多的是借助现有的工具和技术，根据研学课程主题和学习内容进行个性化调整。

图 3-26　智慧纸笔系统移动端记录示例

图 3-27　附件文件内容设计示例

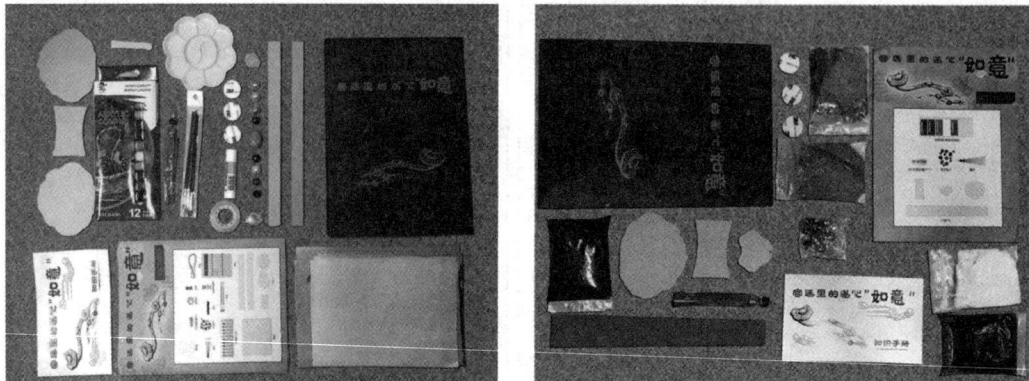

图 3-28　故宫博物院研学课程教具包①

最常见的一种模式是打卡"护照"，常见于各大博物馆和景区基地。基（营）地从自有的资源中选择最具代表性的一些资源，让学生拿着"护照"进行寻宝打卡。如图 3-29 所示，恩平歇马举人村利用自身独特的"举人"资源，设计了名为"成才之路"的打卡护照，让学生拿着"护照"，在基地参观的同时进行打卡。这种活动体验方式，既能让学生充分了解到基（营）地的独特资源，"护照"也能成为特色纪念品。

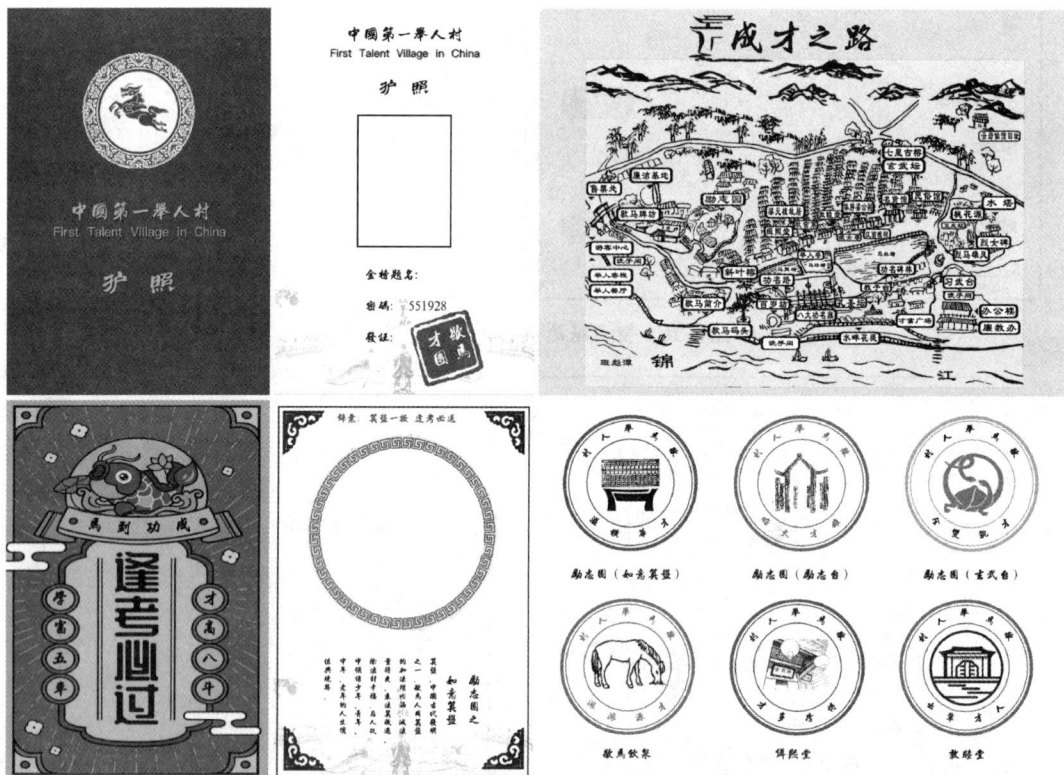

图 3-29　恩平歇马举人村打卡"护照"

---

① 故宫博物院. 宫廷里的遂心"如意"［EB/OL］. https://www.dpm.org.cn/curriculum/236593.html, 2023-09-28.

另一种模式则是利用生活中常见的、容易获取的材料,进行简单的创意性改造,即可成为一个特色教具。图 3-30 所示为故宫博物院"巧刻乾隆印,玩转橡皮章"课程教具包,里面包含一块橡皮及简单的刻章工具。橡皮是生活中常见的物品,容易获取,同时易于篆刻,能在使用较低成本的基础上,让学生亲身实践刻章的过程,体验到刻章的乐趣。

图 3-30　故宫博物院"巧刻乾隆印,玩转橡皮章"课程教具包①

除此以外,也可以直接使用市场上已经成熟的产品作为教具使用。例如,常见的乐高积木,常用于科技课程中,如机器人搭建,简单的物理学实验等。还有市场上形态各异的创意模型,如木工、金工手工体验包等,都可以根据研学课程的需要进行选择。

四、其他研学旅游产品

在现今研学旅游市场的语境中,研学课程一般代表着研学产品的全部。实际上,研学旅游产品不仅只有研学课程,它是研学旅游基(营)地经营者面向研学市场提供的各种接待条件和服务,其目的是满足消费者在研学活动中的各种需求。研学旅游基(营)地所提供的各种服务,包括且不限于课程、餐饮、住宿、园区服务、线上视频、与研学相关的图书文创产品等,都可以归类为研学旅游产品。

1. 文创产品

自《国家宝藏》系列综艺播出后,国内掀起了博物馆热。博物馆也随着这股热潮,更新文创产品,不断推陈出新,跨界合作,设计出许多叫好又卖座的热门产品。其中,不少的文创产品除了娱乐性质,还带有教育属性,让学生能通过这些教育文创产品,足不出户开展研学;或者利用这些教育文创产品,提升学生对研学旅游基(营)地的兴趣,吸引他们走进基(营)地,参加研学课程。

例如,河南博物院首创的考古盲盒,将盲盒和考古融合在一起,兼备了盲盒惊喜与社交

---

① 故宫博物院. 巧刻乾隆印,玩转橡皮章[EB/OL]. https://www.dpm.org.cn/curriculum/236594.html,2023-09-28.

的属性,以及致敬考古工作,传播文物知识于一身。盲盒中宝物包含了河南博物院六大镇院之宝及80多款文物微缩仿制模型,有来自洛阳北邙的泥土,还有考古钻探神器洛阳铲、专用小刷子,外包装上都印有考古地层标记。盲盒的每一处都在通过文创科普考古,传播文化知识,也吸引着消费者亲身走进河南博物院,一睹文物的风采,如图3-31所示。

图 3-31　河南博物院考古盲盒[①]

2. 图书印刷制品

除了绘本、故事书、科普丛书等传统图书,现在的图书产品为了满足年轻人的需求,主动创新,融入了时下热门的游戏元素,如剧本杀、解谜等。例如,故宫出品的《谜宫》系列互动解谜书,实现了"App＋实体书＋实地游"的新体验。面向儿童的科普图书以绘本为主,同时会有配套的线上视频课,帮助儿童了解相关知识。例如,故宫博物院出版的《我要去故宫》绘本系列,绘本加上10节线上公益视频课,带学生了解故宫的宫廷建筑、历史文化、文物精品,达到"线上＋线下"的双重科普效果。

3. 线上视频

互联网短视频的飞速发展为线上科普带来了广阔的前景。众多研学旅游基（营）地开始进入短视频赛道,通过线上视频开展科普工作,宣传介绍基（营）地,吸引更多的学生走进基（营）地,加入研学课程中来。

例如,成都大熊猫繁育基地将线下研学课程设计为研学云课堂微视频,如图3-32所示,以熊猫为主角,用10分钟左右的科普视频,将知识带给观众。除了研学云课堂微视频,基地的科普视频还有博物馆科普微视频和探秘馆科普微视频两个栏目,分别以博物馆和科普馆的内容为主题,向观众科普不同的知识。

---

① 河南博物院.考古盲盒:博物馆文创的无限可能[EB/OL]. https://mp.weixin.qq.com/s/Rv1qQvwtO9Pgv9-LpgfrSPA,2021-12-02.

图 3-32　成都大熊猫繁育基地官方网站科普教育微视频①

除以上所介绍的三种类型的产品,研学旅游基(营)地的服务也是研学旅游产品的内容。因此,要为消费者提供优质的研学旅游产品,实体产品和服务缺一不可。作为研学旅游基(营)地运营者,应强化市场意识,制订完善、成熟的产品开发方案,创新服务项目和服务内容,各方统筹,才能给予消费者满意的体验。

【训练题】

一、讨论题

请分小组讨论,研学旅游基(营)地还能挖掘哪些方面,设计新的研学旅游产品?

二、实践题

以个人为单位,设计一份研学旅游课程手册。

---

① 成都大熊猫繁育研究基地. 微视频[EB/OL]. https://www.panda.org.cn/cn/education/database/videos/2023-07-06/6565.html, 2023-12-27.

项目四

研学旅游基(营)地的空间设计

本项目需要基于客户定位、运营模式和产品体系对研学旅游基(营)地的空间进行设计或改良。研学旅游基(营)地常见的空间类型有哪些？不同类型的研学旅游基(营)地在空间规划上会有哪些侧重？可变空间对于空间受限或要求产品适应性更广的基(营)地又有怎样的助力？这些内容将在本项目中一一展开。

学习目标

1. 知识目标

(1) 了解研学旅游基(营)地空间设计的要素、原则与类型。

(2) 了解不同板块研学旅游基(营)地的空间异同。

2. 能力目标

(1) 能依据不同板块研学旅游基(营)地的需求设计恰当的空间类型。

(2) 能依据不同的市场需求及时调整研学空间布局。

3. 素养目标

(1) 具备研学空间设计理念及审美情趣。

(2) 提升市场洞察力与空间联动的应变思维。

学习重点和学习难点

1. 学习重点

学习当地优秀研学旅游基(营)地的空间类型及设计理念。

2. 学习难点

依据不同的客户需求设计研学旅游基(营)地的可变空间。

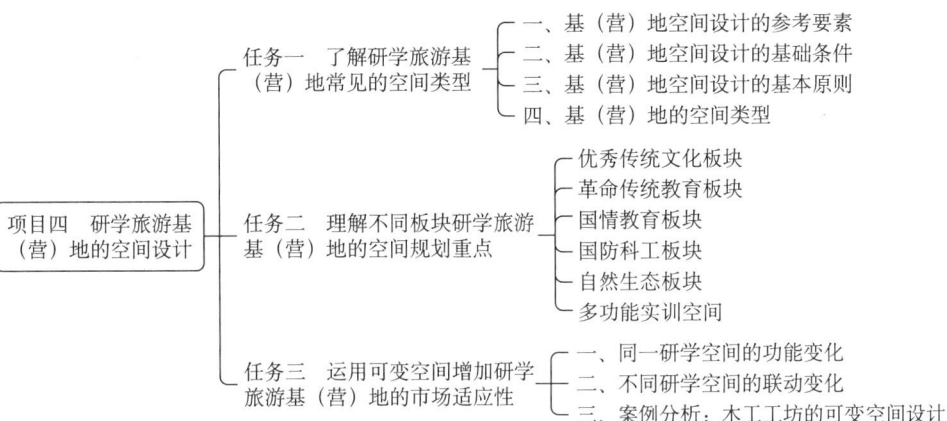

任务一　了解研学旅游基（营）地常见的空间类型

【任务概述】

在规划或改造研学旅游基（营）地前，必须了解具备研究性学习和教育实践体验的研学空间，在自身现有的自然条件、人文背景、科技基础上，兼顾建筑艺术考量，因此，需要首先满足完整性、教育性、体验性、自主性和灵活性的设计原则，同时具备展示空间、讲演空间、活动空间、制作空间、食宿空间、安全空间等空间类型，这样才能为规模不一、需求不同的客户群体提供更多元、更优质、更安全的研学体验。

【案例导入】

某工业基地计划将原工业空间改造成研学旅游营地，目前该工业基地现有工厂流水线、会议室、户外园林、停车空间等，如果要符合研学旅游的需求，在空间规划中需要注意什么问题呢？

一、基（营）地空间设计的参考要素

随着研学旅游的不断推进，各类博物馆、文物遗址馆、科技馆、工业旅游基地、自然基地、高校研究所、主题乐园、农业基地、乡村、营地等纷纷想要在原有业务中"＋研学"，或者直接转型为纯粹的研学旅游基（营）地，新的基（营）地也在不断涌现。研学市场的逐渐成熟，使得学校、学生及家长对研学旅游基(营)地的要求越来越高,其中场景空间的独特性、体验性直接影响了产品的开发潜力和客户的最终感受。研学旅游基(营)地既要满足学生的兴趣和实践需求,又要满足教育主体的研究性学习和安全需求,这就对基(营)地的空间设计提出较高的要求,因此,需要参考影响因素、设计原则、空间类型这三类要素(见图4-1)。

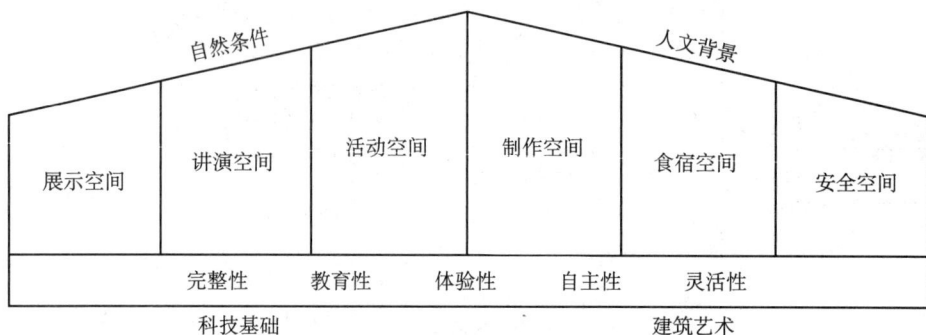

图 4-1　研学旅游基(营)地空间设计参考要素

从基础条件看,需要考虑基(营)地现有的自然条件、人文背景、科技基础,同时空间设计必须考虑建筑艺术的基础。

从设计原则看,研学旅游基(营)地需要具备完整性、教育性、体验性、自主性和灵活性。

从空间类型看,研学旅游基(营)地需要能够满足师生教学、实践、自由活动等的展示空间、讲演空间、活动空间、制作空间、食宿空间、安全空间等。

二、基(营)地空间设计的基础条件

基(营)地在改造或重构适合研学实践活动的空间时,首先应尊重现有的基础条件。如博物馆类基地需要在善用现有展陈的基础上增加互动体验;遗址或故居类基地需要修旧如旧,还原当年场景;工业企业类基地需要遵循生产流程和空间布局;自然景区类基地需要普查、筛选适合研学的自然资源和区域;农业类基地则需要提炼现有劳动区域及匹配的农业科技,在此基础上增设教育和休闲空间等。总体来说,需要从以下四个方面进行盘点。

1. 自然条件

要遵循基(营)地自身所在的地形、气候、植被、土壤、生物等自然条件,充分利用自然条件优势,营造充满自然滋养的活动空间,让参与者融入自然、享受自然、于自然中"野蛮"生长。

2. 人文背景

要挖掘基(营)地自身的历史背景、文化积淀、知识系统和它们的记录载体,空间设计要基于此,或还原,或升级,或数字化,使其能继续发挥历史熏陶、文化育人的功能,形塑国家及本土文化认同。

3. 科技基础

根据基(营)地自身及周边资源的科研成果或技术实力,从建筑构造、空间布局、材料选择和科技设备等方面,在充分展示自身科技优势的同时,为参与者营造一个具有科技感的沉浸式空间。

4. 建筑艺术

要充分研究基(营)地原有的建筑群的排列布局、房屋功能、建筑材质及结构、特色建筑构建、建筑艺术底蕴、建筑历史记忆等,从功能、安全与艺术方面进行全面基础调研,在最大限度保留建筑原貌、统一建筑群风格的基础上进行设计和改造,使其既满足使用要求,又有视觉上的美感。

三、基(营)地空间设计的基本原则

1. 完整性

需要可供行走、参观、讲座、体验、制作、活动、讨论、分享等功能的空间及不同主题的场馆,营地需具备餐饮、住宿空间等,同时整合周围公共空间,以满足研学实践教育活动的必要需求和多元个性需求。

2. 教育性

需具备符合学生行为习惯、生理结构、心理发展、思维方式的空间,开展跨学科教育实践及研究性活动,使参与者在其中收获知识、伙伴和身心成长,激发新的教育灵感。

3. 体验性

充分考虑参与者与空间尺度、光线、色彩、材质、物品等各元素之间的互动体验,创造充分的空间对话、群体沟通和情感体验,激发学生主动学习与探索的热情,满足不同于学校空间的猎奇需求。

4. 自主性

研学空间的设计,需要充分考虑参与者的身心发展规律,使空间能够激发参与者的好奇心与兴趣点,尤其是自主性的公共空间,给予参与者足够的自由活动范围,具有满足研学者自主探索、自发组织或参与活动的公共空间,进而激发其潜能和创造力,促动其情感及价值观生成。

5. 灵活性

空间可以根据人群年龄、流量、活动内容、季节、动线等不同需求进行灵活调整与适配,功能多变,风格多变,配套桌椅等组件多变。

四、基(营)地的空间类型

1. 展示空间

(1) 静态展示空间包括以下两个。

① 平面展示空间:主要陈列展示文字、图片、影音等平面素材的空间,如展览厅。

② 立体展示空间:主要陈列文物、旧的生产及生活器具、雕塑、退役军事装备等的空间。

（2）动态展示空间：通过机械、屏幕、投射、人工智能、元宇宙等技术手段与参与者进行互动，增加动态体验的展示空间。

2. 讲演空间

讲演空间主要用于专业讲座、各类演讲、电影影院、演出剧场、艺术晚会等的空间，需要屏幕、音响、舞台、灯光等设备。

3. 活动空间

（1）室内活动空间：可用于互动合作、游戏文娱、阅读讨论的室内空间，如排练室、游戏室、培训室、阅览室等。

（2）户外活动空间：可用于团队拓展、自然探索、体育运动的户外空间，如球场、安全水域、无动力设施、农田等。

（3）公共休闲空间：除必要的活动空间外，还需留给参与者自发性活动、社会性活动，甚至漫无目的的公共休闲空间，给个体的自我探索、自我阅读思考、娱乐玩耍提供可能性，也可以适当增加猎奇、艺术、特殊运动等空间，让参与者更加自主融入环境。

4. 制作空间

（1）手工制作空间：提供符合研学主题的手工制作的桌椅、工具、物料、制作流程展示设备等的空间，如木工房、炒茶房等。

（2）科学研究空间：提供实验器材、精密仪器，可用于科学实验、科技制作等具有较高科技含量的空间，如实验室等。

5. 食宿空间

（1）餐饮空间：餐饮空间可包括普通餐厅、野炊空间、烧烤空间、自由餐饮空间等。

（2）住宿空间：住宿空间需要具有 2～10 人多人间，双层床，1～2 个独立卫生间，洗浴及晾晒空间，电路安全设施，采光通风良好，男女生、教师住宿空间最好独立院落，兼顾私密性。

（3）公共卫生空间：在出入口、主干道、活动空间附近等位置需设置足够数量、男女分布合理、蹲坐结合的公共卫生空间。

6. 安全空间

（1）医疗空间：需要在食宿空间和活动空间之间的醒目位置设置医务室等医疗空间。

（2）缓冲空间：需要具备避免人流拥挤的缓冲等待区域，发生紧急事件时的疏散通道，避免发生碰撞的圆角和防护区域，避免发生火灾的防火区域，避免溺水的浅水区等。

（3）避险空间：需要具备在发生火灾、地震、倒塌、公共卫生安全等危险事件时，可以疏散、隔离、安全停留的空间。

（4）交通空间：需要具备车辆（尤其是旅游大巴）安全行驶路线和停靠区域，避免发生交通事故。

（5）安全区隔及警示空间：基（营）地与周边需要设置围墙或围栏，在水域、餐饮区、边缘区、高空区、教学区等设置警示标识，避免发生人员误闯、误入、误触、误用等安全事故。

【主要术语】

研学空间：所有与研究性学习活动有关的空间形态，包括平面空间与立体空间。

🔍【训练题】

一、自测题

1. 元宇宙技术属于(　　)。

    A. 自然条件   B. 人文背景

    C. 科技基础   D. 建筑技术

2. 如果一个基地的空间比较有限,在考虑研学空间改造的时候最重要的原则是(　　)。

    A. 完整性   B. 教育性

    C. 自主性   D. 灵活性

3. 下面各项中属于讲演空间的是(　　)。

    A. 展览厅   B. 儿童剧场

    C. 手工室   D. 停车场

二、讨论题

请分小组讨论,工业研学基地在空间上需要如何规划。

三、实践题

以小组为单位,走访一家研学旅游基地或营地,以图 4-1 为蓝本调研该基(营)地,对其空间规划的优缺点进行讨论。

任务二　理解不同板块研学旅游基（营）地的空间规划重点

✏【任务概述】

观察、罗列并归纳优秀传统文化板块、革命传统教育板块、国情教育板块、国防科工板块、自然生态板块的研学旅游基地和营地的空间规划重点,对比其中的共性、特性及各自板块的侧重点。

📋【案例导入】

某工业基地计划将原工业空间改造成研学旅游营地,目前该工业基地现有工厂流水线、会议室、户外园林、停车空间等,如果要符合研学旅游的需求,在空间规划中需要注意什么问题呢?

教育部将"全国中小学生研学实践教育基(营)地"分为优秀传统文化板块、革命传统教育板块、国情教育板块、国防科工板块、自然生态板块[①]。

---

① 教育部办公厅.教育部办公厅关于开展"全国中小学生研学实践教育基(营)地"推荐工作的通知[EB/OL].
http://www.moe.gov.cn/srcsite/A06/s3321/201806/t20180615_340020.html,2018-06-07.

基地包括五大板块。

(1) 优秀传统文化板块。包括旅游服务功能完善的文物保护单位、古籍保护单位、博物馆、非遗场所、优秀传统文化教育基地等单位,能够引导学生传承中华优秀传统文化核心思想理念、中华传统美德、中华人文精神,坚定学生的文化自觉和文化自信。

(2) 革命传统教育板块。包括爱国主义教育基地、革命历史类纪念设施遗址等单位,引导学生了解革命历史,增长革命斗争知识,学习革命斗争精神,培育新的时代精神。

(3) 国情教育板块。包括体现基本国情和改革开放成就的美丽乡村、传统村落、特色小镇、大型知名企业、大型公共设施、重大工程等单位,能够引导学生了解基本国情及中国特色社会主义建设成就,激发学生爱党爱国之情。

(4) 国防科工板块。包括国家安全教育基地、国防教育基地、海洋意识教育基地、科技馆、科普教育基地、科技创新基地、高等学校、科研院所等单位,能够引导学生学习科学知识、培养科学兴趣、掌握科学方法、增强科学精神,树立总体国家安全观,树立国家安全意识和国防意识。

(5) 自然生态板块。包括自然景区、城镇公园、植物园、动物园、风景名胜区、国家海洋公园、示范性农业基地、生态保护区、野生动物保护基地等单位,能够引导学生感受祖国大好河山,树立爱护自然、保护生态的意识。

营地是指教育系统所属的公益性青少年校外活动场所、综合实践基地等。

纵观国内这五大板块优秀研学旅游基地和营地的空间规划重点(见表4-1),结合基(营)地空间设计的基本原则,可以归纳出各大板块的空间规划特性。

1. 优秀传统文化板块需注重古场景还原和文物工作体验空间

通过真实文物、数字化影像、互动游戏、剧院表演等营造还原古代文明、传统村落及现代企业等生产、生活的真实场景,给予人身临其境的视觉、听觉、嗅觉、味觉、触觉等五感冲击。同时文物修复、文创工坊、非遗手作等与传统文化及技艺传承有关的工作体验空间也是需要重点开发的。

2. 革命传统教育板块需注重历史事件再现和爱国主义仪式活动空间

在空间规划中通过建筑、图文影像、战争遗物道具、音乐灯光、游客动线等设计,再现该地发生的革命历史事件脉络。爱国主义精神的激发和传承,还需要类似祭奠仪式、宣誓仪式等空间的设计,让研学更具仪式感。

3. 国情教育板块需注重真实生产、生活的体验空间

美丽乡村和传统村落应突出"村民"生活的自然环境、人文环境之美来营造空间,让研学者在田间、作坊体验真实的劳作,才是真实的国情教育。同理,特色小镇在空间营造中需突出小镇产业之"特",大型知名企业要能让研学者看到前沿生产线,公共设施、重大工程的空间营造也要突出国家在基础设施投入和建设中的先进性和艰苦奋斗的精神,并能让研学者在模拟空间或真实工作空间中体验其中一段生产工作,变抽象理解为具象体会,更具教育价值。

表4-1　不同板块研学旅游基(营)地的空间规划重点

板块	细类	展示空间	讲演空间	活动空间	制作空间	食宿空间	安全空间	范例参考①
优秀传统文化板块	文物保护单位	● 文物主题馆 ● 文物考古/修复馆 ● 古代建筑群	● 讲堂 ● 影院 ● 剧场	● 古生活/仪式复原区 ● 模拟考古区	● 文物修复工作室 ● 文物模型搭建/铸造/制作室	● 零售店 ● 餐厅 ● 户外自助用餐区		三星堆博物馆
	古籍保护单位	● 古籍藏品馆 ● 数字藏品互动区	讲堂	● 主题活动区 ● 休闲活动区	● 拓刻、印刷、装帧等制作室 ● 古籍修复工作室	● 餐厅 ● 饮品区		国家典籍博物馆
	博物馆	● 主题展厅 ● 数字互动展示区 ● 文创展购区	● 讲堂 ● 影院	● 培训室/教室 ● 户外活动区 ● 公共休闲区	● 文物修复工作室 ● 文创工坊	● 餐厅 ● 饮品区		澄江化石地自然博物馆
	非遗场所	● 主题展厅 ● 非遗工作区 ● 文创展购区	● 讲堂 ● 剧场 ● 影院	● 培训室 ● 户外非遗活动区 ● 休闲活动区	非遗手作体验区	● 特色餐厅 ● 特色酒店/民宿		成都国际非遗创意产业园
	优秀传统文化教育基地	● 主题展厅 ● 传统建筑群	● 讲堂 ● 剧场 ● 影院	传统文化活动体验区(室内外)	● 传统手工体验区 ● 文创工坊	● 餐厅、咖啡厅等 ● 户外自助用餐区	● 医疗空间 ● 缓冲空间 ● 避险空间 ● 交通空间 ● 安全区隔离及警示空间	曲阜三孔景区
	爱国主义教育基地	● 主题展厅 ● 大型老物件展示区	讲堂	户外活动区	模型、手工制作室	● 零售店 ● (大型基地)餐厅/营房		侵华日军南京大屠杀遇难同胞纪念馆
革命传统教育板块	革命历史设施遗址	● 旧居、遗址、纪念碑等 ● 革命装备、生活物件等	● 讲堂 ● 剧场 ● 影院	● 革命历史活动现场区域 ● 模拟仿真活动区 ● 祭奠活动区	革命物件制作室	● 零售店 ● 餐厅		井冈山革命纪念地

① 所有范例参考,均可上官方网站或官方微信公众号查询。

续表

板块	细类	展示空间	讲演空间	活动空间	制作空间	食宿空间	安全空间	范例参考
国情教育板块	美丽乡村	● 故居、祠堂、纪念馆、乡村文化馆等 ● 自然景观、农田、果林等	● 讲堂 ● 乡村文化舞台 ● 乡村放映广场	● 乡村集市 ● 乡村文化广场 ● 乡村图书馆 ● 农业活动区 ● 露营区 ● 乡村其他特色休闲活动场所	● 手工制作工坊 ● 美食制作区 ● 农副产品制作区	● 乡村特色餐厅 ● 乡村特色民宿		广州沙湾古镇
	传统村落	● 传统民居、祠堂、书屋、牌坊等 ● 自然景观、农田、果林等	文化广场	● 特色街区 ● 文化广场 ● 节庆活动场所 ● 民俗技艺活动区	● 手工制作工坊 ● 美食制作区 ● 农副产品制作区	● 乡村特色餐厅 ● 乡村特色民宿 ● 农户自留屋		桂林龙脊梯田
	特色小镇	● 特色产业文化馆/博物馆 ● 特色产业生产场所及要素 ● 重点人文/自然景观	● 讲堂 ● 剧场 ● 影院	● 模拟生产活动场 ● 特色运动区 ● 商业区	● 特色手工产品制作区 ● 地方美食制作区	● 商业餐厅 ● 酒店 ● 民宿 ● 学生营房	● 医疗空间 ● 缓冲空间 ● 避险空间 ● 交通空间 ● 安全区隔及警示空间	朱砂古镇
	大型知名企业	● 企业文化博物馆 ● 生产区透明栈道 ● 文化墙、吉祥物等	● 讲堂 ● 影院	● 科普游戏区 ● 模拟生产操作区	● 产品制作区 ● 产品模型搭建区 ● 实验室	● 员工（自助）餐厅 ● 企业特色食品品尝区		海天酱油阳光工厂
	大型公共设施	● 博物馆 ● 控制中心 ● 各类工作站点	可与活动/制作空间合并	● 地标广场 ● 实训基地 ● 会议室	● 模型、文创制作区 ● 实验室	零售店		广州地铁集团
	重大工程	● 工程现场及科普展示板 ● 工程展览馆/博物馆/纪念园 ● 部分工作站点	讲堂	● 工程现场及周边相关区域 ● "穿越"工程的车/船/栈道等 ● 地标广场	● 工程实验室 ● 模型制作区 ● 当地特色手工、文创制作区	零售店		南水北调工程丹江口水库及工程展览馆

续表

板块	细类	展示空间	讲演空间	活动空间	制作空间	食宿空间	安全空间	范例参考
	国家安全教育基地	灾难事故教育展、灾难事故场景模拟区	• 讲堂 • 影院	• 灾难事故场景体验区 • 应急安全实训区/教学区 • 休闲游戏区 • 户外帐篷区 • 野外生存探险区	• 应急安全装备制作区 • 野外生存物制作区	• 大型餐厅 • 营房	• 医疗空间 • 缓冲空间 • 避险空间 • 交通空间 • 安全区隔及警示空间	北川三秒应急安全全体验中心
	国防教育基地			同"爱国主义教育基地和国家安全教育基地"				
国防科工板块	海洋意识教育基地	• 室内海洋意识教育展厅 • 户外海洋军事/民用装备 • 海洋工作/军事场景模拟区	• 讲堂 • 影院	• 户外装备互动探索区 • 海洋军事/工作实训区	海洋装备模型制作区	• 零售店/餐厅 • 大型基地可建营房	• 医疗空间 • 缓冲空间 • 避险空间 • 交通空间 • 安全区隔及警示空间	中国人民解放军海军博物馆
	• 科技馆 • 科普教育基地 • 科技创新基地	• 科普知识展板 • 科学互动设施 • 科技影院 • 科创商店	• 讲堂 • 影院 • 剧场	• 科技游戏区 • 科学探索区 • 休闲区	• 科学实验室 • 科技模型制作区 • 智能设备搭建和操作区	• 零售店 • 餐厅		• 广东科学中心 • 北京市观象台 • 北京理工大学 • 光电创新教育实验基地
	• 高等学校 • 科研院所	• 校史/院史馆/展板 • 重点实验室、院所 • 学校、院所学习、生活场所	• 教室 • 礼堂	• 教室 • 操场 • 校园/院所其他公共空间	• 教室 • 实验室	• 食堂 • 学生宿舍		• 上海交通大学 • 中国科学院

续表

板块	细类	展示空间	讲演空间	活动空间	制作空间	食宿空间	安全空间	范例参考
自然生态板块	自然景区	•自然景观道、观景台 •自然教育展板 •科普展板	自然舞台	•景观道 •观景台 •游客广场	•自然、人文手作工坊 •自然科研实验站	•餐厅 •酒店 •景区内营地		黄果树风景名胜区
	城镇公园	•科普展厅/馆 •景观道	•舞台 •游客广场	户外道路或广场	•自然、人文手作工坊	•零售店 •餐厅	•医疗空间 •缓冲空间 •避险空间 •交通空间 •安全区隔及警示空间	杭州西溪国家湿地公园
	植物园	•植物科普展示区 •自然教育径	自然课堂教室	•大草坪 •植物科普区	•自然课堂教室 •大草坪	•零售店 •餐厅		华南国家植物园
	动物园	•动物科普板/馆 •自然教育径 •动物观察平台	•动物表演舞台/舞池 •自然课堂教室	户外空间	自然课堂教室	•零售店 •餐厅 •酒店		云南野生动物园
	风景名胜区				同"自然景区"			
	世界自然遗产地	•自然景观道 •自然教育径 •科普展板 •世界自然遗产博物馆	•讲堂 •自然秀舞台	•自然教育径 •考察平台 •文化广场 •民宿大堂	•自然课堂教室 •自然实验室 •民宿大堂 •当地特色手工作坊	•游客食街 •民宿小镇 •营房 •酒店	•医疗空间 •缓冲空间 •避险空间 •交通空间 •安全区隔及警示空间	广东韶关丹霞山国家级自然保护区
	世界文化遗产地	•古建筑群、宅院 •民俗展厅 •文化技艺展厅 •自然景观	•传统戏台 •讲堂	•传统民俗活动区 •传统生活区 •休闲活动区	•模型制作室 •传统手工工坊	•游客食街 •特色民宿 •营房 •酒店	•医疗空间 •缓冲空间 •避险空间 •交通空间 •安全区隔及警示空间	安徽黄山市宏村风景区

续表

板块	细类	展示空间	讲演空间	活动空间	制作空间	食宿空间	安全空间	范例参考
自然生态板块	国家海洋公园	• 主题展示馆 • 沉浸式展缸 • 网红拍摄地	• 表演剧场 • 科普讲堂 • 会议室 • 主题影院 • 乐园巡游	• 活动广场 • 互动乐园 • 明星动物影站 • 主题活动室	• 科普讲堂 • 动物保育员工作区	• 移动餐车 • 主题餐厅 • 海底露营区 • 主题酒店		上海海昌海洋公园
	示范性农业基地	• 现代农业展馆 • 植物科普园 • 一米菜园 • 作物试验田 • 智慧渔场/田园 • 农产品检测中心	• 讲堂 • 农田大舞台	• 农耕田园劳动实践区 • 智能农业实践区 • 果蔬采摘区 • 草坪区	• 农产品副产品制作区 • 智慧农业科技实验室 • 现代农业装备实验室 • 健康饮食制作区	• 零售店 • 农家菜餐厅 • 营房 • 特色民宿		广州南沙都市农业实验园
	生态保护区	• 自然生态博物馆 • 科普展板 • 自然教育径	科普教室	• 科考教育径 • 生态科普区	• 科普教室 • 生态科普区 • 科考实验室	• 餐厅 • 露营区	• 医疗空间 • 缓冲空间 • 避险空间	肇庆鼎湖山自然保护区
	野生动物保护基地	• 科普展厅/博物馆 • 野生动物生活习性观察区 • 科普展示设施及互动设施	• 科普讲解室 • 科普教室	• 活动广场 • 动物观察区	• 科普教室 • 动物食品制作体验区 • 重点实验室	餐厅	• 交通空间 • 安全区隔离及警示空间	成都大熊猫繁育研究基地
	综合实践基地类	• 科普展厅 • 各类装备展示架	• 讲堂 • 剧场 • 4D影院 • 会议室	• 安全系列实训馆 • 灾害系列实训馆 • 多媒体动漫实训馆 • 智能管理实训馆 • 综合演练场 • 运动训练场 • 团建活动区 • 高空挑战区 • 休息区	• 劳作区（如烹饪、编制、印刷、木工、农料制作等） • 智能创客室	• 野炊场 • 食堂 • 营房 • 露营区		上海市青少年校外活动营地 东方绿舟

4. 国防科工板块需注重趣味科普互动空间营造

科学的前沿性、科研工作的枯燥性，会让大多数入门者望而却步或者云里雾里，展示国家国防科工实力，更应充分利用互动设施、数字化技术、科普影院、科学小制作/小实验等，将科学知识、前沿科技深入浅出呈现给公众，打造趣味科普的互动空间。

5. 自然生态板块需注重自然教育径、科考径、自然教室的营造

自然生态类基地要保持自然生态的本来面貌，在最小化影响自然生态的同时，通过自然教育径、科考径的开发，选择适合不同年龄段的研学路径、观察平台，设置相应的科普展板。同时自然教室方便研学团队在出发前和回程后开展相应的自然课程。

6. 营地需注重多功能实训空间的营造

研学营地因承接大批量学生的综合实践课程，需要配合学校劳动实践、国防教育、消防安全教育等需要，配置多功能的实地模拟场景训练空间，以达到学习的有效性和实践的有用性。

表 4-1 罗列了五大板块基地和营地的空间规划重点及参考的范例，在承接一个基地或营地时，可以参考此表对该基地的空间及其功能进行盘点，并结合基（营）地的定位及相应的课程设计，酌情推进该基（营）地的局部空间改造。

如"案例导入"中的工业基地，在经费允许的情况下，可打造工厂流水线参观通道及流程科普展板，并设立一个作业区间做成工厂职业体验空间，将会议室改造为可讲座、可进行工业小制作的可变教学空间，将户外园林改造成企业文化展示及活动空间，停车场需改造成多辆大巴可停靠的空间等。

🔍【训练题】

一、自测题

1. 下列各项中不属于优秀传统文化板块的空间重点是（　　　）。

    A. 生产线参观通道　　　　　　　　B. 文物主题馆

    C. 文物修复工作室　　　　　　　　D. 影院

2. 下面各项中不属于国情教育板块的空间重点是（　　　）。

    A. 传统民居　　　　　　　　　　　B. 手工工坊

    C. 农田果林　　　　　　　　　　　D. 自然教育径

3. 下面各项中不属于国防科工板块的空间重点是（　　　）。

    A. 实验室　　　　　　　　　　　　B. 祭奠园

    C. 科普馆　　　　　　　　　　　　D. 应急安全实训馆

二、讨论题

请分小组讨论，本校作为研学旅游基地，可以如何进行空间规划。

三、实践题

以小组为单位，走访当地其中一个板块的优秀研学旅游基地，以表 4-1 为蓝本调研该基地的空间设计，并提出进一步改进的建议。

任务三　运用可变空间增加研学旅游基（营）地的市场适应性

【任务概述】

研学旅游基(营)地为满足更多客户群体的需求,在空间规划灵活性的基本原则下,需在同一空间内借助展陈组件、家具、教具、数字技术等的转变,使同一空间能兼具不同的空间功能或快速切换为不同的空间模式;通过移动墙体、模块组合等方式,使空间可以切分、移动、组合,变换成不同大小、功能、形态的空间模式。

【案例导入】

某研学旅游基地内有一个空间,计划打造成传统的木工工坊,承接部分木工主题的研学活动,因空间范围有限,最多可容纳 100 人同时活动,该空间可以如何打造可变空间,以适应更多的人群需求呢?

由于研学旅游的客户群体从散客、亲子团到千人学生大团,客户群年龄从小学、初中、高中到大学、成人,这就对基(营)地的研学产品、对应服务、研学空间的多样性和适应性提出了较高的要求。但并不是所有的基(营)地都具有足够的空间满足展示、讲演、活动、制作、食宿和安全等六大类型的空间,尤其是小而美的研学基地,如小型博物馆、非遗工作室、企业等,占地面积或可供对外研学的空间范围有限,这时研学空间的多功能、可变化、模块化,就是使不同的研学产品快速适配不同的客户群体需求的重要基石。

因此,"可变空间"的设计,对研学旅游基(营)地的市场适应性起着关键作用。

一、同一研学空间的功能变化

同一研学空间的功能变化,可以通过可移动展陈组件、家具、教具、数字技术等的转变,使空间具有不同的使用功能。针对同一研学空间的功能变化,可以分为室内空间和户外空间两种进行讨论。

1. 同一室内研学空间的功能变化

（1）展示空间模式

常规条件下可通过四周墙壁上张贴知识展板、物品展架或玻璃展柜进行展示。不同主题的研学内容可更换不同的展板或展品。

数字技术力量或经费充足的基(营)地,可通过动画影音设备、3D 建模技术、互动电子屏、AI 影像技术等在墙上的屏幕或幕布甚至屋顶进行研学知识相关展示。数字技术的展示设备,更便于不同主题内容和不同空间模式间的迅速转变。

（2）讲演空间模式

讲座授课需求下可利用计算机、投影及幕布、LED 屏等设备迅速转变为讲座空间，同时室内需摆放适合讲课用的课桌椅或会议桌椅。

室内演出、演讲、论坛需求下可根据场地大小，搭建舞台、LED 屏、可移动音响及灯光等转变为演出空间。空间中也可按需求摆放椅子，或进行可席地而坐的布置等。

（3）活动空间模式

活动空间模式可与展示空间及讲演空间迅速转变，只需留出适合的活动范围，配合不同的活动教具即可。同时可通用展示空间模式的展示内容及讲演空间模式的屏幕、音响设备等。

（4）制作空间模式

制作空间模式可与讲座空间模式快速转变，通用桌椅、计算机、音响、屏幕等设备，配合不同的制作教具即可。制作教具也可作为展示空间模式的一部分，在房屋周边的展示柜陈列。

（5）餐饮空间模式

空间内只要有桌椅，就可以立即转变为简餐的餐饮空间模式。同时原本是餐饮空间模式的地方，也可以利用本身的餐饮设施，配合食材、音响、屏幕等，迅速转变为美食主题制作空间模式。

2. 同一户外研学空间的功能变化

（1）展示空间模式

户外的展示空间模式多为知识展板、实物展陈等，数字技术常用于展板上的二维码与手机 App 之间的配合。农场类的研学基地可根据不同时令进行展示空间的转换。

（2）讲演空间模式

户外的讲演空间可根据需求的多寡，在该空间的边缘中间位置选择搭建固定舞台和遮阳棚下的 LED 屏，也可按需搭建临时舞台。

（3）活动空间模式

户外活动空间模式的快速转变主要依靠不同主题的活动教具的摆放和使用来完成，常见于不同主题的团建活动。

（4）制作空间模式

户外制作空间模式的转变也主要依靠不同主题的制作教具，大型的制作教具可在空间中择一方由小组共同完成，精细小巧的制作教具则需配合可移动的简易桌椅，餐饮类的制作可能需要配合可移动的炉灶。

（5）餐饮空间模式

野餐空间可通过就地铺野餐垫或搭帐篷、天幕等方式来实现转变，团餐空间则需配合可移动的餐桌椅。

（6）安全空间模式

户外空间只要有无遮蔽、无易倒塌的建筑结构和树木，在发生安全事件时，即可立即转变为安全空间模式，用于避险、疏散。

二、不同研学空间的联动变化

不同的研学空间,因客户人数、研学内容、参与时长等的不同,可以通过切分、移动、组合等方式,实现空间的大、小、高、矮、异型等变化。

1. 通过移动墙体实现空间变化

研学旅游实施场景中,常会出现几百人以上的讲座,也会出现二三十人的小组课程。如果一个大空间方方正正、无梁无柱,可以为可变空间提供基础条件。

利用隔音条件好的可移动墙体,在天花板和地板上架设轨道,通过可移动墙体在轨道上不同方向的移动,实现墙体两侧空间的变大、变小。通过拆除可移动墙体,可使小空间变成大空间;通过安装可移动墙体,可使大空间变成多个小空间。这一运用常见于酒店会议空间的变化。

可移动的楼板也可以使空间在高度上实现可变。楼板收起,两层变一层;楼板合上,一层变两层。考虑到学生群体的多动性,以及研学旅游安全性原则,这一方向的运用暂不考虑。

2. 通过模块组合实现空间变化

单个空间可视为单一模块,模块与模块之间可以组合、移动、堆叠,以适配不同的研学主题,或者作为"流动研学站"放置于不同城市、不同的研学基地内,适应和吸引更多人群的需求和参与。

这种可变空间常见于博物馆、美术馆内的特展、临展空间设计,通过将不同模块的空间,按照一定的动线进行组合。在保障模块组合的可变空间的主题特色的同时,还要兼顾基(营)地运营的经济性、实用性,在设计中,要考虑材料的装卸合理性与装配技术、耗材的最小化、灯光及影像技术的标准化等。如广东科学中心自国外引进的大型国际科普巡展《神秘海洋》(*Unseen Oceans*)[①],含"奇幻漂流者""神秘生物""遇见巨型生物"等八大主题展区,超多互动体验展项,配套新奇的活动空间和科技电影等讲演空间,且八大主题展区呈现相连的圆环形异型结构,沉浸式体验效果很好。

三、案例分析:木工工坊的可变空间设计

"案例导入"中的研学旅游基地的木工工坊,可承接亲子团体、大规模学生团体、成人团体的木工主题研学活动,可以兼具展示、讲演、制作功能的空间,具体设计重点如下。

1. 展示空间

在空间的四周墙上陈列各类木工工具及相应的知识展板,下方用展柜陈列各类木工类文物及现代作品,还可以配合互动屏展示木工作品制作技艺的影像或纪录片。在室内的制作台面上还可陈列木工作品模型,对后期的制作类课程进行前期展示。

---

① 广东科学中心. 新展登场!打卡深海最美风景|文末送票[EB/OL]. https://mp. weixin. qq. com/s/CFcC-2XmnKx2C7XkqbSsyfQ,2020-11-20.

2. 讲演空间

在空间边墙的中心位置设置投影屏或 LED 屏,配置计算机、音响设备,方便随时切换讲演功能。

3. 制作空间

在空间的中心放置木工制作所需的桌椅、工具箱、木工材料,方便随时切换制作空间功能。也可以根据客户需求,设置 1～2 块可移动墙体,将空间切割成 2～4 块不同的制作空间,方便同时进行小团队的不同主题木工作品的制作。

【训练题】

一、自测题

1. 室内同一空间最不好转变的空间模式是( )。

    A. 讲演空间   B. 活动空间   C. 制作空间   D. 安全空间

2. 同一空间不同功能的转变较少借助的是( )。

    A. 家具   B. 移动墙体   C. 数字技术   D. 教具

3. 移动墙体可实现研学空间的( )变化。

    A. 异形结构   B. 转换为安全空间

    C. 空间切分   D. 空间变高

二、讨论题

请分小组讨论,当地哪个研学基地的可变空间值得借鉴,并指出可供借鉴的亮点。

三、实践题

以小组为单位,针对某一研学旅游基地,设计一个可变空间方案,并注意考虑材料的可获得性和成本控制。

项目五

研学旅游基(营)地的指导师管理

　　研学旅游基(营)地的人力资源管理的重点是基于景区或博物馆等场馆的组织架构之上的研学旅游指导师团队的管理和其他团队的任务调整。通过细致解析研学旅游指导师的工作任务与胜任力模型,在此基础上建设研学旅游指导师专兼职队伍及培训体系,有助于基(营)地更高质量地服务客户,赢得口碑。在本项目最后列举了11张研学旅游指导师的工作清单,便于新晋研学旅游指导师和管理团队快速投入研学服务工作中。

▤ 学习目标

　　1. 知识目标

　　(1) 了解研学旅游基(营)地人力资源架构和研学旅游指导师管理基本原则。

　　(2) 理解研学旅游指导师胜任力模型与成长路径。

　　2. 能力目标

　　(1) 具备参与或打造某一层面研学旅游指导师团队的组织建设能力。

　　(2) 具备运用清单进行工作事项和流程管理的能力。

　　3. 素养目标

　　(1) 具备参考研学旅游指导师职业发展路径和培训体系的自主发展目标与行动。

　　(2) 具备运用清单管理进行问题解决的素养。

📖 **学习重点和学习难点**

1. 学习重点

研学旅游指导师的胜任力模型和培训体系。

2. 学习难点

运用工作清单进行研学旅游指导师的工作管理和培训管理。

🏴 **知识导图**

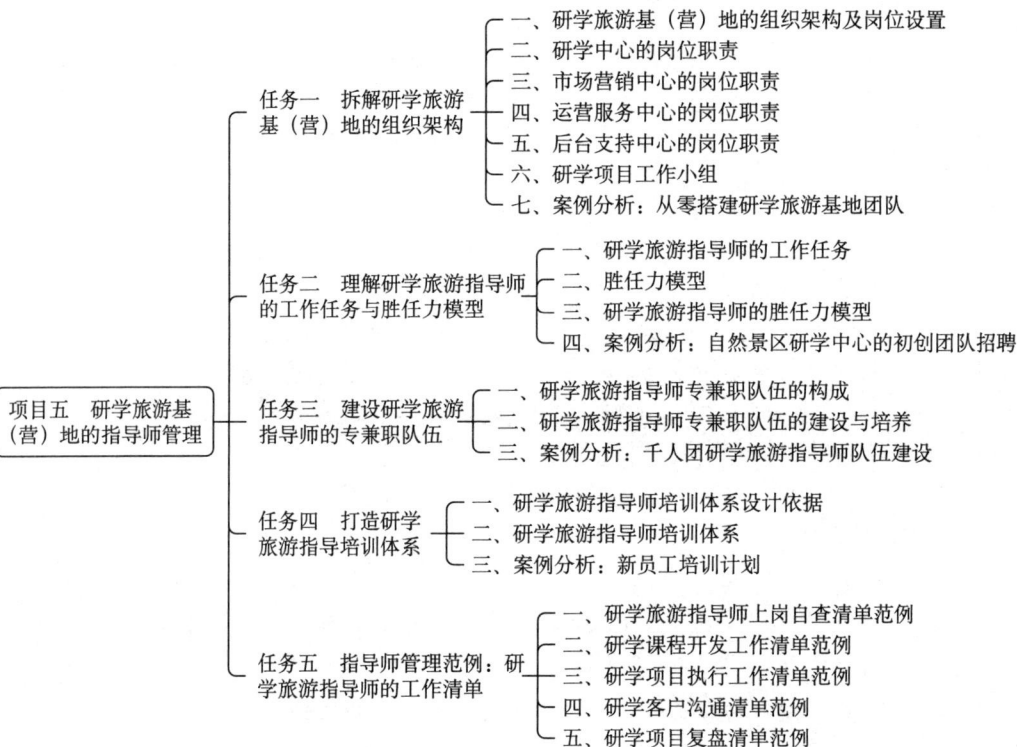

任务一　拆解研学旅游基(营)地的组织架构
- 一、研学旅游基(营)地的组织架构及岗位设置
- 二、研学中心的岗位职责
- 三、市场营销中心的岗位职责
- 四、运营服务中心的岗位职责
- 五、后台支持中心的岗位职责
- 六、研学项目工作小组
- 七、案例分析：从零搭建研学旅游基地团队

任务二　理解研学旅游指导师的工作任务与胜任力模型
- 一、研学旅游指导师的工作任务
- 二、胜任力模型
- 三、研学旅游指导师的胜任力模型
- 四、案例分析：自然景区研学中心的初创团队招聘

项目五　研学旅游基(营)地的指导师管理

任务三　建设研学旅游指导师的专兼职队伍
- 一、研学旅游指导师专兼职队伍的构成
- 二、研学旅游指导师专兼职队伍的建设与培养
- 三、案例分析：千人团研学旅游指导师队伍建设

任务四　打造研学旅游指导培训体系
- 一、研学旅游指导师培训体系设计依据
- 二、研学旅游指导师培训体系
- 三、案例分析：新员工培训计划

任务五　指导师管理范例：研学旅游指导师的工作清单
- 一、研学旅游指导师上岗自查清单范例
- 二、研学课程开发工作清单范例
- 三、研学项目执行工作清单范例
- 四、研学客户沟通清单范例
- 五、研学项目复盘清单范例

🔔 **任务一　拆解研学旅游基（营）地的组织架构**

✏️ **【任务概述】**

本次任务通过拆解研学旅游基(营)地的组织架构,从研学中心、市场营销中心、运营服务中心、后台支持中心四大中心、12个部门,全方位了解基(营)地的岗位设置、工作职能等。

【案例导入】

某企业承包了一块可容纳 500 人同时开展研学活动的基(营)地,没有餐厅,只有野炊场、露营草坪,需要从零搭建基地团队,组织架构应该如何搭建,各岗位的编制又该如何制定呢?

一、研学旅游基(营)地的组织架构及岗位设置

研学旅游基(营)地的组织架构与景区和博物馆等类似,因加入研学业务,会有相应岗位增加和岗位职能的扩展,同时研学项目开展过程中会有多个子项目并线进行的情况,所以岗位设置中还需要有"项目工作小组"的跨部门矩阵结构。具体岗位设置如图 5-1 所示。

管理团队											
研学中心		市场营销中心		运营服务中心				后台支持中心			
研学产品部	研学导师部	市场部	营销部	餐饮部	住宿部	运维部	安保部	技术部	人事部	行政部	财务部
·课程组 ·教具组	·讲解组 ·活动组 ·培训组 ·兼职/志愿者组	·公关组 ·市场调研组 ·B端销售组 ·C端销售组 ·票务组	·品牌推广组 ·线上运营组 ·活动策划组	·大堂组 ·后厨组 ·采购组	·前厅组 ·客房组	·保洁组 ·养护组 ·工程组 ·维修组	·保安组 ·安全员组 ·医务组	·软件开发 ·系统运维 ·技术培训	·招聘 ·培训 ·薪酬绩效 ·员工关系	·采购 ·仓储管理 ·档案管理	·会计 ·出纳 ·审计
研学项目A工作小组											
研学项目B工作小组											

图 5-1　研学旅游基(营)地的岗位设置

二、研学中心的岗位职责

以下介绍研究中心各部门的主要岗位的职责要求。

1. 研学产品部

(1)课程组:负责组织研学相关教研活动,研学课程开发及培训,课程执行效果督导及组织复盘等。

(2)教具组:负责研学课程教具开发及培训,教具供应链管理,教具库存管理等。

2. 研学导师部

(1)讲解组:负责设计及优化研学课程讲解词,研学课程现场讲解,兼职讲解队伍管理及培养等。

(2)活动组:负责研学及团建活动现场指导,协助课程组及教具组进行研学活动设计、兼职辅导员队伍管理及培养等。

(3)培训组:负责校企人才培养,与人事部合作校招,研学导师队伍培训设计及组织,客户培训活动设计及执行等。

(4)兼职/志愿者组:负责兼职/志愿者招募、培训、分流到各用人岗位、审评、激励及日常维护等。

三、市场营销中心的岗位职责

1. 市场部

(1) 公关组：负责企业公共关系维护，策划并统筹各类公关宣传活动，处理公关危机等。

(2) 市场调研组：对研学产品、竞品、需求、供给、政策等进行市场调研，结合业绩等数据进行市场预测和年度业绩规划，制订市场费用预算等。

(3) B端销售组：针对OTA、旅行社、中小学校等B端渠道进行市场推广及销售等。

(4) C端销售组：针对自有会员、潜在会员进行C端市场推广及销售等。

(5) 票务组：负责门票的预订、领取、发放、查验、保管、上报工作，负责各门亭秩序维护和客流观测等。

2. 营销部

(1) 品牌推广部：负责基地品牌VI形象设计、输出、管控，负责自有、合作品牌产品包装及宣传设计与输出，制订品牌推广并执行等。

(2) 线上运营组：负责制订线上运营计划，负责微信、美团、抖音、小红书等各大互联网平台内容制作、输出、数据管理、粉丝管理、销售数据等。

(3) 活动策划组：负责线上、线下各类营销活动的策划、统筹和执行，策划并组织各部门之间的活动。

四、运营服务中心的岗位职责

1. 餐饮部

(1) 大堂组：负责大堂环境的清洁与维护，客户的接待及用餐服务，处理客户投诉等。

(2) 后厨组：负责餐食的设计、规划、预处理、制作、上菜、后厨清洁、菜品检疫等。

(3) 采购组：负责食材采购、供应链管理、成本管控等。

2. 住宿部

(1) 前厅组：负责接待、安排客房，掌握和反馈客房预订及销售动态，接待和协调客人入住，处理客户疑问及投诉等。

(2) 客房组：负责客房的清洁卫生、维修保养、设备折旧、成本核算、成本控制，迅速为客户提供各类服务。

3. 运维部

(1) 保洁组：负责基营地管辖范围的日常清洁工作，确保各个公共区域、办公室、厨房及卫生间等的卫生整洁，定期对场地进行深度清洁，维护良好的环境卫生，提高游客和工作人员的舒适度。

(2) 养护组：负责基营地内绿化、植被的养护工作，包括定期浇水、修剪植物、施肥、除草等，保持绿化环境的美观和健康，确保游客的生态体验。

(3) 工程组：负责基营地内的基础设施建设和改造工作，包括道路、房屋、设施等的建设与修缮。定期检查基地的建筑安全,处理突发工程问题,确保基础设施的安全和适用。

(4)维修组:负责基营地的设施设备的维护与维修,包括空调、电器、管道等设备的检查、维修和更换。定期进行设施检测,确保所有设备正常运作,保障日常使用需求。

4.安保部

(1)保安组:负责基营地的安全巡逻,监控设施的管理与操作。确保基地内外的安全秩序,防范盗窃、破坏等安全事件的发生,及时处理突发安全问题,维护人员安全。

(2)安全员组:负责基营地内所有人员的安全教育与安全设施的检查,包括消防演习、水上安全维护、紧急预案的制订与演练。

(3)医务组:负责基营地内的基本医疗与急救工作,确保人员的身体健康。提供日常药物管理与急救服务,在发生健康事故时迅速响应,配合处理突发的健康和医疗事件。

五、后台支持中心的岗位职责

1.技术部

负责基(营)地运营需要的销售系统、客服系统、内部管理系统等系统软件或平台的开发、系统运营维护、系统使用相关技术培训等。

2.人事部

负责人力资源工作规划,人员的招聘、培训、考勤、薪酬绩效制定与发放、员工关系维护、人事档案管理等。

3.行政部

负责物资的采购,仓储的管理,文书档案管理等。

4.财务部

负责制定财务管理制度,筹划资金,管控成本,会计核算,资金出纳,纳税申报及年度审计等。

六、研学项目工作小组

因同一时间可能有多个研学项目需求并行,因而需要在原"纵向"的职能架构上"横向"跨部门组建"研学项目工作小组",以保证每一个项目需求都有专人负责跟进执行,责任到人。工作小组按项目的规格一般配置如下。

1.20~40人小团队

市场营销中心1人,负责客户需求与内部执行对接;研学产品部1人,负责对接课程需求及调整;研学指导师部1~2人,负责课程执行;运营服务中心1人,负责对接服务需求,并协调、安排相应部门工作。

2.100~500人中型团队

市场营销中心1人,负责客户需求与内部执行对接;研学产品部1人,负责对接课程需求及调整;研学导师部按 1∶30 左右配置专兼职研学指导师团队,负责课程执行;运营服务中心 1 人,负责对接服务需求,并协调、安排相应部门工作;安保部全员分布于各重要位置协助安全维护。

3. 500~1000 人大型团队

市场营销中心管理层 1 人,负责客户需求与内部协调;研学产品部 2~3 人,负责对接课程需求及调整;研学指导师部按 1∶30 左右配置专兼职研学指导师团队,负责课程执行;运营服务中心 1 人,负责对接服务需求,并协调、安排相应部门工作;安保部全员分布于各重要位置协助安全维护。

4. 1000 人以上超大型团队

总经理牵头,全员联动。

七、案例分析:从零搭建研学旅游基地团队

因该基地可容纳 500 人同时开展研学活动,没有餐厅,只有野炊场、露营草坪,从零搭建基地团队,组织架构搭建及编制推荐如下。

(1) 总经理:1 人,负责全面管理基地工作。

(2) 副总经理:1 人,负责协助总经理,及直管部分部门工作。

(3) 研学中心经理:1 人,负责研学中心工作。

(4) 研学产品部:部长 1 人,兼管课程组;组员 1~2 人,分管课程与教具。

(5) 研学导师部:部长 1 人,兼管培训组;组员 2~4 人,分管、兼管讲解、活动、培训、兼职工作。

(6) 市场营销中心经理:1 人,负责市场营销工作。

(7) 市场部:部长 1 人,兼管公关、B 端销售组;组员 2~4 人,分管、兼管公关、市场调研、B/C 端销售、票务工作。

(8) 营销部:部长 1 人,分管品牌推广组;组员 2 人,分管、兼管品牌推广、线上运营和活动策划工作。

(9) 运营服务中心经理:1 人,负责运营服务工作。

(10) 餐饮部:部长 1 人,分管采购组;后厨 2~3 人,负责菜品、餐具准备。

(11) 运维部:部长 1 人,分管工程组;组员 2~3 人,分管、兼管保洁、养护、工程、维修工作。

(12) 安保部:部长 1 人,兼管保安组;保安 2~4 人,安全员 1~2 人,医务组 1 人。

(13) 后台支持中心经理:1 人,负责后台支持工作。

(14) 技术部:可外包或采购 SaaS 平台。

(15) 人事部:部长 1 人,组员 1~2 人,分管所有人事工作。

(16) 行政部:可与人事部合并,或仅设一个行政专员,由人事部统筹管理。

(17) 财务部:部长 1 人,分管会计、审计;出纳 1 人。

🔍【训练题】

一、自测题

1. 下面各项中不属于研学中心的岗位是(　　)。
   A. 公关
   B. 课程组
   C. 指导师部
   D. 教具组

2. 研学项目工作小组属于组织结构中的(　　)。
   A. 直线型
   B. 职能型
   C. 矩阵型
   D. 网络型

3. 研学指导师部中负责进行校企合作对接的职能组是(　　)。
   A. 讲解组
   B. 活动组
   C. 培训组
   D. 兼职/志愿者组

二、讨论题

请分小组讨论,对于现存的研学旅游基(营)地来说,研学中心和市场营销中心,哪个更重要。

三、实践题

以小组为单位,走访一家研学旅游基地或营地,以图 5-1 为蓝本调研该基(营)地人员结构,探讨对未来研学工作的适配度。

任务二　理解研学旅游指导师的工作任务与胜任力模型

✏️【任务概述】

本次任务通过解码《中华人民共和国职业分类大典(2022 年版)》中研学旅游指导师的工作任务,从专业知识、工作能力、职业素养、性格特质、态度动机五大模块构建研学旅游指导师胜任力模型,助力研学旅游基(营)地更有针对性地招募合适的人才,组建自有研学团队。

📋【案例导入】

某自然景区计划组建研学中心,想从集团内部竞聘和调岗一部分人成为研学中心的创始团队,同时在社会上招募一部分员工,目前编制只有 5 人,该集团人事部应该如何撰写岗位招聘公告呢?

研学中心承担着研学课程资源对接、研学课程及教具开发、研学产品包装与培训、研学课程落地执行、研学项目复盘优化等一系列工作,研学产品部和研学指导师部虽然工作各有侧重,但从事该工作的人员统称为"研学旅游指导师"。

一、研学旅游指导师的工作任务

《中华人民共和国职业分类大典（2022年版）》新增岗位中，"研学旅游指导师"属于新增职业，位于"教育服务人员"下属职业。

其中定义"研学旅游指导师"是"策划、制定、实施研学旅游方案，组织、指导开展研学体验活动的人员"。

主要工作任务如下。

（1）收集研学受众需求和研学资源等信息。

（2）开发研学活动项目。

（3）编制研学活动方案和实施计划。

（4）解读研学活动方案，检查参与者准备情况。

（5）组织、协调、指导研学活动项目的开展，保障安全。

（6）收集、记录、分析、反馈相关信息。

根据研学旅游指导师的工作任务，基（营）地的人事部需要建立该岗位的胜任力模型，有助于招聘更适合的员工，并有针对性地培养研学旅游人才梯队。

二、胜任力模型

员工胜任力是指在组织管理中，驱动员工做出卓越绩效的一系列综合素质，是员工通过不同方式表现出来的知识、能力、素养、性格、动机等的集合。员工的胜任力模型可以用"冰山模型"展示，如图5-2所示。

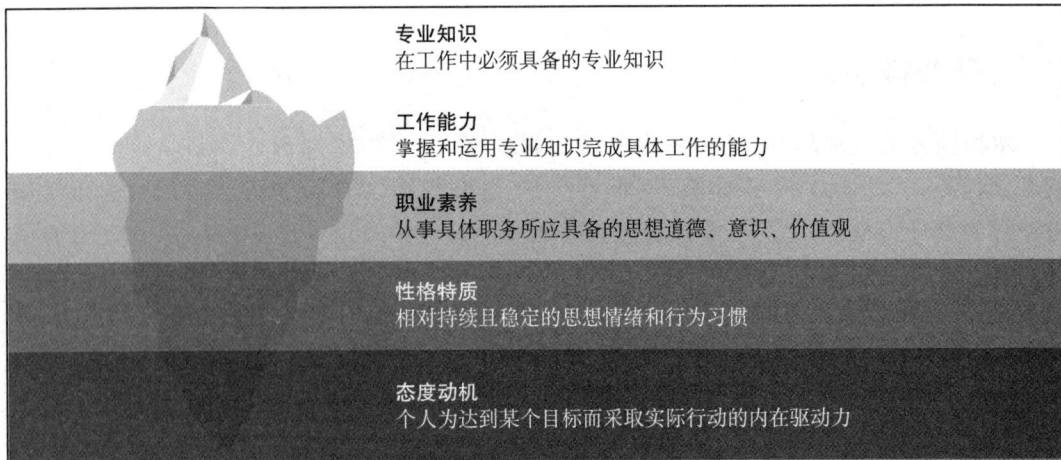

专业知识
在工作中必须具备的专业知识

工作能力
掌握和运用专业知识完成具体工作的能力

职业素养
从事具体职务所应具备的思想道德、意识、价值观

性格特质
相对持续且稳定的思想情绪和行为习惯

态度动机
个人为达到某个目标而采取实际行动的内在驱动力

图 5-2　员工胜任力模型

图中，水面之上是通过工作中的表现外显出来的知识和能力。其中专业知识是指在工作中必须具备的专业知识，如教育学、心理学、课程论等；工作能力是指掌握和运用研学专业知识完成具体工作的能力，如产品设计能力、专业学习能力、问题发现与解决能

力等。

水面之下,是难于测量和评估的内隐特征。其中职业素养是指从事具体职务所应具备的思想道德、意识、价值观,如责任心、主动性、坚韧性等;性格特质是指个人相对持续且稳定的思想情绪和行为习惯,如温和、幽默、耐心等;态度动机是指个人为达到某个目标而采取实际行动的内在驱动力,如个人晋升、经济回报、服务社会等。

三、研学旅游指导师的胜任力模型

鉴于研学旅游基(营)地研学中心的工作内容,研学旅游指导师所需要的胜任力模型如图 5-3 所示。

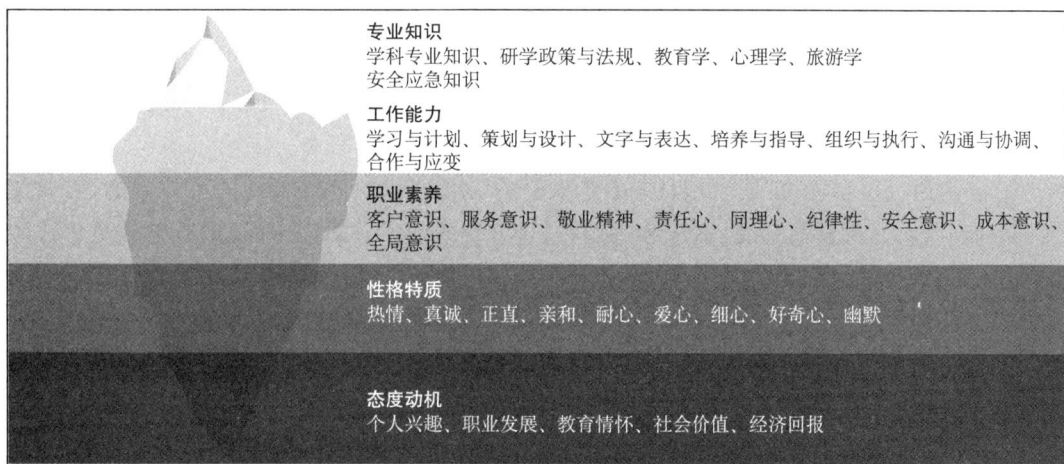

专业知识
学科专业知识、研学政策与法规、教育学、心理学、旅游学
安全应急知识
工作能力
学习与计划、策划与设计、文字与表达、培养与指导、组织与执行、沟通与协调、合作与应变
职业素养
客户意识、服务意识、敬业精神、责任心、同理心、纪律性、安全意识、成本意识、全局意识
性格特质
热情、真诚、正直、亲和、耐心、爱心、细心、好奇心、幽默
态度动机
个人兴趣、职业发展、教育情怀、社会价值、经济回报

图 5-3　研学指导师胜任力模型

1. 专业知识

(1)学科专业知识:包括与基(营)地定位相关联的专业知识,如博物类、航天类、自然类等,同时需要链接中小学跨学科知识,如语文、数学、历史、地理等。

(2)研学政策与法规:包括由教育部、文旅部、科技部等部委和各地市教育局、文广体局等发布的与研学旅游相关的政策与法规。

(3)教育学:包括教育学的起源与发展、教育与社会的发展、教育与人的发展、教育目的与培养目标、学校教育制度、课程与教学论、研学的德育价值、教师与学生发展等。

(4)心理学:包括认知心理学、发展心理学、社会心理学、积极心理学等。

(5)旅游学:旅游历史、旅游活动、旅游主客体、旅游市场、旅游影响、旅游开发、旅游政策、旅游模式与趋势、旅游可持续发展等。

(6)安全应急知识:包括研学过程中可能涉及的人身安全、财产安全、车辆安全、餐饮安全、住宿安全、自然灾害、公共卫生危害等预防与应急处置措施等。

2. 工作能力

(1)学习与计划能力:研学旅游是跨领域、跨专业的新兴行业,每天都要学习不同领域的知识,需要能够吸收和利用他人的经验和做法,不断寻找新的学习机会,掌握新的专业知识和技能,用于解决自己和团队遇到的问题,并编制有效合理的学习和工作计划,从而提高自己和团队的综合能力。

(2)策划与设计能力:研学课程要不断创新,需要能够遵循或创造一定的方法或规则,通过策略性思考,编制具体行动计划,并运用一系列视觉、听觉或触觉的创意设计呈现,达到产品开发、营销推广等目的。

(3)文字与表达能力:研学课程方案、手册的开发,研学课程中的精彩讲解,都需要能够准确、清晰、生动地运用文字、口头及肢体等进行产品输出、课程讲授、工作沟通等,表达易于让人接受甚至喜爱。

(4)培养与指导能力:研学中对学生活动的指导和对团队成员的培养,需要能够安排并开发培训课程,有意识地创造学习机会,促进他人的学习与发展,并能在恰当的时机指导并鼓励他人的优秀学习及行为习惯养成。

(5)组织与执行能力:研学课程的落地,尤其是千人大团的组织执行非常复杂,需要能够根据工作目标,组织各种资源,积极创造条件,高效完成工作任务。

(6)沟通与协调能力:研学项目中会涉及客户、团队、供应商等各种关系的沟通,需要能够正确倾听他人,理解其感受、需求和观点,通过合理的沟通方式,与组织内外部人员达成共识的能力。

(7)合作与应变能力:研学过程中时常会发生计划外的状况,需要能够带着全局观,根据工作目标的需要与他人通力合作,并协调各种资源应对变化与挑战,及时处理和解决工作过程中的问题。

3. 职业素养

(1)客户意识:指关注客户不断变化的需求,竭尽全力帮助和服务客户,为客户创造价值的意愿和态度。

(2)服务意识:指在与基(营)地利益相关的人或企业的交往中为其提供热情、周到、主动的服务的意愿和态度。

(3)敬业精神:研学高峰季通常会马不停蹄地连轴转,需要不断调整自己的行为和心态,保持符合组织要求和组织利益的意愿与能力。

(4)责任心:面对中小学生的研学属于教育活动,需有对自己的所作所为负责,对他人、对组织承担责任和履行义务的自觉态度。

(5)同理心:中小学生常在研学过程中发生各类情绪化举动,需要设身处地地对他人的情绪和情感有觉察、把握和理解。

(6)纪律性:指遵守基(营)地各项管理制度,保证个人行为与工作行为不与管理制度和工作原则相抵触的意愿。

(7)安全意识:研学服务过程中安全是红线,要有对安全风险有警觉、有认识、懂防御、快处理的意识。

(8)成本意识:指在保证正常工作状态和质量的前提下,通过控制成本、增加产出、优化流程等手段节约资源,使利益最大化的意识。

（9）全局意识：指开展工作或进行决策时，能够考虑他人、其他部门或基（营）地整体情况，从组织长远利益出发，牺牲局部利益或个人利益以顾全大局的意识。

4. 性格特质

（1）热情：在研学服务中对待学生、家长等客户表现出来的热烈、积极、主动、友好的情感和行为。

（2）真诚：通过真心诚意、坦诚相待来赢得学生、家长和同伴的信任。

（3）正直：为人处世公正刚直，勇敢坚持自己的信念。

（4）亲和：待人亲切、和蔼，让人易于亲近。

（5）耐心：对待客户尤其是学生不急躁，不厌烦，循循善诱。

（6）爱心：对学生和自然等保持关怀、爱护的情感。

（7）细心：心思细密，善于发现和觉察不同的情绪和异样的行为。

（8）好奇心：热衷于探索未知的人、事、物，是学习与创新的内驱力。

（9）幽默：在表达和行为上常用意想不到的方式带给人欢乐，消除负面情绪。

5. 态度动机

（1）个人兴趣：对研学旅游、服务他人、授课指导等工作感兴趣，甚至是热爱。

（2）职业发展：认知研学旅游这项职业活动符合个人职业道路的探索、建立、晋升和取得终身成就。

（3）教育情怀：对教育事业有着美好的情感，对教育观、教育思想和教育家长有坚定的信念，对教育事业的促进和发展有强烈的使命感。

（4）社会价值：认知研学对学生链接课本与现实，拓宽真实世界的视野，养成爱国、爱家的情感，树立文化自信等具有社会意义。

（5）经济回报：认知研学旅游行业具有发展前景，通过努力工作可以获得满足个人需求的经济回报。

四、案例分析：自然景区研学中心的初创团队招聘

对于该自然景区，自然形成的地质地貌、生物生态是研学课程开发的主要方向，且研学中心属于集团内部的初创团队，可先以"研学旅游指导师"的工作任务出发撰写招聘公告，公告示例如下。

职位名称：研学旅游指导师

工作地点：××市××区

工作年限：1～5 年

学历要求：本科及以上

工作内容：

（1）根据公司经营目标，进行市场调研，制订产品开发计划，并完成研学产品开发与包装。

（2）负责研学项目的准备、现场活动组织与教学、课程评价的撰写、课后反馈的收集与

复盘，保障安全。

（3）负责兼职研学导师的招募、培训和现场管理，以及突发事件的处理。

（4）负责对接和协调集团其他部门的工作，在集团内部推进和推广研学工作。

任职要求：

（1）有旅行社研学部门、研学旅游基（营）地教学经验者优先。

（2）地理、生物、教育学相关专业者优先。

（3）较强的学习与计划能力、策划与设计能力、组织与执行能力、沟通与协调能力。

（4）有责任心、服务意识、敬业精神和安全意识。

（5）富于爱心、好奇心，真诚、正直、亲和。

职位福利：五险一金、定期体检、团建旅游、技能培训等。

🔍【训练题】

一、自测题

1. 下面各项中不属于研学旅游指导师工作任务的是（   ）。

    A. 收集受众需求   B. 进行市场销售

    C. 开发研学活动   D. 反馈研学信息

2. 胜任力模型中在水面之上的是（   ）。

    A. 专业知识   B. 职业素养

    C. 性格特质   D. 态度动机

3. 更适合成为研学旅游指导师的性格特质是（   ）。

    A. 暴躁   B. 焦虑

    C. 爱心   D. 固执

二、讨论题

请分小组讨论，研学旅游指导师中，经理、主管、专员各级别在胜任力模型中更侧重哪些方面。

三、实践题

以小组为单位，收集目前在招聘网站中关于研学旅游指导师这一岗位的招聘公告，用词云法分析胜任力模型中哪些要素更被研学企业看重。

🔔 任务三　建设研学旅游指导师的专兼职队伍

📝【任务概述】

本次任务从专职指导师、兼职专业指导师、兼职助理指导师/辅导员三层结构，通过持续教研与外出学习、搭建平台与聘任认证、公益培训与项目促活三类机制，全方位建设基（营）

地的研学旅游指导师专兼职队伍。

【案例导入】

上一任务提到的自然景区的研学中心已正式成立,5 位专职研学旅游指导师中,有生物、地理专业的硕士,也有长期在旅行社工作过的导游,还有景区运营中心调派过来的管理人员。目前该景区的自然主题研学项目已正式开启。由于春季学生团订单量巨大,同一天的订单有破千人,研学中心即将面临人手严重不足的情况,在流量来袭之前,研学中心应该如何保障指导师供应呢?

为保障研学旅游基(营)地的研学项目在学生客流高峰期有充足的研学旅游指导师参与服务,在学生客流低谷期有足够的智力团队推动研学中心的课程和指导师队伍持续迭代,基(营)地需要建设研学旅游指导师的专兼职队伍(见图 5-4)。

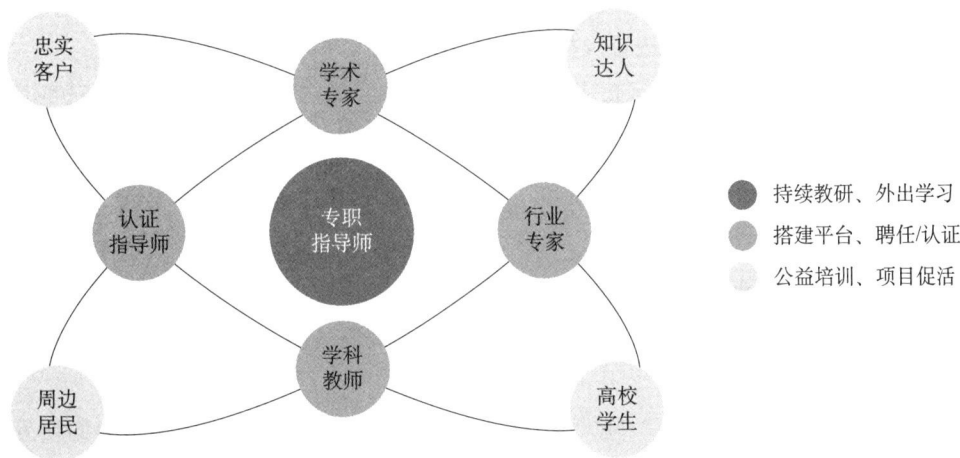

图 5-4　研学旅游基(营)地的研学旅游指导师队伍结构组成及发展方向

一、研学旅游指导师专兼职队伍的构成

1. 专职指导师

专职指导师是指基(营)地聘用的全职研学旅游指导师,主要分为讲解型指导师、活动型指导师、培训型指导师。

(1)讲解型指导师:主要职责是带领学生进行移动型讲解,通过风趣生动的讲解,有教育目标的提问及互动,让学生投入到场馆的观察、聆听、思考和互动中。

(2)活动型指导师:主要职责是讲授研学活动规则,指导学生在活动过程中的重点细节操作,促进学生实践过程中的沟通与合作,最终带领学生完成研学活动或研学成果的制作。

(3)培训型指导师:主要职责是进行科普型讲座、主题工作坊指导,能够将研学知识与学生的学科学习和日常生活进行链接和延伸性指导。

2. 兼职专业指导师

兼职专业指导师是指基(营)地从高校、中小学和研学旅游相关行业特聘的各领域专家或专业从业人员,包括学术专家、行业专家、学科教师、认证导师。

(1)学术专家:主要来自高校、研究所对应专业院校的教授或研究员,能为基(营)地研学课程的研发提供学术指导,就基(营)地的运营各模块进行学术研究,或在基(营)地开发的科研性质研学课程中对学生进行现场授课和指导。

(2)行业专家:主要来自与基(营)地研学主题相关的行业一线专家,如工程师、企业高管,能为基(营)地研学课程的研发提供行业前沿发展和应用指导,或在基(营)地开发的高端研学课程中对学生进行现场授课和指导。

(3)学科教师:主要来自与基(营)地研学主题相关的中小学校内学科教师,如历史、生物教师,能为基(营)地研学课程的研发提供各学段学科知识链接指导,或在基(营)地开发的学科素养类研学课程中对学生进行现场授课和指导。

(4)认证导师:主要来自持有各级别导游证的社会导游、持社会体育指导员证的体能教练和其他权威证件的活动指导师等,经过研学导师部的课程培训后,能在基(营)地需要大量指导师时提供现场指导。

3. 兼职助理指导师/辅导员

兼职助理指导师/辅导员是指基(营)地从高校、社区和客户群体中通过招募、培训、短期聘用、激励等制度维护起来的兼职指导师团队,包括知识达人、高校学生、周边居民、忠实客户。

(1)知识达人:主要来自各领域知识型自由职业者,能为基(营)地研学课程的研发提供对外输出和传播性的优化建议,在研学课程中对学生进行现场授课和辅助指导。

(2)高校学生:主要来自基(营)地所在区域的高校,能在业余时间参与基(营)地研学课程的助理指导师或辅导员工作。

(3)周边居民:主要来自基(营)地所在区域周边的社区或村镇,能在业余时间参与基(营)地研学课程的助理导师或辅导员工作。

(4)忠实客户:主要来自基(营)地忠实客户群体中热衷于研学事业或教育事业的人,如多年参与该基(营)地课程的高年级学生/成人,能在业余时间参与基(营)地研学课程的助理指导师或辅导员工作,通常以志愿者居多。

二、研学旅游指导师专兼职队伍的建设与培养

1. 专职指导师

专职指导师的建设需要与人事部门联合,通过公司内部竞聘、外部招聘完成。而专职指导师的培养可以借鉴学校教师队伍培养模式。

（1）内部培训：从培训内容来分，可以分为研学理论知识培训、教学技能培训、职业素养培训、项目管理培训、安全演练等。从岗位级别来分，可以分为入职岗前培训、初级指导师培训、中层管理培训、高管领导力培训、高级指导师研究能力培训等。

（2）教学研讨：从产品开发、落地执行、反馈优化等工作流程，可以分为市场需求研讨、产品开发研讨、课程磨课研讨、教学指导方法研讨、学生学情研讨、安全事故及预防处置办法研讨、项目复盘研讨、产品迭代及市场投入情况研讨等。

（3）外出学习：从导师团队学习发展的角度，可以向与基（营）地研学相关的高校、标杆基（营）地、中小学校等申请，派出导师团队进行观摩、听课、座谈、研讨等一系列学习。从导师个性化发展的角度，基（营）地需要政策制度支持指导师参与行业论坛、职业培训、非全日制高校进修或文凭课程等。

（4）评先评优：制定工作考核标准和绩效指标，开展季度、年度优秀研学旅游指导师评先评优、研学旅游指导师各项技能比赛等活动，并积极向上级单位和行业协会推荐优秀指导师参加各类评先评优和各比赛活动。

2. 兼职专业指导师

兼职专业指导师团队的建设，需要从合作研究、合作项目、合作授课三个方面搭建平台化合作机制，同时每年度对有卓越贡献的专业指导师进行精神和物质上的表彰及对外宣传，打造兼职专业指导师团队的荣誉体系。

（1）学术专家：通过高校横向课题、项目咨询、邀请专家培训或评审等机制、聘用专家为学术指导师等机制，与专家形成长期合作机制。

（2）行业专家：通过邀请制、聘用制、项目合作制、共建行业联盟等机制，与行业专家建立合作机制。

（3）学科教师：通过与教师所在中小学校建立合作共建单位，或由学校挂牌为该校研学实践基地等机制，邀请或聘用学科教师进行指导和教学。

（4）认证导师：面向社会招募兼职指导师，所有持相关证件的指导师通过基（营）地组织的研学专项培训和考核，考核通过者颁发本基（营）地认证的研学旅游指导师证，凡持此证者方可在本基（营）地开展符合合作条款的自主性研学活动或被聘为长期研学项目兼职指导师。

3. 兼职助理指导师/辅导员

兼职助理指导师/辅导员属于日薪制，流动性极大，需建立"兼职助理指导师漏斗"，并通过群运营的方式进行维护。该漏斗机制如下。

（1）种子指导师层：凡参与基（营）地定期举办的研学旅游指导师公益培训的人员，均成为该基（营）地"种子指导师"，纳入兼职指导师管理系统。

（2）热心指导师层：每年参与基（营）地开展的研学项目10次以内（含10次）或30小时以内（含30小时），进行单个板块或单个班级的辅导员工作，工作符合标准者，进入兼职指导师管理系统的"热心指导师"。

（3）营期指导师层：在"热心导师层"中筛选参与度高、工作突出的人员，成为多日研学营的助理指导师或辅导员，进行多个研学板块的辅导工作，并累积工作时长。凡成功参与一次研学营的指导师进入"营期指导师层"。

（4）荣誉指导师层：每年参与基（营）地开展的研学项目达 500 小时以上者，进入兼职指导师管理系统的"荣誉指导师层"，享更高报酬并可签订"认证指导师"相对应的聘用协议。

三、案例分析：千人团研学旅游指导师队伍建设

案例中的自然景区同一天的研学人数如有 1000 人，分 25 个班，则研学旅游指导师团队的配置如表 5-1 所示。

表 5-1　千人团研学旅游指导师团队配置表

岗　　位	人数/人	职　　责	储　　备	人数/人	专/兼职
项目总控	1	负责千人团项目总体布局与控场	总控助理	2	专职
路线指引	5	在固定点负责关键线路方向指引	路线机动	1	兼职辅导员
班级指导师	25	带领各班按研学线路逐步完成研学活动，并在过程中承担移动讲解任务	后备班导	3	兼职认证指导师
活动指导师	不超过5 人	视场地和单个活动所需，不超过 5 人，且每个场地主指导师仅需 1 人	助理指导师	不超过10 人	专职＋兼职专业指导师
培训指导师	1	负责大型讲座讲授	后备指导师	1	专职
安全员	5	每个重要场地至少 1 人，可由有安全应急资质的指导师兼任	机动	5	专职＋兼职专业指导师

【训练题】

一、自测题

1. 兼职专业指导师不包括（　　）。
　　A. 学术专家　　　　　　　　　　B. 行业专家
　　C. 学科教师　　　　　　　　　　D. 社区居民

2. 专职指导师队伍建设机制不包括（　　）。
　　A. 内部培训　　　　　　　　　　B. 指导师漏斗
　　C. 教学研讨　　　　　　　　　　D. 评先评优

3. 兼职助理指导师漏斗的主要运作机制是（　　）。
　　A. 参与时数　　　　　　　　　　B. 学术研讨
　　C. 基地挂牌　　　　　　　　　　D. 评先评优

二、讨论题

请分小组讨论，还有哪些人员可以纳入基（营）地的指导师队伍，可以运用什么机制进行

管理。

三、实践题

以小组为单位，走访一家研学旅游基地或营地，调研该基（营）地的研学旅游指导师专兼职队伍建设的实际情况和未来规划。

任务四　打造研学旅游指导培训体系

【任务概述】

本次任务依据研学旅游指导师胜任力模型和实际工作任务设计了四个职级、七大模块、85 个主题的研学旅游指导师培训体系，供研学旅游基（营）地打造学习型、成长型研学旅游指导师团队使用。

【案例导入】

上一任务提到的自然景区研学中心编制扩大，新招了 3 名应届毕业生，计划开展为期一个月的新员工入职培训，可是团队初建，还没有完善的培训体系，应该如何设计培训计划呢？

一、研学旅游指导师培训体系设计依据

研学旅游指导师的培训体系需要依据研学旅游指导师胜任力模型（见图 5-3）和实际工作任务进行设计（见图 5-5）。

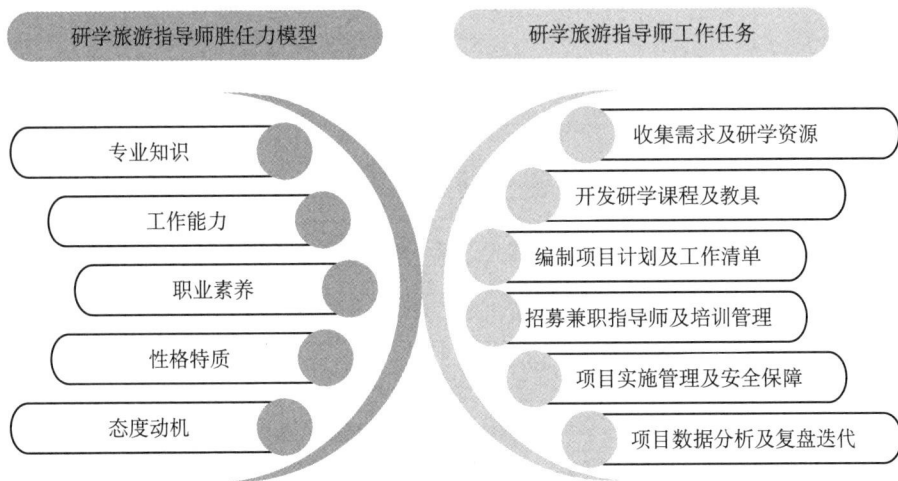

图 5-5　研学旅游指导师培训体系设计依据

二、研学旅游指导师培训体系

在研学旅游指导师培训体系设计依据(见图 5-5)下,以工作任务为主要模块,可在研学旅游基(营)地开展七大模块,共 85 个主题的培训内容,并依据职级进行分级培训(见表 5-2)。其中职级一级到四级可对应研学中心专职指导师的专员、主管、经理、总监四级。

表 5-2　基(营)地研学旅游指导师培训体系

序号	工作任务	胜任力	培 训 主 题	适配职级
1	收集需求及研学资源	专业知识	研学旅游政策与法规	一至四级
2			我国研学旅游基(营)地发展现状与趋势	一至四级
3			消费者心理学	一至四级
4			研学旅游供应链管理	三至四级
5			旅游、教育与研学市场开发	三至四级
6		工作能力	研学旅游市场调研	三至四级
7			全球研学旅游基(营)地标杆学习	三至四级
8			萃取基(营)地及周边的特色资源	一至四级
9			编制本基(营)地研学资源合作链条	四级
10			研学资源合作洽谈及谈判技巧	三至四级
11			研学旅游基(营)地客户需求管理流程及标准	一至四级
12	开发研学课程及教具	专业知识	研学主题对应的中小学教材解读	一至四级
13			研学旅游中的发展心理学	一至四级
14			研学旅游中的教育学理论	一至四级
15			研学旅游中的课程与教学论	一至四级
16			研学课程中的跨学科教学与应用	一至四级
17			研学课程中的游戏化设计理论	一至四级
18			中小学综合实践教育体系	一至四级
19			研学目标体系与学生发展核心素养	一至四级
20			研学旅游中的学习模式	一至四级

续表

序号	工作任务	胜任力	培训主题	适配职级
21	开发研学课程及教具	工作能力	研学旅游基（营）地产品体系的搭建	三至四级
22			半日、一日、多日课程设计流程	一至四级
23			课程方案的撰写与文案包装	一至二级
24			研学手册的开发及设计美学	一至二级
25			研学教具的开发及投产标准	一至四级
26			研学活动中的小游戏设计	一至四级
27			视频课程脚本撰写、拍摄及投放标准	一至四级
28			入校研学主题课程开发	一至四级
29	编制项目计划及工作清单	专业知识	研学旅游中的项目管理流程	一至四级
30			研学旅游中的清单管理	一至四级
31			研学旅游中的库存管理	一至四级
32			研学旅游中的安全应急知识	一至四级
33		工作能力	研学项目执行计划的撰写	一至三级
34			研学项目前—中—后各岗位工作清单	一至三级
35			研学项目物资清单	一至二级
36			撰写研学项目安全应急预案	一至二级
37			跨部门协作中的沟通与协调	一至四级
38	招募兼职指导师及培训管理	专业知识	研学旅游基（营）地兼职指导师管理体系	三至四级
39			研学旅游基（营）地校企合作机制	三至四级
40			研学指导师培训师培养体系	三至四级
41		工作能力	绘制兼职指导师人才画像	三至四级
42			兼职指导师群的群运营与选育用留	三至四级
43			兼职指导师培训课程设计	一至四级
44			研学项目执行演练	一至四级
45			兼职指导师的年度表彰会的策划与执行	二至四级
46			研学指导师培训师实战技巧	二至四级
47	项目实施管理及安全保障	专业知识	积极心理学与中小学生正面管教	一至四级
48			研学旅游基（营）地安全管理体系	三至四级
49			常见研学旅游基（营）地安全问题及防范处置	一至四级

序号	工作任务	胜任力		培 训 主 题	适配职级
50	项目实施管理及安全保障	专业知识		中小学生综合素质评价政策	一至四级
51				非暴力沟通	一至四级
52		工作能力		研学过程中"导研展评"的话语体系	一至四级
53				讲解技巧及考核办法	一至二级
54				活动指导技巧及常见问题应对	一至四级
55				学生培训及教学管理技巧	三至四级
56				研学中学生常见行为及指导技巧	一至四级
57				研学中的社会情商训练及指导技巧	一至四级
58				综合素质评价中的过程性评价与结果性评价技巧	一至四级
59	项目数据分析及复盘迭代	专业知识		研学旅游中的数据管理	一至四级
60				复盘理论及实践技巧	一至四级
61		工作能力		研学客户满意度调研	一至四级
62				研学成果展示及师生荣誉体系建设	一至四级
63				研学数据收集、整理、分析	一至四级
64				研学项目报表分析	三至四级
65				组织研学项目复盘工作坊	二至四级
66				研学旅游基（营）地项目工作手册迭代	二至四级
67	常规工作	职业素养	客户意识	客户思维指导服务流程	一至四级
68			服务意识	各类型研学项目服务流程设计	三至四级
69			敬业精神	打造有所作为的敬业型团队（标杆人物学习）	一至四级
70			责任心	增强责任心，提高执行力	一至四级
71			同理心	倾听的艺术与情绪管理	一至四级
72			纪律性	研学旅游项目中的纪律管理及指导师纪律守则	一至四级
73			安全意识	研学旅游基（营）地的安全隐患排查	·一至四级
74			成本意识	研学项目的成本结构与成本控制	一至四级
75			全局意识	研学旅游基（营）地全局意识与企业战略思维	一至四级

序号	工作任务	胜任力	培　训　主　题	适配职级
76	常规工作	性格特质	性格分类与教学风格培养	一至四级
77			好奇心与自驱力的培养	一至四级
78			性格、行为与人际关系改善	一至四级
79			不同类型的性格差异化沟通	一至四级
80		态度动机	研学旅游指导师的角色及岗位职责	一至四级
81			研学旅游指导师的职业发展路径	一至四级
82			研学旅游指导师的领导力提升	三至四级
83			全国范围内优秀研学旅游指导师标杆学习	一至四级
84			研学旅游的教育价值和社会价值	一至四级
85			研学旅游指导师的晋升及激励机制	一至四级

三、案例分析:新员工培训计划

对于该自然景区的新员工入职培训,人事部门与研学培训部门可按培训体系中涉及一级员工的培训主题结合景区工作实际,拟定新员工一个月培训计划(见表 5-3)。

表 5-3　新晋研学旅游指导师培训计划

序号	模　块	培　训　主　题	培训方式	培训时长
1	专业知识	研学旅游政策与法规	视频课	1 小时
2		自然主题研学相关教材解读	视频课	6 小时
3		景区研学课程体系	视频课+实战课	12 小时
4		研学课程中的教育学及心理学	视频课	1 小时
5		研学旅游中的学习模式	视频课	1 小时
6		研学旅游中的安全应急知识	视频课	1 小时
7		中小学生正面管教基础	视频课	3 小时
8		研学项目复盘基础	视频课	1 小时
9	工作能力	景区研学资源的萃取	实战课	3 小时
10		研学客户需求管理流程及标准	实战课	3 小时
11		半日研学课程设计及方案撰写	实战课	3 日
12		半日研学手册设计	实战课	3 日
13		研学项目工作任务清单及执行	实战课	3 日
14		研学项目安全演练	实战课	3 小时
15		讲解技巧及考核	实战课	2 周

续表

序号	模 块	培 训 主 题	培训方式	培训时长
16	工作能力	活动指导技巧及考核	实战课	2周
17		研学项目复盘工作坊	实战课	2天
18	职业素养	研学中的客户思维及服务流程	实战课	3小时
19		景区优秀指导师跟岗实习	实战课	1个月
20		非暴力沟通与倾听	实战课	3小时
21	性格特质	个人性格测试及解读	测试＋解读	1小时
22	态度动机	研学旅游指导师的角色及岗位职责	视频课	1小时
23		研学旅游指导师的职业发展路径	视频课＋标杆访谈	3小时

🔍【训练题】

一、自测题

1. 下面各项中属于开发研学课程的培训主题是（　　）。

　　A. 市场调研　　　　　　　　　　B. 项目管理流程

　　C. 安全应急预案　　　　　　　　D. 课程与教学论

2. 下面各项中属于性格特质的培训主题是（　　）。

　　A. 服务流程设计　　　　　　　　B. 性格与教学风格

　　C. 研学群运营　　　　　　　　　D. 活动指导技巧

3. 下面各项中不属于研学中心新员工的培训计划是（　　）。

　　A. 研学旅游政策与法规　　　　　B. 研学旅游市场调研

　　C. 研学旅游中的学习模式　　　　D. 非暴力沟通与倾听

二、讨论题

请分小组讨论，研学旅游指导师培训体系还可以有哪些培训主题。

三、实践题

以小组为单位，采访一个研学旅游基（营）地的团队，了解该团队目前的培训体系，以及其他培训需求。

🐾 任务五　指导师管理范例：研学旅游指导师的工作清单

✏️【任务概述】

在研学项目的前中后期，需要与客户、指导师团队、公司其他部门之间有非常多的沟通、协作,甚至摩擦。如果是项目当天有超过一千人以上的大团,需要的工作人员会更多,其执行复杂程度、犯错误的概率都会指数级增加。为减少犯错概率,让自己和团队能够持续、正确、安全地把事情做对。本任务内容从新人上岗、课程开发、研学执行、客户沟通、项目复盘等五个方面列举了研学旅游指导师的 9 个工作清单,为基(营)地规范化管理研学团队提供参考。

一、研学旅游指导师上岗自查清单范例

"研学旅游指导师上岗自查清单"(见表 5-4)适用于新员工试用期考察,为期三个月。

表 5-4　研学旅游指导师上岗自查清单

模　块	分　项	自 查 清 单
通识培训	专职指导师通识培训	□已完成 3 小时通识类线上培训 □已完成 32 小时内部新人培训工作坊 □通过新人入职学习考核
	兼职指导师通识培训	□已完成 3 小时通识类线上培训 □已完成 6 小时线下培训工作坊 □通过兼职培训线下考核及认证
课程设计	课程素材	□已尝试过所有的素材收集工具/网络,并有所偏好 □能用思维导图完成一个课程素材的收集与整理
	课程踩点	□已能独立主导完成一次偏课程设计的踩点任务 □能独立完成一份踩点报告
	课程方案	□已能独立完成一份课程方案 □已能独立完成一份导学清单、导学课件、网课讲稿 □已能独立完成一份研学手册
教学管理	课程讲解	□已能顺利完成一个研学地点的定点讲解 □已能顺利完成一次研学课程的全程移动讲解
	活动主持	□已掌握至少 10 个开场游戏并组织开场互动游戏环节 □能主持至少 2 个研学和展学活动环节
	特情应对	□已能处理常见的学生安全问题,出团期间无投诉 □已能处理常见的学生情绪问题,出团期间无投诉
课程执行	前期准备	□能独立主导完成一次偏课程执行的踩点任务 □能独立主持兼职导师培训 □已能独立完成课程物资准备
	中期执行	□已能独立完成一个百人团的现场运营管理工作 □已能作为第一助理完成一个 500 人团的现场执行 □已能作为机动人员完成一个千人团的现场执行
	后期复盘	□已能独立完成一份课程复盘表,并在内部分享

二、研学课程开发工作清单范例

研学课程开发工作清单范例如表5-5至表5-7所示。

表5-5 研学课程开发前踩点清单

模　块	分　项	自　查　清　单
踩点前	信息搜索	□网上搜索目的地信息,把搜索到的信息填到信息采集表上或另存文档
	外部联系	□与目的地工作人员取得联系,询问目的地详情 □预约踩点当天讲解服务、预约详谈
踩点时	资源采集	□完善踩点信息采集表、踩点资源采集表 □记录各资源点的位置,初步规划路线 □记录研学活动流程和亮点 □记录课程专业度(讲解水平、实践操作水平等)和体验感 □课程费用咨询、预估
踩点后	撰写踩点报告	□目的地基本信息梳理 □目的地资源分类和提炼、描述和评估 □关于课程设计的思考
	资料整合	□将所有资料(照片、录音、视频、文件)按照目的地的区域划分、行走路线或所属类别分开存放,并且排序、命名

表5-6 研学课程执行前二次踩点清单

模　块	自　查　清　单
研学点外围	□目的地定位 □附近道路有无限高限宽 □学生上下车的位置 □停车场位置 □团队入口 □学生的行走路线
研学点内部	□目的地开放时间 □洗手间位置 □合影地点(最少两个) □集合地点(如课程内有自由探究环节) □午餐地点及容纳量 □目的地课程容纳量(最大容纳量和最佳容纳量) □晴天、雨天预案
安全保障	□安保团队 □逃生通道 □警卫室、医务室位置及能提供的服务 □附近三甲医院和其他医院 □安全隐患(设备、施工、灾害、走失等风险)

表 5-7 研学课程设计工作清单

模 块	自 查 清 单	对接人员
课程需求	□课程需求沟通会 □课程开发确认表	销售
课程方案	□课程开发前踩点 □课程方案 Word 稿(两次修改范围内) □公众号推文 □招生海报制作	销售 平面设计师
课程手册	□学生研学手册 PDF 及制作 □指导师操作手册 PDF	平面设计师
导学内容	□导学资料清单 □导学短视频录制/线下讲座	
课程教具	□课程教具制作/采购	采购

三、研学项目执行工作清单范例

研学项目执行工作清单范例如表 5-8 至表 5-11 所示。

表 5-8 研学项目进度清单

模块	分 项	进 度 清 单	备 案 清 单
导学	行前导学	□清单导学 □直播导学 □入校/入班导学	
	开场导学	□开场游戏 □课程介绍	□备用游戏 □活跃气氛歌单
研学	上午场	□研学任务一 □研学任务二	□天气不佳备选任务 □场地占用备选任务
	下午场	□研学任务三 □研学任务四	□天气不佳备选任务 □场地占用备选任务
	夜间场	□夜间研学任务	□学员生日 party
展学	过程展学	□小组该环节展示	□时间不够,拍照在群里展示
	结课展学	□小组结课成果展示	
	返校展学	□微信推文 □成果展板 □班级展示 □校级成果汇报	
评学	过程评学	□过程中发现学生亮点及时给予正面评价	□负面行为给予正面期望性质的评价
	成果评学	□小组互评表	□平分时加赛机制
	结课评学	□小组总积分 □个人研学评价表 □一二三等奖奖品	□多款式奖品以备学生交换

表 5-9　研学项目执行中各岗位研学旅游指导师职责清单

模　块	岗位职责清单	指导师姓名(电话)
课程总控 (必选)	□提前与学校及内部人员进行课程执行细节沟通,制定执行方案 □根据执行方案提前培训课程指导师(含全职和兼职,线上和线下) □提前一天联系车队和相应司机,确定全程路线和车况、水等准备 □课程全程指挥车辆调度、各班任务临时调整、突发情况协调处理等 □随时与校方负责人沟通与协调 □主持全团性分享会 □返程整理复盘资料、报销凭据	
机动人员 (可选)	□协助总控进行执行方案梳理,清楚各环节及应对措施 □协助总控进行课程导师培训 □协助总控进行现场某个关键位置的协调和应急处理 □返程协助总控进行资料回收和复盘准备	
班级指导师 (必选)	□进班前与班主任沟通,提前了解班级情况和老师常规管理方法 □讲解本次课程内容和班级管理规则,组织班级性的相关研学活动 □与总控密切沟通班级课程执行情况,及时做出调整和应对 □协调处理各小组指导师的现场突发情况 □随时与班级随队教师沟通与协调 □发放和回收班级研学物资、照片等 □给予总控班级研学情况相关反馈(优秀、不足、建议)	
小组指导师 (可选)	□尽快与每一位组员熟悉,包括姓名、性格、兴趣、特长等 □组织小组参与各项研学任务,并协调组内学生争端与其他情况 □与班级指导师密切沟通,确保全组课程体验度 □协助班级指导师发放和回收物资、照片等	
讲解指导师 (可选)	□熟悉所负责区域的讲解词,并能根据自己的理解进行加工 □按照安排表进行现场讲解,并能灵活应对学生提问 □给予总控讲解方面的相关反馈(优秀、不足、建议)	
生活辅导员 (可选)	□提前协调课程中的用餐、住宿情况 □夜间查房,协调处理学生情况 (大部分时候职能并入机动人员/小组指导师)	

表 5-10　研学项目中团队活动准备清单

模　块	活动名称	活动流程清单	物料清单
团队破冰	特点对对碰	□每人发放一张配对卡 □10分钟内在小组中寻找与卡中特点相匹配的人,请他签名 □向小组成员介绍其中一位的特点	配对卡 签字笔
课程导入	一起 BINGO	□每组发放一张九宫格 □让每组从纸盒里面选择与课程主题相关的词条,贴在九个格子里 □随着老师公布课程任务,勾选被提及的词条 □最先完成九宫格的说 BINGO	九宫格的 A4 纸 纸盒 20 个词条/组 双面胶 签字笔

模块	活动名称	活动流程清单	物料清单
团队合作	呼啦圈	□每组发一个球，一个呼啦圈 □至少5个人拿着球穿过呼啦圈 □全组通过时间最短和最优创意者获胜	呼啦圈 篮球 节奏强的音乐
学习方法	思维贴贴贴	□一张A4纸上画出与课程相关的3～5个关键词，每组思考一个关键词 □每组成员将课程中与关键词相关的问题写在便利贴上，一张便利贴写一个 □便利贴贴上墙，贴在相应位置，讨论问题的解决方案 □小组轮换，帮其他小组提供解决建议 □组成课程思维导图，提供展学样板	A4纸 便利贴 马克笔 签字笔
情绪管理	情绪调节术	□热身游戏：拍7令 □消极情绪的危害 □我是怎样调节情绪的 □"情绪调节术"大集合 □选择与行动	A4纸 便利贴 签字笔 每段适合的音乐

表 5-11　研学项目中小组积分与评价清单

模　块	积　分　项	当日积分	备注
研学任务	□完成任务一，并取得名次		
	□完成任务二，并取得名次		
	□完成任务三，并取得名次		
研学纪律	□时间管理：各环节准时		
	□生活管理：生活自理，无物品丢失		
	□公共意识：公共场合懂礼节，无投诉		
	□手机管理：学习过程不游戏，晚上按时上交		
展学成果	□完成研学手册，特别优秀者另加分		
	□完成展学任务，并取得名次		
团队氛围	□积极讨论，无过激争执		
	□全员参与，无局外人		
	□与他组友好相处，互帮互助，无恶性竞争		
特别贡献	（指导师填）		
小组当日总分			
小组当日闪光点			
（从学习态度、言谈举止、能力提升、情绪管理、生活管理等多角度发现点滴进步）			

四、研学客户沟通清单范例

研学客户沟通清单范例如表 5-12、表 5-13 所示。

表 5-12　学校沟通清单

模　块	分　项	沟　通　清　单
出方案前	校长	沟通学校校本文化、校长治校理念，确定课程方向 沟通课程框架，确定课程规范
	负责中层领导	沟通课程方案细节，并根据意见进行调整 确定课程方案终稿，协助各项下层沟通与宣传事宜
课程执行前	负责中层领导	沟通课程执行细节，并根据意见进行调整 确定课程执行细节，获取学生和随团教师相关信息 发放通知书和导学资料
	随团教师	了解随队教师情况（性别、学科、性格等） 了解该教师对本团学生的评价和引导建议 沟通研学过程中需要随团教师了解、准备和协助的事宜
课程执行中	随团教师	根据现场情况及时沟通后续调整方案 及时沟通处理随团教师情绪
	分管领导	大型调整需及时与分管领导沟通后续调整方案
课程结束后	随团教师	沟通课程设计、执行效果、指导师水平等方面的反馈及后续改进建议
	分管领导	沟通课程设计、执行效果、指导师水平、整体服务水平等方面的反馈及后续改进建议 沟通后续联合宣传工作细节
	校长	沟通课程整体服务效果与后续改进建议
校方沟通 技巧反思		

表 5-13　家长沟通清单

模　块	分　项	联络话术清单
课程执行前	行前调研	□发放调研表，请家长认真填写学生学习能力、性格特征、兴趣特长、饮食禁忌、住宿禁忌、家长联系方式等 □整理调研表，个别特殊情况需电话与家长沟通，了解特殊情况的过往发生史和处理办法，并与相关指导师沟通
	行前准备	□发放行前导学和准备清单（出团通知书），提醒家长与孩子共同做好行前准备 □耐心解答家长的行前疑问 □如有家长不想准备，则提供替代方案或制造大家都会做的氛围

模　块	分　项	联络话术清单
课程执行中	学习情况	□拍照,实时上传同学专注学习的照片,文字标注此时正在完成什么学习任务,个别闪光点要用图文明确描述 □如有家长期望看到自己的孩子,立马寻找该同学并拍照上传,配上该同学的学习细节的简短描述 □每天定时
	生活情况	□及时拍照上传学生的餐饮、住宿情况 □每天定时叫醒和晚间查房,并告知家长大概情况 □如有特殊情况,第一时间告知家长现场情况,征得许可或给予建议后立即处理,并在处理后及时告知家长情况
课程结束后	课程评价	□发放课程评价表,要请家长评价课程设计、服务、导师等 □整理评价表,个别特殊评价需电话回访,收集反馈及建议
	后续宣传	□感谢家长的全程支持,并对后续课程进行简单预告,邀请家长持续关注
家长沟通技巧反思		

五、研学项目复盘清单范例

研学项目复盘清单范例如表 5-14 所示。

表 5-14　研学项目复盘清单

模　块	复盘清单	期待目标	实际情况	改进建议
学习指标	导学完成率			
	研学手册完成率			
	展学成果优品率			
	评学数据分析			
	课程设计满意度			
指导师指标	指导师必达任务完成率			
	指导师拍摄照片优品率			
	指导师讲解水平满意度			
	指导师指导水平满意度			
	指导师管理水平满意度			
服务体验	餐饮满意度			
	交通满意度			
	住宿满意度			
	客服满意度			

续表

模　块	复 盘 清 单	期待目标	实际情况	改进建议
合作方	配合响应时长			
	实际服务能力匹配度			
	其他潜在合作方向			
情绪曲线				
下一步优化方案				

【训练题】

以小组为单位，设计研学项目中一个维度的工作清单。

项目六

研学旅游基(营)地的服务流程制订

研学旅游基(营)地是服务型企业,为研学客户提供优质的服务,使客户获得良好体验是研学旅游基(营)地的重要目标之一。制订完善的服务流程是输出优质服务的基础,那么如何制订服务流程呢？要制订完善的服务流程,必须厘清整个服务过程中各利益相关者,以及为研学客户提供的服务内容。此外,还要明确客户的需求及服务的关键时刻。而服务蓝图是帮助完善流程、优化流程的有效工具。通过本项目的学习,学生能够对服务流程的制订方法获得清晰的认知。

学习目标

1. 知识目标

(1) 了解研学服务过程中利益相关者的构成。

(2) 了解服务流程制订过程中需要厘清的各项内容。

(3) 了解接待不同的研学客户需要制订不同的服务流程。

2. 能力目标

(1) 具备分析各类客户不同需求的能力。

(2) 学会制作服务蓝图。

3. 素养目标

(1) 提升对整体服务流程的把控力。

(2) 具备良好的服务意识,并在服务过程中给予研学客户良好的体验。

📖 学习重点和学习难点

1. 学习重点

学会根据不同客户及不同类型的研学活动制订不同的服务流程。

2. 学习难点

研学旅游基(营)地在服务不同类型的客户时需要制订不同的服务流程,识别各服务过程中的利益相关者及客户需求是本项任务的难点所在。

🚩 知识导图

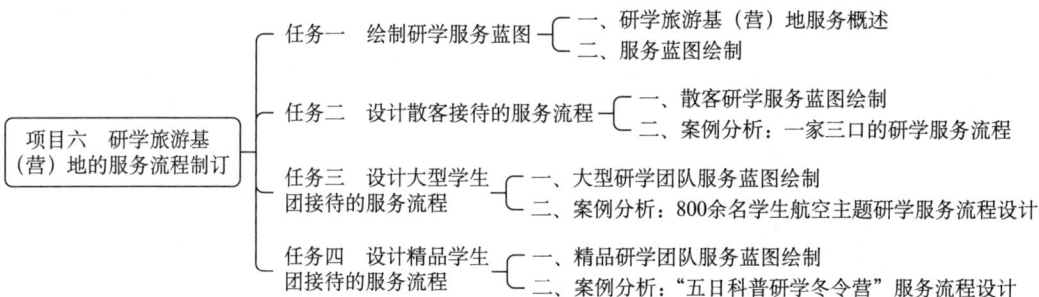

任务一　绘制研学服务蓝图

✏️【任务概述】

研学服务涵盖的内容非常广泛,本任务将向大家介绍研学服务究竟涵盖了哪些服务。在众多服务中,接待服务是重中之重,接待服务的好坏直接影响着整个研学旅游的体验感。各研学旅游基(营)地基于自身特色及对研学客户需求的充分挖掘,制订服务标准流程并设计差异化服务细节是获得客户良好口碑的关键。

绘制服务蓝图是制订服务标准流程及打造服务中峰值体验的好方法。通过本次任务学习,掌握服务蓝图的构成及绘制方法。

📝【案例导入】

研学旅游是"旅游＋教育"的新模式、新业态。客户对于研学旅游的体验要求也越来越高。某家以海洋生物为主题的大型乐园,不仅建有各种类型的游乐设备,更有品种多样的海洋生物。乐园为了优化客户的研学体验,不断探索升级优质研学服务流程。那么在升级研学服务流程时,应该如何做才能事半功倍呢?

一、研学旅游基(营)地服务概述

在研学旅游活动中,研学旅游基(营)地是开展研学活动的重要载体,是顺利完成研学教育目标的重要依托与保障。不仅如此,研学旅游基(营)地的服务管理质量也直接影响着学生的体验感。

研学旅游基(营)地所提供的服务大致可以归纳为四大类别,其中包括教育服务、配套服务、辅助服务及接待服务。

1. 教育服务

教育服务是指研学旅游基(营)地在开展研学活动的过程中,根据研学目标需求,结合自身资源及各学龄段学生的特点,对研学场地进行规划,并开发、设计出不同主题的研学配套课程体系,从而满足不同学龄段学生研学教育需求的服务。研学课程设计与研学课程实施构成了研学教育服务的核心。

2. 配套服务

配套服务是指研学旅游基(营)地为了满足研学活动多元化、多样化的服务需求,通过整合服务能力,提供整体解决方案,使学生在基(营)地获得尽可能多的服务保障与良好体验,并且能够顺利安全地完成研学旅游活动。研学旅游基(营)地的配套服务中包括标识服务、交通服务、餐饮服务与住宿服务等。无论哪一种配套服务,都在整体研学活动中起着至关重要的作用。

3. 辅助服务

辅助服务是指研学旅游活动中对于教育服务的高效赋能,也是对于研学活动安全性的保障。辅助服务中通常包括卫生服务、信息化服务以及安全服务三部分内容。其中,卫生服务是研学旅游基(营)地根据自身特色为学生提供的具有人性化、科学化的医疗管理服务;信息化服务是一个以信息技术及高科技手段为研学教育提供更多特色课程,为研学活动中可能出现的各种问题提供优质解决方案,并为研学产业的转型升级、提高管理水平和效率提供关键推动力量;安全服务是研学主办方和研学旅游基(营)地为了保障活动安全而采取的一系列综合性服务活动。

4. 接待服务

接待服务贯穿整个研学活动的前、中、后期,是研学活动中基(营)地与学生产生接触点最多的过程,也是对学生的研学体验感造成直接影响的关键服务。研学活动前、中、后期的接待服务紧密相连,环环相扣,对研学服务的客户满意度起到决定性作用。对于研学旅游基(营)地而言,研学前的接待服务包含接受业务、签订合同、制订实施计划、人员培训计划、检查落实等;研学中的接待服务包含迎接、引领、教学、安全管理、应急处置、活动管理、用餐管理、住宿管理、摄影摄像等;研学后的接待服务包含欢送、收集反馈和研学感受、成果分享等。

本任务的重点在于如何把这些看似零散的接待服务环节用一种系统而有逻辑的方式进

行串联,并且有依据地去做好服务流程的制订和迭代,这对研学服务品质管理起到至关重要的作用。

二、服务蓝图绘制

1. 绘制服务蓝图对于厘清服务流程的重要性

自 2013 年国务院颁布《国民旅游休闲纲要(2013—2020 年)》文件以来,国家层面陆续出台一系列政策,特别是 2016 年教育部联合 11 部门发布《关于推进中小学生研学旅游的意见》,全国中小学研学旅游渐入佳境。随着研学旅游行业在我国的高速发展,各种问题也随之出现。为了强化研学旅游活动的效果,主办方、承办方与供应方等服务群体必须提供适合研学旅游开展的条件。目前,国家层面对研学旅游的主办方、承办方、供应方应该提供的服务内容做了相应规定,但是在具体的研学实施过程中,还缺乏明确的服务标准流程。而标准化服务流程的制定能为研学旅游高质量发展提供实践支撑,有利于指导研学旅游的顺利开展。

"流程"(process)是一系列具有目的性、重复性及程式化的行动,并通过这一系列单元的串联将任务合理化、透明化和共识化。

想要制定完善的研学旅游接待服务流程,首先要找到整个研学活动中的利益相关方。除了学生是客群主体,组织研学活动的主办方、做好必要衔接工作的承办方及提供基地课程、交通、住宿、餐饮等服务的供应方共同构成了研学旅游活动的利益相关层。在某些研学活动中,研学基地也是承办方。用解构的视角对各利益相关方在整个研学活动中的服务发生、交互和传递进行分析,以时间、程序(任务)和触点作为线索,对服务系统和流程进行视觉化的展示,能够让服务团队更直观地看到服务中提供服务方与被服务方之间的"服务接触"。

"服务接触"一词最早出现于 20 世纪 80 年代初期。狭义的服务接触理论是指客户与服务人员直接的互动。广义的服务接触理论认为客户与服务系统的所有接触点都属于服务接触的范畴。广义的服务接触理论主要分为三类:客户与服务人员的接触、客户与服务系统环境的接触、客户与服务系统可视物的接触。其中,客户与服务人员的接触又分为面对面的接触和借助电话、网络等设备的远程接触。在研学活动中,其主要的服务触点是由参与研学活动的散客或团队、研学旅游基(营)地的工作人员、专兼职研学旅游指导师所构成,他们发生直接接触互动,也是服务触点优化的重点。其次,政府与景区直接产生接触,提供政策、资金等支持,与客户间接产生联系。

服务关键时刻(MOT)是客户与基(营)地的各种资源发生接触的重要一刻,这个时刻决定了整个研学旅游基(营)地在客户心中的形象。绘制服务蓝图可以帮助更好地了解服务发生过程中的每一个触点以及背后的底层逻辑,也是帮助找到服务关键时刻的好方法。服务蓝图由美国管理学专家 Lynn Shostack 提出,它的基础就是充分了解客户的观点与想法,以客户为导向,描述客户所需要的服务类型,并通过流程图的形式表现出来。

在研学旅游接待服务中,运用服务蓝图这种服务系统设计的流程图,不仅可以帮助尽可能系统地、全面地整理、分析出影响研学旅游活动的体验因子，还有利于对既定服务流程进行优化，增加体验点，并有针对性地对一些服务的薄弱点进行改进，以增强客户体验，提高研学旅游的整体质量。

2. 如何绘制服务蓝图

服务蓝图主要由四种行为、三条分界线、连接行为的流向线和设置在客户行为上方的有形展示构建而成，如表 6-1 所示。

表 6-1　服务蓝图的四种行为构成

行　为	内　容	行　为　主　体
客户行为	展示客户从进入到离开服务系统的整个行为过程，把客户的行为步骤和行为过程置于服务蓝图的上方，是为了突出以客户为中心的服务理念	研学旅游客户
前台服务行为	前台直接与客户接触且服务于客户的员工行为，是客户能够直接感受到且看得见的行为活动	整个研学旅游过程中服务于客户，并且与客户产生直接接触的员工
后台行为	发生在幕后、不直接与客户发生接触的员工行为	不与客户产生直接接触，保障服务能够顺利完成的员工 例如：景区官网的技术维护人员等
系统支持行为	组织内部给前台与后台员工的支持性工作内容	可以是系统性文件或管理系统等 例如：SOP 等

服务蓝图的建立一般可以分为五个阶段。

（1）识别将要建立服务蓝图的服务过程，明确对象。

（2）识别客户对服务的经历，从客户的角度以流程图的形式展现服务过程。

（3）描述客户与前台服务人员、后台服务人员的接触行为。

（4）将客户行为、服务人员行为与其对应的支持功能相连。

（5）把客户行为利用可视化的内容展现出来，包括其看到的、听到的、肢体感受到的以及脑海联想到的内容等。

在绘制服务蓝图时，要尽可能详细、准确地描述客户行为。在横轴上标注客户使用该产品的所有过程，切记从客户的角度来标记这些互动，而不是从产品功能或触点的角度。添加对项目有用的任何问题，例如，客户会接触到服务的"触点"、客户会打交道的人员以及客户会用到的相关设施等。此外，添加使用产品或服务过程中客户的情绪变化也能帮助对服务触点进行服务设计，从而提高客户满意度，如图 6-1 所示。

【主要术语】

SOP：standard operation procedures 的缩写，标准化操作流程。

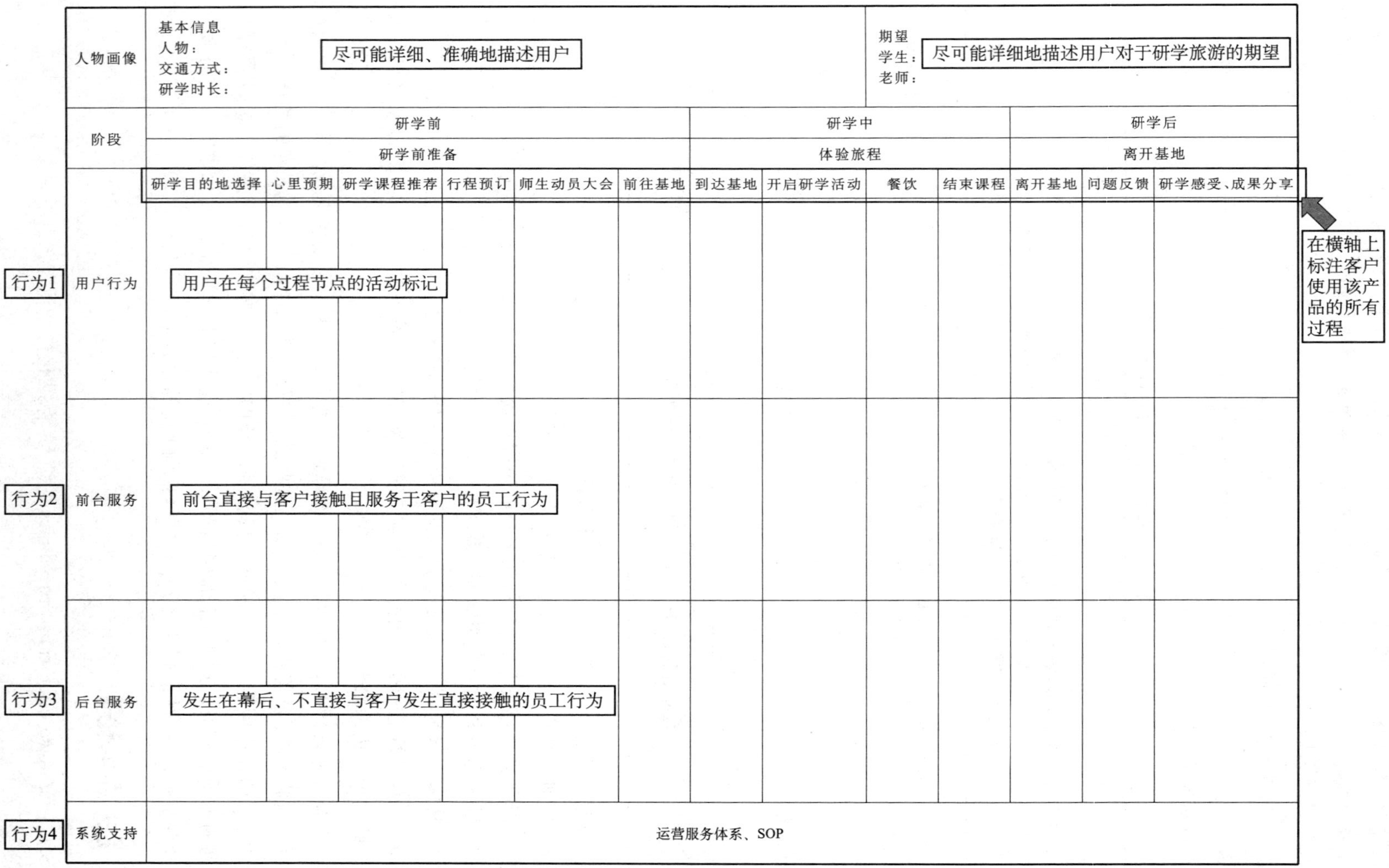

在横轴上标注客户使用该产品的所有过程

尽可能详细、准确地描述用户

尽可能能详细地描述用户对于研学旅游的期望

基本信息
人物：
交通方式：
研学时长：

期望
学生：
老师：

人物画像	基本信息 人物： 交通方式： 研学时长：												期望 学生： 老师：	
阶段	研学前				研学中						研学后			
	研学前准备				体验旅程						离开基地			
	研学目的地选择	心理预期	研学课程推荐	行程预订	师生动员大会	前往基地	到达基地	开启研学活动	研学活动	餐饮	结束课程	离开基地	问题反馈	研学感受、成果分享
用户行为（行为1）	用户在每个过程节点的活动标记													
前台服务（行为2）	前台直接与客户接触且服务于客户的员工行为													
后台服务（行为3）	发生在幕后，不直接与客户发生直接接触的员工行为													
系统支持（行为4）	运营服务体系，SOP													

图6-1 研学旅游服务蓝图模型

【训练题】

一、自测题

1. 下面各项中属于研学服务中配套服务的是(   )。

    A. 教育服务   B. 交通服务

    C. 接待服务   D. 卫生服务

2. 服务蓝图主要由四种行为组成,下面各项中不是构成服务蓝图的行为是(   )。

    A. 客户行为   B. 前台服务行为

    C. 后台服务行为   D. 主观意识行为

3. 下面各项中属于研学接待服务的是(   )。

    A. 课程开发   B. 交通服务

    C. 用餐管理   D. 标识服务

二、讨论题

以图 6-1 为例,请分小组讨论,客户在体验整个研学旅游的过程中会与服务人员发生哪些服务触点,后台服务又有哪些。

三、实践题

以小组为单位,走访一家研学旅游基地或营地,以图 6-1 为模型,绘制一份研学旅游客户服务蓝图。

任务二　设计散客接待的服务流程

【任务概述】

任务一讲述了研学接待服务设计的概念及方法,并通过对于研学旅游基(营)地接待团队流程的分析,展示了研学接待服务设计过程中需要厘清的关系及一般流程。

散客是研学客群中不可或缺的一部分,并且近年来散客研学需求也在与日俱增。对于研学旅游基(营)地来说,散客接待服务一直是难点和痛点。由于散客与团队在整个旅行过程中与基(营)地发生的服务触点不同,在做服务设计的过程中,需要通过绘制服务蓝图方法找准 MOT,并根据客户的需求去做精准的服务设计,这样才能达到提高客户满意度的终极目标。

本任务中,将以一家三口自驾前往主题度假区参加研学旅游为案例,学习分析整个研学旅游过程中的利益相关者、研学旅游基(营)地向客户提供的服务、客户与研学基地间发生的服务触点,并且通过绘制服务蓝图找到 MOT,做好精准的服务设计。

📋 【案例导入】

一家三口决定周末一起参加在主题度假区举办的一日研学活动,并于当天入住度假区的主题酒店。该家庭由 8 岁的孩子及 35 岁的父母组成,父母希望孩子在结束一周紧张的学习生活后,能够有机会释放天性地游玩,但是单纯的游玩对于学龄儿童来说又显得缺乏意义,于是他们选择了带孩子前往城市近郊的大型主题度假区度过愉快又有意义的周末。该度假区内的主题乐园不仅有孩子感兴趣的海洋生物,还有充满乐趣的骑乘设备及4D影院,度假区内更是配备了与众不同的主题酒店,此外,乐园所提供的散客研学服务,让孩子在游玩的同时还能够学到有趣的课外知识,可以说是寓教于乐的好选择。那么主题度假区在接待研学散客时应该在哪些服务细节上做好设计,从而使客户拥有良好的体验呢？

一、散客研学服务蓝图绘制

研学散客通常是指研学旅游基（营）地通过各种社会渠道（包括各种线上渠道,如公司公众号及小程序、OTA 等;以及线下直销渠道,如营销中心直接渠道及现场招募等）直接招募的亲子家庭群体。受政策及外部环境的影响,散客研学旅游渐渐成为趋势,做好散客研学旅游的接待服务刻不容缓。

在本项目任务一中曾提到,绘制服务蓝图时需要尽可能详尽地描述客户,并备注客户信息,在横轴上标注客户在主题度假区研学旅游的所有过程,在纵轴上罗列出各种问题及客户在体验过程中的情绪变化。为了做出更为有效的服务设计,必须厘清整个旅程中的利益相关者、客户需求、服务关键时刻等重要信息,如图 6-2 所示。

二、案例分析：一家三口的研学服务流程

1. 利益相关者及服务提供

研学旅游基（营）地为学生提供的服务一般分为内部服务与外部服务,旅游景区也是如此,内部服务与外部服务共同形成了散客研学的服务团队,为客户提供主题研学体验,与客户之间形成了利益相关者的关系（见图 6-3）。

在一家三口来到主题度假区游玩并参加研学活动的案例中,主题度假区为客户提供内部服务的团队主要由四大主体组成,分别为线上服务团队、主题酒店运营团队、主题乐园运营团队、研学服务团队。这些服务团队在各自领域所提供的服务如表 6-2所示。

基本信息：
一家三口周末前往主题度假区参加研学旅游
家庭成员：8岁的孩子和35岁的父母
交通方式：自驾
研学时长：一日

目标与期望：
希望带孩子度过愉快的亲子时光，不仅能够享受"主题游乐"，又能通过研学活动深度挖掘乐园的文化内涵，做到寓教于乐。在旅途过程中希望尽量简化流程、享受好的服务，并且目达到高效的时间分配。

人物											
阶段	入园前				在园中					离园后	
	出门准备	行程预订	前往度假区	安顿住宿	享受旅程				离开度假区	问题反馈	研学感受、成果分享
用户行为	研学准备	研学体验	交通问题	否	研学体验	游乐	餐饮	休闲	购物	离开主题度假区	收到电子问卷
	心里预期	研学课程推荐	是否需要预约车位	1.到达酒店 2.登记入住 3.安顿行李 4.收拾行李 5.开启住宿体验	开启研学体验	开启游乐体验	用餐体验	度假体验	购买纪念品、礼品	是否去周边景点 1.退房 2.回国家/去周边景点	分享、推荐给亲朋好友
	是否有明确研学目标	研学体验项目选择			开展研学旅行散客研学支排计划						
前台服务	研学计划清单		是	提供住宿	主题乐园履行散客研学旅行安排计划	1.游乐设备 2.主题演艺 3.主题活动	1.乐园餐饮供给	1.饮品、小吃供给 2.组织交流会	旅游商品供给、展陈	1.退房 2.回家/去周边景点 周边景点信息提供	分享来给亲朋好友
	是			线上预约							
后台服务		预估到达时间	车位预约	线上预订	智能讲解 研学活动时间安排 研学计划提醒安排 数据记录维修检查 客户信息提供 相关信息更新推送	用故事脚本、高科技、特效等让游客成为"故事一员"	预约订餐	预约订购	网上订购、配送	满意度调研推送	线上处理
情绪体验											展示游客分享

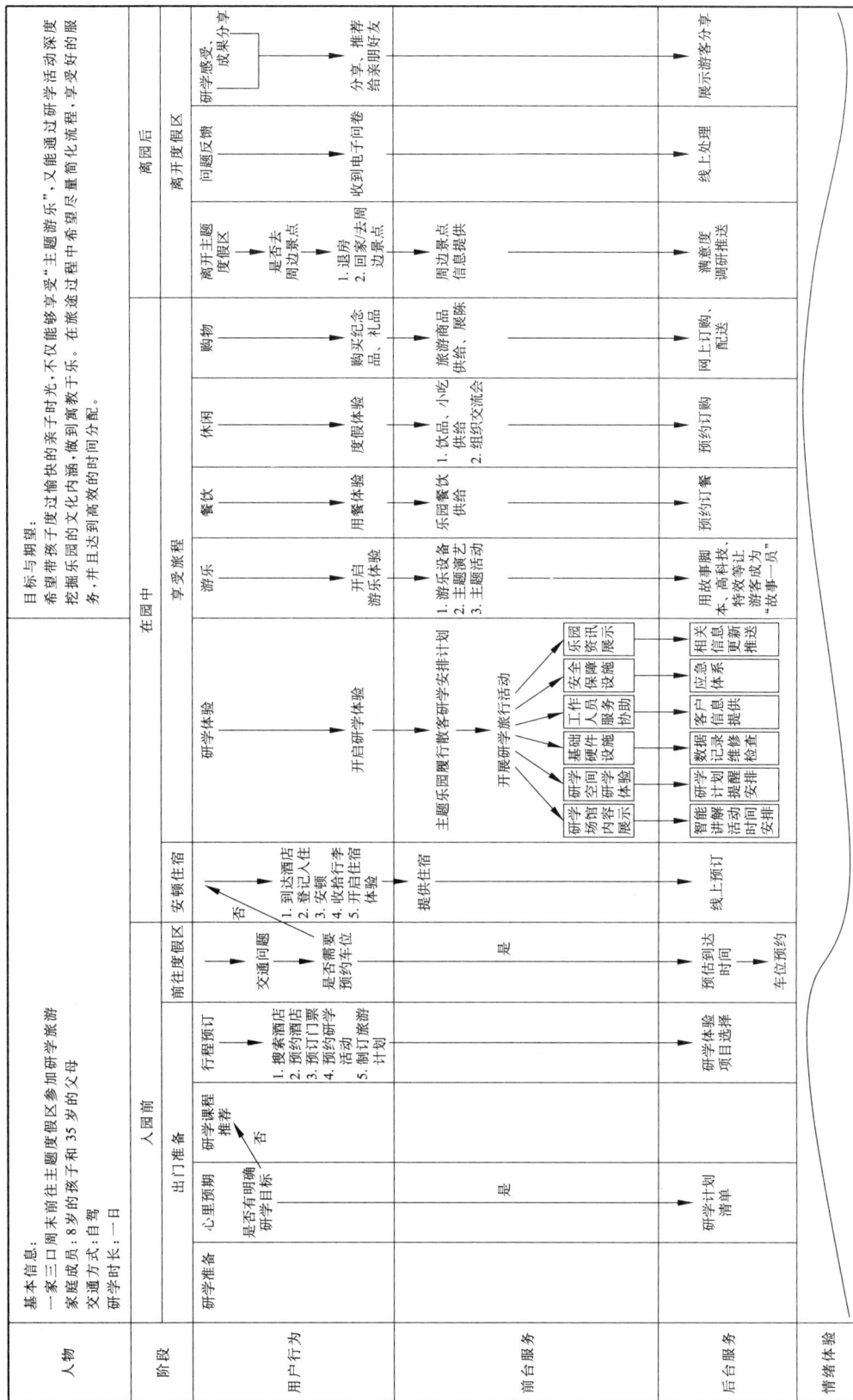

图6-2 散客研学服务蓝图

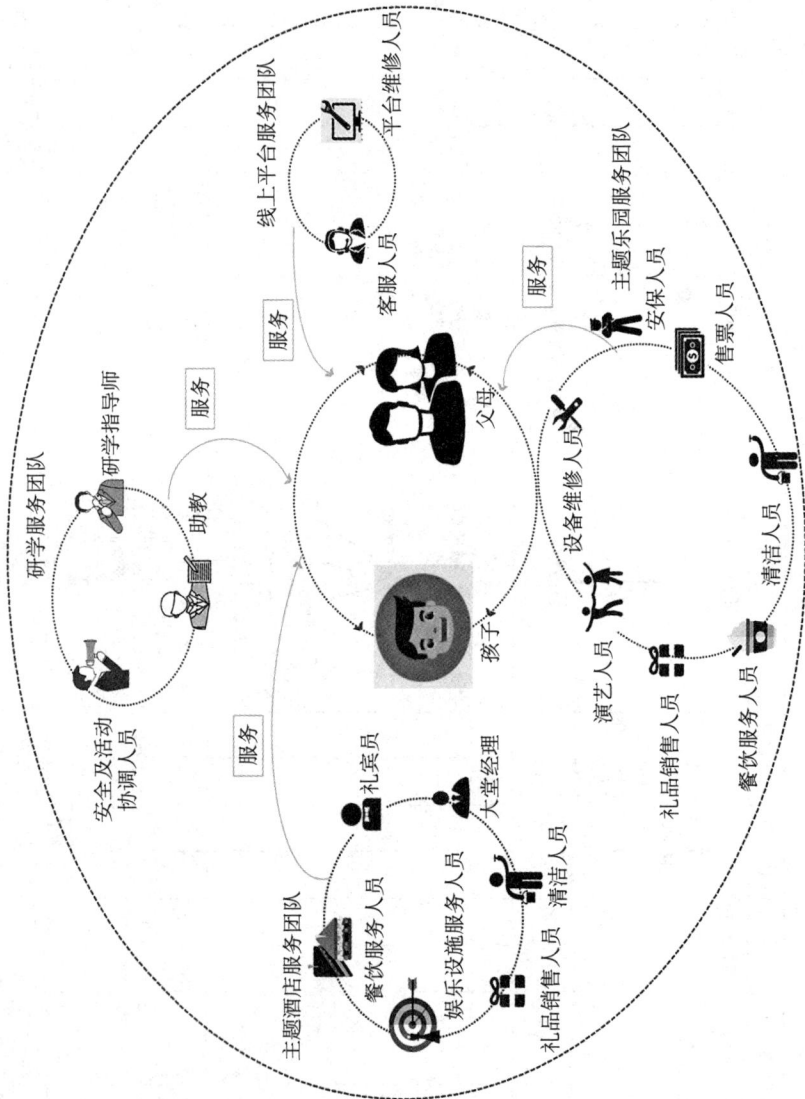

图 6-3 某主题乐园研学利益相关者

表 6-2 主题度假区散客研学旅游服务流程

阶段	团 队	提供服务内容	人 员 构 成
出游前	线上服务团队	提供园区资讯、研学服务资讯、线上平台维护	平台客服、客户中心客服、平台维护人员
在园中	主题酒店运营团队	为客户提供研学服务资讯及销售,客房、餐饮、礼品销售及各种娱乐配套设施	大堂经理、礼宾员、行李搬送员及客房、餐厅、商店服务人员
	主题乐园运营团队	在研学主题的指导下,通过各种主题包装及人员、音乐、声光电、高科技手段、主题演艺等为客户提供沉浸式研学体验	前场工作人员:售票员、游乐设备操作人员、安保员、清洁员、演艺表演人员、餐厅服务人员、商店服务人员等 后场工作人员:游乐设施维修人员、厨师、动物驯养师、乐园管理者
	研学服务团队	带领客户共同挖掘更深的科学、文化内涵,为客户叠加心理体验,并且负责组织及实施研学课程	研学旅游指导师、研学助教、安全管理员
离园后	线上服务团队	发送相关研学体验评估问卷给客户	平台客服、平台维护人员

除了内部服务团队,外部服务团队也是研学旅游能够顺利进行的保障。在主题乐园的散客研学场景下,外部服务团队往往会包括各领域的研学服务供应商,政府部门也常常为研学旅游基(营)地提供投资及各种研学资源的助力。

2. 客户需求分析

对于一家三口不同年龄段的家庭成员而言,在整个研学旅游过程中,各自的需求也不尽相同,他们的主要需求可以概括为以下方面。

(1)主题贯穿

"主题化研学体验"已经悄然成为热点,但由于目前主题乐园内各研学服务项目间仍缺乏有机的链接和合作,往往无法带给客户自始至终的沉浸式研学体验。

(2)流程简化

在整个研学旅游过程中,客户会与不同的研学服务团队进行接触,从一个研学场景切换到另一个研学场景是否流畅,是对现有运营团队及度假区服务运营流程的极大考验。

(3)共同玩乐

不同的家庭成员对于研学的需求及兴趣点有所不同,整个体验过程应该不仅满足孩子游乐和学习的需求,也要考虑到父母在陪伴孩子的亲子时光中,通过共同协作完成任务等方式,实现促进亲子感情增长的旅行目标。

3. 服务流程与服务触点分析

服务关键时刻(MOT)是客户与基(营)地的各种服务发生接触的关键时刻,这个时刻决定了整个基(营)地在客户心中的形象。所以找到那些能让亲子家庭印象深刻、体验达到峰值的研学活动或服务事件,是设计研学服务流程和吸引客户再来的关键点。

基于客户视角,对主题度假区包括研学活动在内的整个服务流程及在服务过程中发生的触点进行剖析。散客研学旅游过程中的服务关键时刻总体可分为六个部分。

(1)出门准备

客户通过主题度假区的官方平台获取乐园、酒店及研学课程的相关信息、研学攻略、优惠服务等信息。完善的官方信息平台能够帮助客户提前制订好研学行程计划,做好票务预订、研学场次预约,为客户减少不确定性造成的"出行焦虑",节约时间成本,增加研学活动的预订率。

（2）前往度假区

客户可通过官方平台事先预约车位,省去了客户寻找和等候车位的时间,避免客户在到达园区前因停车问题而产生负面情绪。

（3）安顿住宿

主题酒店向客户提供各种预算的主题客房,同时满足各类人群的住宿需求。不同风格的主题客房会让客户从入住酒店开始就能够拥有沉浸式体验。此外,酒店服务团队与研学服务团队联动,在客户办理入住时,向客户说明研学的日程安排及相关注意事项。

（4）享受旅程

案例中的一家三口在度假区的旅程主要分为两部分:研学活动及主题乐园其他游乐活动。在研学活动中,度假区用完善的基础设施,为客户消除可能存在的安全隐患;用科学统一的设计语言,规范度假区内部导视标识系统和科普导览系统,引导客户合理安排旅游线路,并提供度假区实时导航定位;用具有资历的专业研学指导师,带领客户一起深入挖掘主题乐园的文化内涵,为旅程赋予寓教于乐的意义;用完善的平台系统,为乐园内研学散客实时更新推送研学体验活动时间安排及预约路径,使研学活动的参与流程更加简洁易操作。在主题乐园的其他游乐活动中,乐园运营方通过官方平台告知客户各游乐设备及表演的等候时间,以免客户因等候时间过长而产生负面情绪;乐园还为客户准备美食、购物等服务,让客户度过充实而愉快的时光;经过严格培训的演职人员为客户呈现高品质的服务状态。

（5）离开度假区

客户在办理退房手续时,度假区提供与研学主题相关的小纪念品及周边研学信息,让客户在"旅程终点"达到体验峰值,从而产生复游、推荐的意愿。

（6）"离园后"阶段

主题度假区为了做好客户维护及运营改善,在客户离园后会通过电子邮件问卷的方式了解客户对于研学服务的态度及建议,及时进行分析与调整。

4. 情绪体验

对于服务企业来说,管理者对客户情绪的理解尤其重要,因为客户对研学产品和服务的情绪体验会最终影响他们的消费决定。因此,情绪体验是客户对研学产品感到满意的一个重要方面。客户积极的情绪体验对客户满意度和行为倾向有着正向的影响,而客户正向的行为倾向能够加强研学旅游基(营)地的竞争优势。

案例中的一家三口在不同服务关键时刻会产生不同的情绪体验。在"出门准备"阶段,随着对度假区平台信息的不断深入了解及预订行程等一系列行为的发生,客户对于研学旅游的期待值也在慢慢拉升,积极的情绪在"到达酒店"时达到了峰值。在"安顿住宿"阶段,由于兴奋感的退去,客户的情绪慢慢下降。随着研学活动及游园活动的展开,高品质的运营服务使客户的情绪再次拉升到高点。在"即将离开酒店"结束行程时,客户的情绪开始下降,此时,一些细节上的服务设计能帮助客户的情绪提升,从而在旅程终点能够意犹未尽。这也是著名的"峰终定律"所表述的内容:客户对一项事物体验之后,所能记住的就只是在"峰"与"终"(结束)时的体验,而在过程中好与不好体验的比重、好与不好体验时间的长短,对记忆基本没有影响。

在做散客研学接待的服务设计时,可以通过服务蓝图的绘制找到客户在整个旅程中的服务关键时刻,结合每个服务关键时刻客户可能发生的情绪体验变化,基于他们的需求进行精准的服务细节设计,这样才能保证所设计的每个服务流程对客户的体验都有正向作用。

【主要术语】

1. 心理体验:心理体验包括意识与智慧组合的思想、知觉、记忆、情感和想象力,也包括无意识的认知过程。

2. 演职人员:演职人员是指参加演出活动的演员、演奏者、编导、剧务及相关管理人员等。主题乐园呈现的是非日常空间,工作人员也是演员,因此常被称为"演职人员"。

3. 峰终定律:峰终定律是诺贝尔心理学家 Daniel Kahneman 经过深入研究,发现对体验的记忆由两个因素决定:高峰(无论是正向的还是负向的)时与结束时的感觉,这就是峰终定律(Peak-End Rule)。这条定律基于潜意识总结体验的特点:对一项事物体验之后,所能记住的就只是在峰与终时的体验,而在过程中好与不好体验的比重、好与不好体验的时间的长短,对记忆基本没有影响。

【训练题】

一、选择题

1. 下面各项中是研学散客接待难点的是( )。
   A. 分流方案制订　　　　　　　　B. 接待成本高
   C. 需要配置大量接待人员　　　　D. 行程制订困难

2. 客户对产品和服务的情绪体验,会影响他们的( )。
   A. 购买数量　　B. 购买成本　　C. 消费决定　　D. 行程计划

3. 根据峰值定律的描述,客户在体验一项食物后,所能记住的体验时刻是( )。
   A. 进店时刻　　　　　　　　　　B. 使用时刻
   C. 品尝时刻　　　　　　　　　　D. 高峰与结束时刻

二、讨论题

请分组讨论,在主题度假区的研学旅程中,如果将目光聚焦在"游览研学"这个环节,那么能找出哪些 MOT?

三、实践题

请以小组为单位,尝试运用服务设计的一系列方法对散客科技馆一日营的研学活动进行服务流程设计。

任务三　设计大型学生团接待的服务流程

【任务概述】

研学旅游基(营)地在接待超过 500 人以上的大型研学团队时会面临相当大的挑战。大型研学团队由于具有一次性参加研学活动人数多的特征，基（营）地在接待时必须从"事先安排"及"分流方案"两方面做缜密的考虑并制订周全的计划。

本任务的目标是学习如何通过厘清整个研学过程中的利益相关者、服务提供、客户需求等来制订服务流程及分流方案。

【案例导入】

近日，某航空基地雏鹰展翅航空文化科普研学基地迎来了秋季首个大型研学团队，来自某市的 800 余名学生开展了航空科技文化一日研学活动。通过模拟飞行、VR 体验、机场运控、航空管制、应急撤离等主题的沉浸式航空体验，以寓教于乐的方式让学生们深入学习航空知识，并且感受航空科技的魅力。在接待大型团队时，研学旅游基（营）地应该怎样制定好服务流程，让客户在整个研学过程中，不仅觉得次序井然，还能够在研学活动中获得良好体验呢？

一、大型研学团队服务蓝图绘制

大型研学团队一般是指由一所学校的多个班级或者多所学校联合组成的团队，共同前往研学旅游基（营）地，以开阔眼界、增长知识为目的的旅游教育活动。

大型研学团队由于一次到访基（营）地的人数较多，基（营）地在接待前、接待中、接待后所面临的问题不同，不同阶段的接待流程也应该做出相应的调整。在接待大型研学团队时，大部分研学旅游基（营）地首先需要考虑的是"顺利完成任务"，而在这样艰巨的任务中，收获"良好的游客满意度"往往很难做到。学生、校方老师作为研学团队的直接受众，对于研学产品及基（营）地的口碑起到了传播作用。研学旅游基（营）地是具有服务性质的企业，口碑对于服务型企业来说至关重要。从营销角度来说，良好的口碑不仅能够增加客户的黏性，还能够降低获客成本，帮助企业提高市场份额。

大型研学团队和一般的小型或者精品研学团队具有不同的特征。大型研学团队一般会选择一日研学活动，在整个研学过程中，由于团队人数较多，对于研学旅游基（营）地的接待能力是一个极大的考验。为了使研学活动进行得井然有序，又能够达到研学活动的教育目标，基（营）地必须考虑接待过程中如何根据各个场馆和配套设施的荷载能力对研学团队进行合理分流。此外，在团队人数较多的情况下，发生意外状况的可能性也随之提高，现场调度和指挥的角色必不可少。在接待大型研学团队前，基（营）地有必要成立做好研学旅游基础保障工作的接待组，接待组由总指挥统领，按照职能不同，可设立客服组、课程组、培训组、采购组、导师组、安全组、宣传组及应急组。这些小组贯穿整个研学活动，各司其职、互相合作，保障各个环节顺利推进，为客户获得良好的活动体验给予保障和支持。具体服务蓝图绘制如图 6-4 所示。

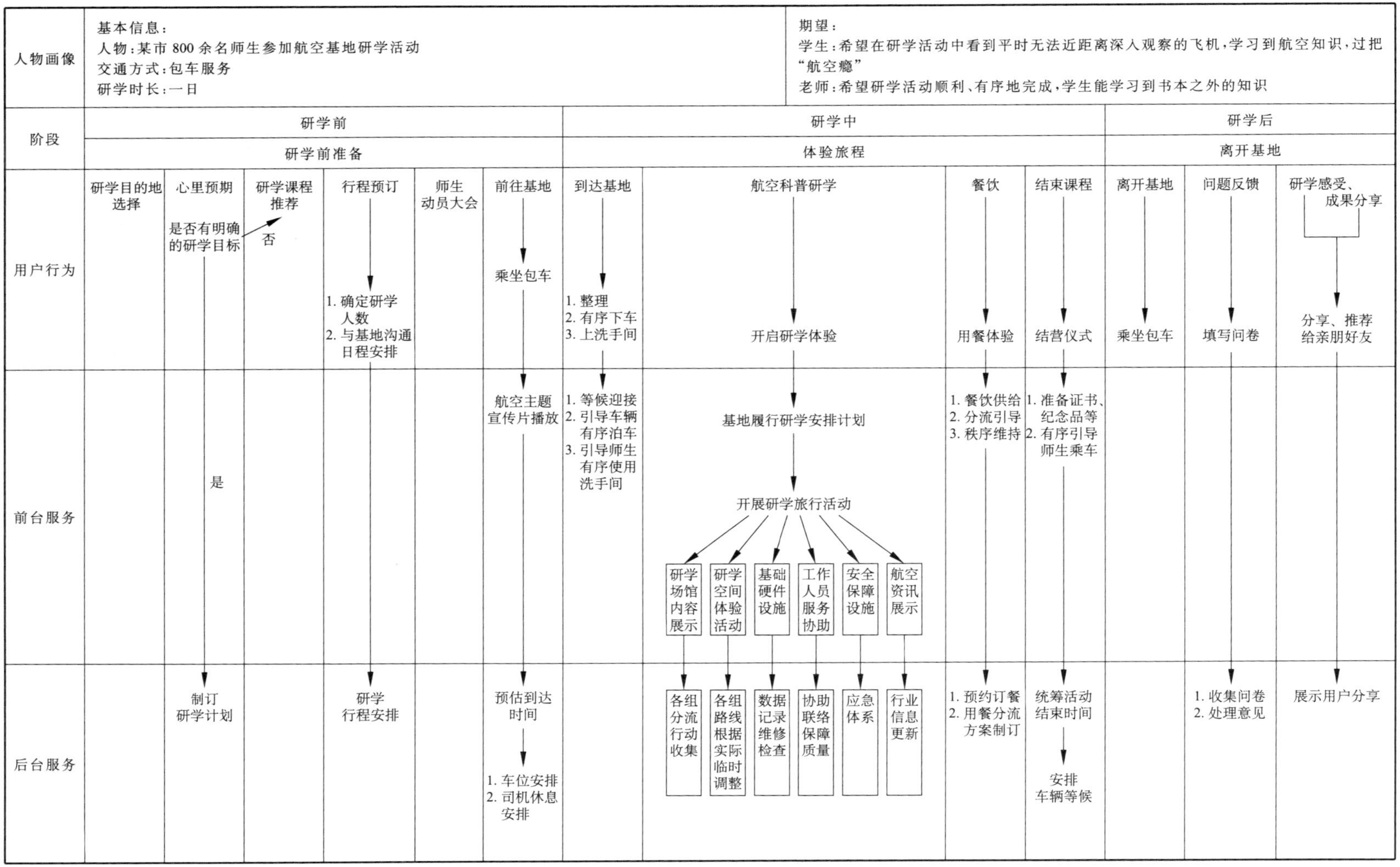
人物画像
基本信息：
人物：某市 800 余名师生参加航空基地研学活动
交通方式：包车服务
研学时长：一日
期望：
学生：希望在研学活动中看到平时无法近距离深入观察的飞机，学习到航空知识，过把“航空瘾”
老师：希望研学活动顺利、有序地完成，学生能学习到书本之外的知识
阶段
研学前
研学前准备
研学中
体验旅程
研学后
离开基地
用户行为
前台服务
后台服务
研学目的地选择
心里预期
是否有明确的研学目标
否
是
制订研学计划
研学课程推荐
行程预订
1. 确定研学人数
2. 与基地沟通日程安排
研学行程安排
师生动员大会
前往基地
乘坐包车
航空主题宣传片播放
预估到达时间
1. 车位安排
2. 司机休息安排
到达基地
1. 整理
2. 有序下车
3. 上洗手间
1. 等候迎接
2. 引导车辆有序泊车
3. 引导师生有序使用洗手间
航空科普研学
开启研学体验
基地履行研学安排计划
开展研学旅行活动
研学场馆内容展示
研学空间体验活动
基础硬件设施
工作人员服务协助
安全保障设施
航空资讯展示
各组分流行动收集
各组路线根据实际临时调整
数据记录维修检查
协助联络保障质量
应急体系
行业信息更新
餐饮
用餐体验
1. 餐饮供给
2. 分流引导
3. 秩序维持
1. 预约订餐
2. 用餐分流方案制订
结束课程
结营仪式
1. 准备证书、纪念品等
2. 有序引导师生乘车
统筹活动结束时间
安排车辆等候
离开基地
乘坐包车
问题反馈
填写问卷
1. 收集问卷
2. 处理意见
研学感受、成果分享
分享、推荐给亲朋好友
展示用户分享

图 6-4　大型研学团队接待服务蓝图

二、案例分析:800余名学生航空主题研学服务流程设计

1. 利益相关者及服务提供

研学旅游基(营)地在承接大型团队的研学活动时,一般会有一些外部供应商,例如车队或者第三方研学机构等,承接部分活动保障工作,这些外部供应商与研学旅游基(营)地的内部团队一起构成了研学活动的服务团队。这些服务团队为研学客户提供服务,并与客户之间形成了利益相关者的关系。

在某市800余名学生参加航空基地的航空科技研学活动案例中,研学基地为学生提供服务并与学生产生直接接触的团队主要由七大职能板块构成,其中包括客服组、课程组、后勤组、导师组、安全组、宣传组、应急组。这些小组由基地研学项目组总指挥进行统筹管理,分别在不同的职能板块提供服务与保障。他们提供的服务内容如表6-3所示。

表6-3 大型研学团队服务提供者及服务内容

阶 段	团 队	提供服务内容
研学前	客服组	负责研学活动前的各项对接工作及课程设计中的沟通工作
	课程组	负责研学课程设计及研学手册等教学材料制作
研学中	后勤组	负责研学中车辆调度,保障师生用车;做好司机的保障工作、安排好等待时间及车辆停泊区域;做好餐饮服务和保障
	导师组	组织学生参加本次研学互动,将研学课程输出给学生、做好现场辅导、研学活动效果评估及监督管理工作。一般情况下,学生与导师的配比为30:1
	安全组	做好安全巡查工作,对各个教学区域进行安排把控 负责带队、发放研学安全手册,随时关注研学团队的师生安全,对危险行为及时进行阻止,全面负责师生的日常安全管理
	宣传组	在研学活动中,负责摄影、摄像及制作宣传报道
	应急组	负责研学过程中的应急管理,处理各种突发事件 负责突发事件的处理与协调,及时向学校及基地领导汇报事件的过程和处理结果
研学后	客服组	负责活动结束后的售后服务、收集体验问卷等工作

除了基地的内部服务团队,外部服务团队也是保障研学活动能够顺利进行的重要组成部分。在本次航空基地的研学活动中,800余名师生的车辆由外部供应商提供,参加研学学生的餐饮也是由外部供应商提供。虽然一些服务内容由外部供应商承接,但是作为研学主办单位的航空基地对研学活动负主要责任,因此,所有由外部供应商提供的服务质量也必须由基(营)地的相关部门进行确认与把控。

2. 客户需求分析

所有能被称为"好的服务",一定是高效匹配了客户需求的服务。在制订服务流程、做服务设计前,必须清晰地了解客户的需求,知道客户想要什么,这样才能事半功倍。获知客户需求的方法有很多,可以采用问卷调查、深度访谈等方式。需求不是一成不变的,相同的客户在不同的场景下,需求会发生很大的变化。在某市800余名师生前往航空基地进行一日

研学活动的案例中,这些师生的主要需求可以概括为以下方面。

(1)对于学生而言,可以亲眼看到各种型号的飞机,并且体验开飞机的感觉,了解VR技术与航空业的结合,能够过一把"航空瘾"。

(2)对于同来研学的老师而言,希望学生们能够学习到课本以外的知识,开阔视野。同时,自己也能增长知识。

(3)对于师生和未参与研学的家长而言,在研学的过程中能够井然有序,各场馆和配套设施都不拥挤,能够安全、安心地顺利完成研学活动。

3. 服务流程与服务触点分析

在制订服务流程时,服务蓝图的绘制可以帮助大家厘清整个研学活动中客户与服务提供方之间的触点,系统地、全面地整理分析出影响研学旅游活动的体验因子,也有利于对既有的服务流程做出优化与改进。在绘制服务蓝图时,要识别客户对服务的经历,从客户的角度以流程图的形式展现服务过程,描述客户与前台服务人员、后台服务人员的接触行为,这就需要对整个服务流程的关键触点做出分析。在本任务800余名师生前往航空基地参加研学的案例中,服务接触的关键时刻可以分为以下几个部分。

(1)研学前的准备

客户在研学活动开展前,需要确定研学主题、课程内容,动员老师、学生、家长,介绍研学旅游的主题和行程,宣传研学旅游的意义,明确研学旅游的要求。在这一过程中,研学旅游基(营)地的客服组应该积极与学校研学负责人进行沟通,根据客户需求定制研学行程与课程方案,并配合客户给予相关资料。事先将研学活动的整个行程安排与分流计划告知客户,客户可以根据方案在研学动员会时落实到各个班组,这是后续研学活动能够顺利开展的保障。

(2)前往航空基地

800余名师生的出行保障是研学活动能够顺利完成的关键之一。从师生角度而言,车辆事先有序地安排,不等待;在车辆行驶过程中,播放与研学主题相关的宣传片;车辆到达后,有序驶入既定停车位,这些都是在前往基地过程中的客户体验点。后勤组需要安排好车辆的调度和停车区域的安排。

(3)到达航空基地

经过较长时间的车辆行驶后,有的师生有去洗手间的需求。此时,基(营)地应该做好分流方案,有序引导师生去洗手间,不产生过多的等候时间,保证研学活动高效进行。

(4)研学活动

根据本任务案例,面对800余人的大型研学活动,客户不仅希望能够充分感受航空科技的魅力,也希望整个活动过程不拥挤,不过多等候。航空基地为研学师生安排了模拟飞行、VR体验、机场运控和航空管制、应急撤离等多项主题的体验安排。基(营)地需根据每项体验活动的空间承载量及设备荷载能力,对师生进行分流安排。在接待大型研学团队时,时间和空间的分流是做好研学接待服务的关键点。

(5)就餐

与研学体验分流安排相同的是,就餐环节也需要根据基地食堂的容纳人数对各班组时间进行合理安排。在团队人数较多,而食堂或者餐厅无法满足团队同时就餐时,可分流安排或者用干粮等作为午餐,选择合适的地点就餐。

(6)离开航空基地

在最后一项课程中,发放研学课程结业证书及小纪念品,这样可以让客户对于研学活动产生深刻的记忆。在结束一天的研学活动后,基地后勤组需安排好车辆等候研学团队,并把师生安全送回学校。

4.分流方案

研学旅游基(营)地在接待超过500人的大型团队时,做好分流方案至关重要。分流方案可以解决由于人员密集而造成的拥挤,降低事故发生率,减少等候时间,从而提升研学活动效率,也能够使客户满意度得到保证。

根据服务蓝图中对于客户研学旅程的描述,在某些时刻需要进行分流方案的制定。分流方案可以体现在接待流程中,接待流程是研学旅游是否顺畅的重要内容,研学旅游基(营)地在接待研学团队前,应反复研究接待流程,必要时进行演练。接待流程要考虑好每个环节所需的时间及各种因素的影响,确保流程能够顺利完成。

在本任务案例中,800余名师生分为20个班组,研学教学点主要有五个:模拟飞行室、VR体验室、机场运控讲解和航空管制讲解及应急撤离演习。在制定分流方案时,需考虑各教学点的容量及教学设备荷载能力,分流接待流程可参考表6-4。

表6-4　800余名学生的研学团队接待流程

时　间		接 待 流 程
上午	08:30—09:30	研学团队经一小时车程抵达航空基地,基地工作人员安排车辆停放位置,等候迎接
	09:30—10:00	下车整顿。开放多个洗手间,引导有需求的师生前往
	10:00—10:50	模拟飞行室:班组1、2、3、4 VR体验室:班组5、6、7、8 机场运控:班组9、10、11、12 航空管制:班组13、14、15、16 应急撤离:班组17、18、19、20
	10:50—11:05	休息,分别前往下一教学点
	11:05—11:50	模拟飞行室:班组17、18、19、20 VR体验室:班组1、2、3、4 机场运控:班组5、6、7、8 航空管制:班组9、10、11、12 应急撤离:班组13、14、15、16
	11:50—12:00	结束上午行程,前往休息点/餐厅
下午	12:00—12:30	餐厅就餐:班组1～班组10(共400人) 休息点休息:班组11～班组20(共400余人)
	12:30—13:00	餐厅就餐:班组11～班组20(共400余人) 休息点休息:班组1～班组10(共400余人)

时　　　间		接　待　流　程
下午	13:10—13:55	模拟飞行室:班组 13、14、15、16 VR 体验室:班组 17、18、19、20 机场运控:班组 1、2、3、4 航空管制:班组 5、6、7、8 应急撤离:班组 9、10、11、12
	13:55—14:05	休息,分别前往下个教学点
	14:05—14:50	模拟飞行室:班组 9、10、11、12 VR 体验室:班组 13、14、15、16 机场运控:班组 17、18、19、20 航空管制:班组 1、2、3、4 应急撤离:班组 5、6、7、8
	14:50—15:05	休息,前往下个教学点
	15:05—15:50	模拟飞行室:班组 5、6、7、8 VR 体验室:班组 9、10、11、12 机场运控:班组 13、14、15、16 航空管制:班组 17、18、19、20 应急撤离:班组 1、2、3、4
	15:50—16:20	集合整队,结营仪式,发放证书
	16:20—16:30	有序乘车离开基地

【训练题】

一、自测题

1. 研学活动中,学生与指导师的配比一般为(　　)。

　　A. 20:1　　　　　　　　　　　　B. 30:1

　　C. 40:1　　　　　　　　　　　　D. 45:1

2. 接待超过 500 人的大型研学团队时,基(营)地的接待难点在于(　　)。

　　A. 人员配置　　　　　　　　　　B. 动员大会

　　C. 泊车安排　　　　　　　　　　D. 分流方案

3. 进行服务设计前必须充分了解的是(　　)。

　　A. 客户年龄　　　　　　　　　　B. 客户性别

　　C. 客户属性　　　　　　　　　　D. 客户需求

二、讨论题

请分组讨论,大型研学团队在整个研学旅游过程中客户情绪的变化,并试着配合服务蓝图(以图 6-4 为例)画出客户情绪变化曲线。

三、实践题

请以小组为单位,制订基(营)地接待 3000 人大型研学团队时的分流方案。

任务四　设计精品学生团接待的服务流程

【任务概述】

研学旅游基(营)地在接待多日冬(夏)令营团队时,不仅要关注研学课程质量,更要关注学生的生活情况和情绪变化。

学生从本任务中可以学习到如何通过厘清整个研学过程中的利益相关者、服务提供、客户需求等来制定服务流程及研学日程方案。

【案例导入】

某省科学中心具有科普教育、科技成果展示、国际学术交流和科普旅游四大功能。中心内设有 13 个常设主题展馆、多座科技影院、开放实验室和 1 个数字家庭体验馆,除此之外,大型生态湖及多种特色植物也为该中心开展科普研学活动提供了丰富的内容支撑。科学中心自开业以来,一直秉持着"玩不一样的项目,感受不一样的科学体验、沉浸式场景,从而激发孩子的学习兴趣和多元思考"的理念,接待着一批又一批的研学团队,获得了相当高的客户满意度。寒假期间,该科学中心打造了"五日科普研学冬令营"活动,中心将迎来由 40 名小学生组成的科普研学团队。那么在接待小规模精品学生团时,要如何做好服务设计,制订完善的服务流程,从而服务好研学客户呢?

一、精品研学团队服务蓝图绘制

精品研学团队通常指以研学旅游为目的组成的小规模团体,研学学生的数量往往不超过 40 人,研学组织者根据参团学生特点,基于课程目标,定制研学课程内容。由于团队人数较少,研学课程内容可以更为丰富,难度相对加深,同时研学时间也可相应加长。精品研学团在寒暑假及小长假期间越来越受到学生及家长的喜爱,如图 6-5 所示。

精品研学团整个旅程时间较长,对于研学旅游基(营)地来说,接待服务的内容更为复杂,接待重心不仅要着眼于有效的课程输出,也要着眼于研学客户的生活保障。研学旅游是一种新型旅游+教育产品,吃、住、行、游、购、娱是做好旅行服务必须关注的环节,研学旅游服务亦不例外,也需要从旅行服务的各个维度关注客户在整个旅程中的"关键时刻"。在接待学生独立研学团时,可以不考虑"购"的环节,但与此同时,学生因长时间离家可能产生的情绪变化需要得到基(营)地的研学服务团队的特别关注。

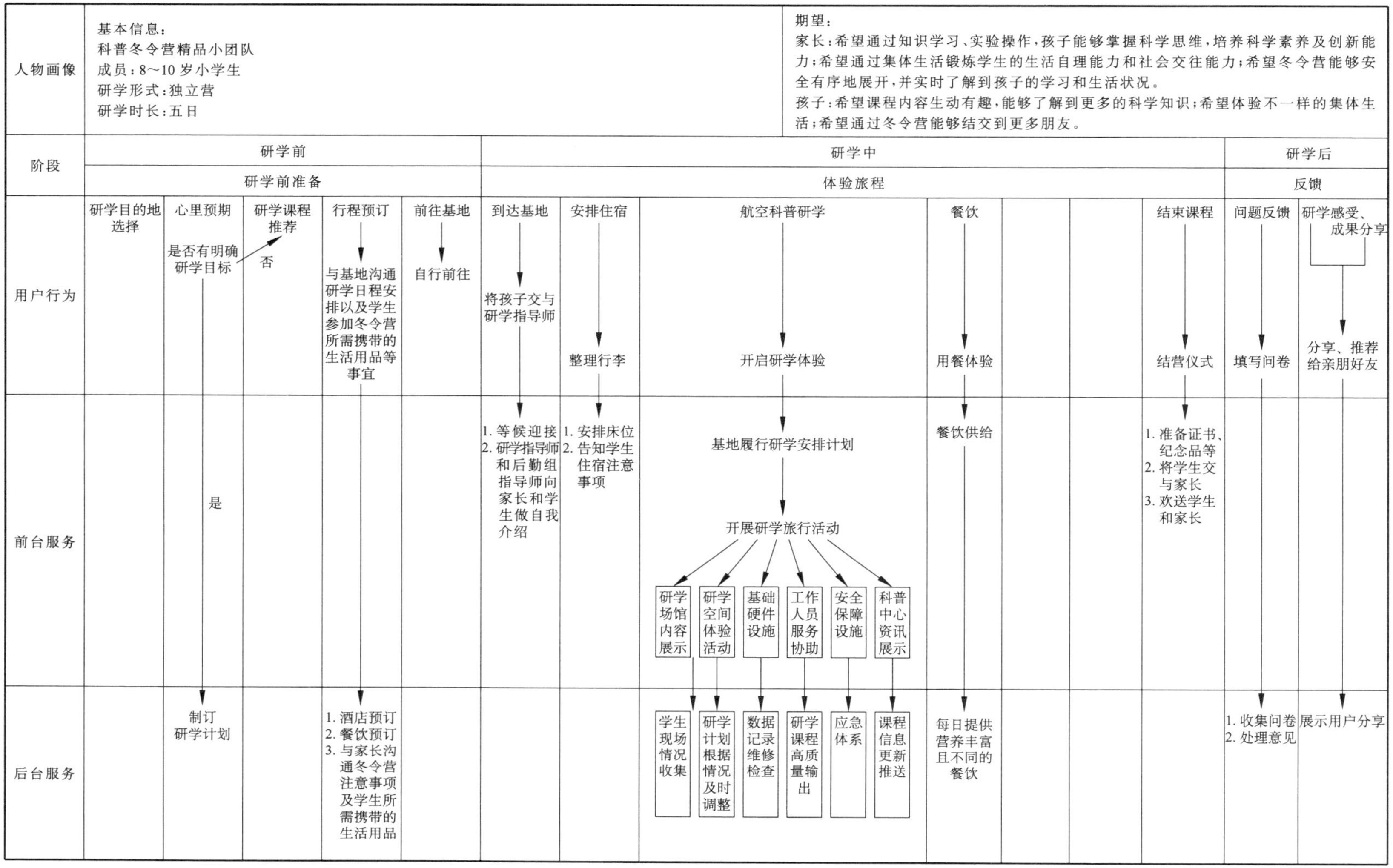

基本信息：
科普冬令营精品小团队
成员：8～10岁小学生
研学形式：独立营
研学时长：五日

期望：
家长：希望通过知识学习、实验操作，孩子能够锻炼学生的生活自理能力和社交往能力，希望冬令营能够安全有序地展开，并实时了解孩子的学习和生活状况。
孩子：希望课程内容生动有趣，能够了解到更多的科学知识；希望体验不一样的集体生活；希望通过冬令营结交到更多朋友。

期望：
希望通过知识学习、实验操作，孩子能够掌握科学素养及创新能力；希望通过集体展开，培养科学思维，掌握科学能力和社会交往能力和生活状况。

人物画像											
阶段	研学前					研学中				研学后	
	研学前准备					体验旅程				反馈	
用户行为	研学目的地选择	心里预期 是否有明确研学目标	研学课程推荐 否 / 是	行程预订 与基地沟通日程安排以及冬令营参加所需携带的生活用品等事宜	前往基地 自行前往	到达基地 将孩子交与研学指导师	安排住宿 整理行李	航空科普研学 开启研学体验	餐饮 用餐体验	结营课程 结营仪式	问题反馈 填写问卷
						1.等候迎接 2.研学指导师和研学后勤组、指导师向家长和学生做自我介绍	1.告知学生住宿注意事项 / 安排床位	基地展开研学安排行程计划 → 开展研学旅行活动	餐饮供给	1.准备证书、纪念品等 2.将学生交给家长 3.欢送家长和学生	研学感受、成果分享 → 分享、推荐给亲朋好友
前台服务		制订研学计划		1.酒店预订 2.餐饮预订 3.通知家长沟通注意事项及学生所需携带的生活用品				研学场馆内容展示／研学空间体验活动／基础硬件设施／工作人员服务协助／安全保障设施／科普中心资讯展示	每日提供营养丰富且不同的餐饮		成果分享、推荐给亲朋好友分享
后台服务								学生现场情况收集／研学计划根据情况及时调整／数据记录维修检查／研学课程高质量输出／应急体系／课程信息更新推送			1.收集问卷展示用户分享 2.处理意见

图 6-5　精品研学团队接待服务蓝图

二、案例分析："五日科普研学冬令营"服务流程设计

1. 利益相关者及服务提供

科学中心作为面向公众、服务社会的公益性场馆，是普及科学知识、倡导科学方法、传播科学思想、弘扬科学精神的重要场所，也是扩大科技文化交流、展示科学技术成果、开展科普和素质教育、打造休闲旅游和研学旅游的有形平台和重要载体。随着文旅融合步伐的进一步加快，注入更多市场活力的科技馆也开始探寻转型之路，积极参与到研学课程升级与服务升级中。

该科学中心在承接多日营的研学活动时，需事先考虑好研学团队的住宿问题。多数科学中心及科技馆不设有住宿配套设施，这种情况下科学中心的研学后勤负责人需要在活动筹划阶段选择好合适的住宿场所。此时，提供住宿的酒店成为外部服务团队，科学中心的工作人员为内部服务团队，两者共同为研学客户提供服务，构成利益相关者关系。科学中心精品研学团的主要利益相关者构成如表 6-5 所示。

表 6-5　精品研学团服务提供者及服务内容

阶　段	团　队	团队类型	提供服务内容
研学前	客服组	内部团队	负责研学活动前与客户的咨询、销售等各项对接工作
	后勤组	内部团队	负责酒店、餐饮、物料预订、采买等事宜
	课程组	内部团队	负责课程设计及研学手册等教学材料制作
	酒店运营团队	外部团队	负责酒店接待学生的各项准备
研学中	后勤组	内部团队	负责研学过程中学生的生活保障，包括餐饮、住宿等安排
	指导师组	内部团队	研学指导师将研学课程输出给学生、做好现场辅导、研学活动效果评估及监督管理工作。各项不同的研究专题需要配备不同的专业指导师 生活指导师在就餐、就寝等生活环节帮助学生，并给予关怀
	宣传组	内部管队	负责整个研学过程的摄影、摄像及制作宣传报道
	客服组	内部团队	负责研学过程中与家长进行沟通，包括学生的学习及生活情况，以及发生紧急情况时的联络
	酒店运营团队	外部团队	负责提供住宿及优质服务
研学后	客服组	内部团队	负责活动结束后的售后服务、收集体验问卷等工作

2. 客户需求分析

某省科学中心打造的"五日科普研学冬令营"是一款深度研学产品，课程目标旨在教孩子们像科学家一样思考，通过实验探究掌握科学的思维方法，培养学生的科学素养与创新能力。除了学习科学知识，通过几日的集体生活，能够培养孩子的生活自理能力及社交能力。选择参加冬令营的决策方是家长，而体验产品的则是学生，因此，在分析客户需求时，要尽可能涵盖所有的需求。

（1）家长希望通过知识学习、实验操作，使孩子能够掌握科学思维，培养其科学素养及

创新能力。

（2）家长希望通过集体生活锻炼学生的生活自理能力和社会交往能力。

（3）家长希望冬令营能够安全有序地展开，并实时了解孩子的学习和生活状况。

（4）孩子希望课程内容生动有趣，能够了解到更多的科学知识。

（5）孩子希望体验不一样的集体生活。

（6）孩子希望通过冬令营能够结交到更多朋友。

3. 服务流程与服务触点分析

某科学中心的"五日科研冬令营"整体活动时间较长，研学旅游基(营)地不仅要负责研学活动的完整输出，更要保障学生的生活起居，这也是冬令营与一日营在整体服务流程中最不同的地方。在某科学中心"五日科研冬令营"的案例中，服务的关键触点可以分为以下几部分。

（1）研学前的准备

在冬令营活动开展前，客服组需要跟家长在课程方面及学生的生活起居方面有较为深入的沟通。客服工作人员不仅需要告知家长所要携带的生活用品清单，还需仔细询问孩子在生活中有哪些需要特别关照的细节和注意点。告知家长冬令营的日程安排及酒店的具体情况。

（2）到达基地

在学生和家长到达基地后，研学导师和负责后勤的生活导师要向学生和家长做自我介绍，简单介绍研学活动安排，给予家长安心感，同时拉近与学生之间的距离。

（3）住宿安排

根据学生的年龄、性别、相熟度等情况进行住宿安排。安排床位时，与学生进行沟通，尊重学生的个人意愿。

（4）研学课程体验

案例中某省科学中心内设有 13 个常设主题展馆、多座科技影院、开放实验室和 1 个数字家庭体验馆，优秀的硬件条件足以支撑起丰富有趣的五日科研冬令营活动。研学课程设计要注重理论与实践结合，也要融入游戏、观影等增强趣味的元素。由于精品团队人数不多，在研学课程展开的过程中，应及时观察学生的接受度，根据实际情况及时调整课程难易度。注重学生个人的成长是精品研学团所要重视的。

（5）就餐

由生活导师带领研学团队就餐，拉近与学生之间的距离，仔细观察学生的用餐情况。

（6）晚间活动

晚间活动的内容形式可多样化，可以是一天研学课程内容的复盘，可以是联欢晚会，也可以组织学生给父母写信。与学生进行沟通，了解他们对于学习生活上的诉求及与同伴的相处情况，并且疏导学生的思家之情。

（7）就寝

很多低龄学生需要在就寝准备中得到帮助，生活导师应关注学生的需求。督促学生按时就寝，巡视学生的就寝情况。

4. 研学日程安排

做好冬令营日程安排有利于课程顺利开展，保障达成课程目标。在研学课程安排上，需要理论和实践相结合,寓教于乐,并且课程难度逐步加深。在活动安排上,需要形式多样化,能够充分调动学生的积极性。在时间安排上,需要做到细致合理。

案例中某省科学中心的"五日科普冬令营"可参考的日程安排如表 6-6 所示。

表 6-6　精品研学团队日程方案

时　间	第 1 天	第 2 天	第 3 天	第 4 天	第 5 天
08:00—08:50		起床晨练	起床晨练	起床晨练	起床晨练
08:50—09:30		营养早餐	营养早餐	营养早餐	营养早餐
09:30—10:00	开营报到	实验	科普课堂	实验课堂	晨演彩排
10:00—11:00	住宿安排/整顿行李	实验课堂	实验课堂		
11:00—12:00	科学探秘者集结				美味午餐
12:00—13:00	美味午餐	美味午餐	美味午餐	美味午餐	收拾行李
13:00—14:00	午休	午休	午休	午休	午休
14:00—17:00	实验课堂	科学馆探秘	实验课堂	实验课堂	汇报演出
17:00—17:30					
17:30—18:30	美味晚餐	美味晚餐	美味晚餐	美味晚餐	
18:30—20:00	破冰联欢会	话剧观看	写家书	学习复盘	
20:00—21:00	洗漱就寝	洗漱就寝	洗漱就寝	洗漱就寝	

🔍 【训练题】

一、自测题

1. 精品延续团,一般学生的人数不超过(　　　)人。
　　A. 20　　　　　　　　B. 30　　　　　　　　C. 40　　　　　　　　D. 45

2. 接待多日研学营时,需要特别关注(　　　)。
　　A. 学生的情绪变化　　　　　　　　B. 交通安排
　　C. 课程安排　　　　　　　　　　　D. 餐饮安排

二、讨论题

请分组讨论,接待精品冬令营团队时,研学旅游基(营)地应在哪些方面给予学生关注,从而让学生获得更好的体验。

三、实践题

请以小组为单位,实地走访一处研学旅游基(营)地,并为其制订五日研学夏令营服务流程。

项目七

研学旅游基(营)地的营销策略

研学旅游基(营)地的营销策略是一个与时俱进的话题。随着互联网时代的迅猛发展,有效的营销策略也在发生着变化。本项目将从研学旅游基(营)地的营销矩阵入手,细致地剖析不同类型的基地在面对不同属性的研学用户时应采取怎样有效的营销策略。通过本项目的学习,学生能够对研学旅游基(营)地的营销策略有更完整的认知。

学习目标

1. 知识目标

(1) 了解研学旅游基(营)地的营销矩阵。

(2) 了解政府部门的营销策略。

2. 能力目标

(1) 具备分别针对研学散客与团队采取不同营销策略的能力。

(2) 具备制定线上与线下不同营销策略的能力。

3. 素养目标

(1) 拓展研学产品的整体营销思路。

(2) 懂得如何用全局思维为研学旅游基(营)地制定最适合的营销策略。

学习重点和学习难点

1. 学习重点

全面了解研学旅游基(营)地的营销矩阵,理解针对不同属性用户应采取不同的营销策略,同时理解线上线下的营销策略也有所不同。

2. 学习难点

在充分挖掘研学旅游基(营)地资源优势的基础上,以全局视角,制定合适且具有特色的营销策略。

知识导图

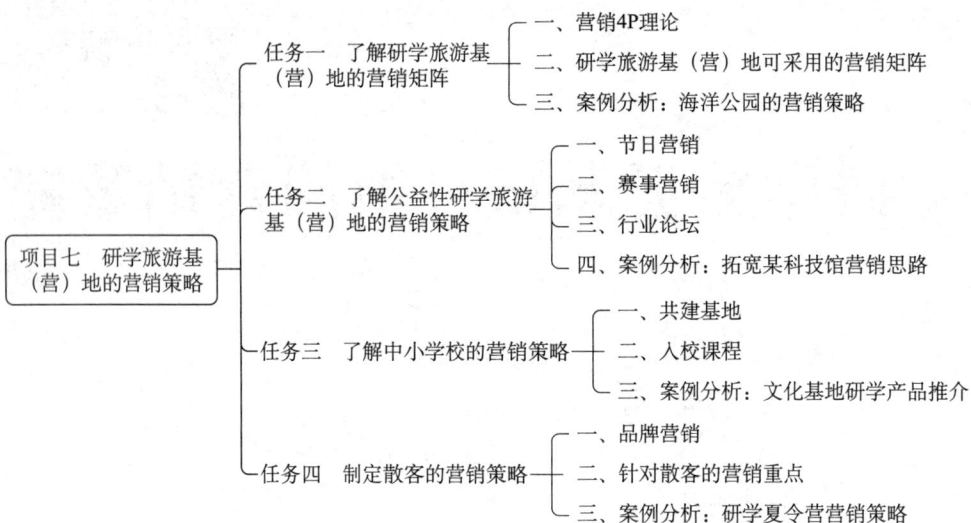

项目七 研学旅游基（营）地的营销策略

任务一 了解研学旅游基（营）地的营销矩阵
- 一、营销4P理论
- 二、研学旅游基（营）地可采用的营销矩阵
- 三、案例分析：海洋公园的营销策略

任务二 了解公益性研学旅游基（营）地的营销策略
- 一、节日营销
- 二、赛事营销
- 三、行业论坛
- 四、案例分析：拓宽某科技馆营销思路

任务三 了解中小学校的营销策略
- 一、共建基地
- 二、入校课程
- 三、案例分析：文化基地研学产品推介

任务四 制定散客的营销策略
- 一、品牌营销
- 二、针对散客的营销重点
- 三、案例分析：研学夏令营营销策略

任务一 了解研学旅游基（营）地的营销矩阵

【任务概述】

为了使好的研学产品获得更高的市场份额，研学旅游基（营）地有必要通过营销策略的制订有计划地推进营销活动。在本任务中，通过对于4P理论的理解及营销矩阵的了解，学会如何在理论指导下，根据研学旅游基（营）地的实际情况，为基（营）地制定有效的营销策略。

【案例导入】

某大型极地海洋公园总占地面积约29.7公顷，被评定为国家4A级景区。海洋公园内海体量超70000m³，30000只海洋生物汇聚一园。全国唯一的《虎鲸科普秀》以其震撼的视听效果，也吸引着全国大批游客前来观摩学习。海洋公园不仅拥有超大规模海洋生物的资源优势，海洋生物的繁殖、哺育技术也是世界领先。为了发挥自身的资源优势，让更多学生能够与海洋生物近距离接触，从而探知海洋世界的神奇奥秘，海洋公园配备了专业的海洋科普教育讲师，开发定制儿童夏令营、冬令营、研学旅游、周末营等多款研学产品，结合学校现有教材开发校内研学课程，举办各种公益活动。此外，公园致力打造自有传播平台，并与抖音、微信等新媒体平台合作，形成传播矩阵，还邀请具有一定影响力的KOL前来体验并进行宣传，收获了大量的粉丝。海洋公园在研学领域的拓展上获得了业内外人士及教育部门的一致好评，也获得了良好的市场反响。

一、营销 4P 理论

杰罗姆·麦卡锡在 1960 年出版的《基础营销》一书中提出 4P 营销理论,即四个基本策略的组合,分别是产品(product)、价格(price)、渠道(place)、促销(promotion)。4P 理论是营销理论的基础,它要求企业主动生产产品,创造需求,同时主动推广产品,获取利润。

1. 产品

好的研学产品是与用户建立稳定发展及联系的前提和基础。产品从规划设计到落地实施,内容创新、符合用户需求、具有差异化竞争力都是后续营销的坚实基础。研学产品的多元化性和形式的多样性,能够为用户提供更多选择,激发用户的选择冲动,也能够获得用户的理解和支持,从而与用户建立更为稳定和长久的联系。

根据用户的年龄、偏好、教育程度及不同场景的需求,对研学产品进行细分,产品中可包含满足中小学生春、秋游需求的一日研学产品,满足团队及散客需求的周末研学产品,以及适合寒暑假的夏、冬令营产品。此外,用户对于研学产品的反馈是产品进行迭代升级的依据。建立完善的用户反馈机制,对用户反馈数据进行有效分析和处理,并对产品进行不断改进。

2. 价格

研学产品的合理定价能够充分吸引消费者、树立品牌形象并且能够增强市场竞争力。研学产品在定价时不仅要遵循市场规律,更应该充分理解社会教育的使命,符合政策指导。应尽可能提高产品的性价比,稳固群体关系,实现多方"共赢"。

3. 渠道

销售渠道的畅通性和多样性有利于提升产品的销量。在"互联网＋"的时代里,研学产品的营销策略必须充分利用新技术、新服务、新方式,拓展多元渠道。研学旅游基(营)地应加强与各类线上线下机构的合作。线下机构包括旅行社、培训机构、学校等,线上平台包括本地生活消费平台、团购服务平台、亲子服务平台、旅游服务平台等。线上线下双管齐下的销售矩阵能够加快市场占有速度。

4. 促销

宣传是拓宽产品传播速度的手段。首先,研学旅游基(营)地应建立规范合理的宣传流程,保障产品宣传的有效推进;其次,丰富宣传手段。研学旅游基(营)地不仅需要建立能够宣传自身特色及研学产品的自媒体平台,还应整合各类新媒体平台,比如微信、抖音、小红书等,与之形成传播矩阵;再次,加强用户能动。不断吸引用户进行二次传播是产品扩大市场份额的有效手段,用户通过社交平台进行传播具有较高的可信度,能够对身边的亲朋好友形成有力的影响。

二、研学旅游基(营)地可采用的营销矩阵

矩阵是一个数学概念,其本身是一个二维数据表。这里的营销矩阵指的是全方位营销构成的一种立体营销模式。营销矩阵的核心依然是以"用户为中心",对用户进行细分,针对

不同用户采用不同策略的营销方式。研学产品的用户一般分为个人和团队,针对个人用户及团队用户,研学旅游基(营)地所制订的营销策略也应有所不同,如图 7-1 所示。

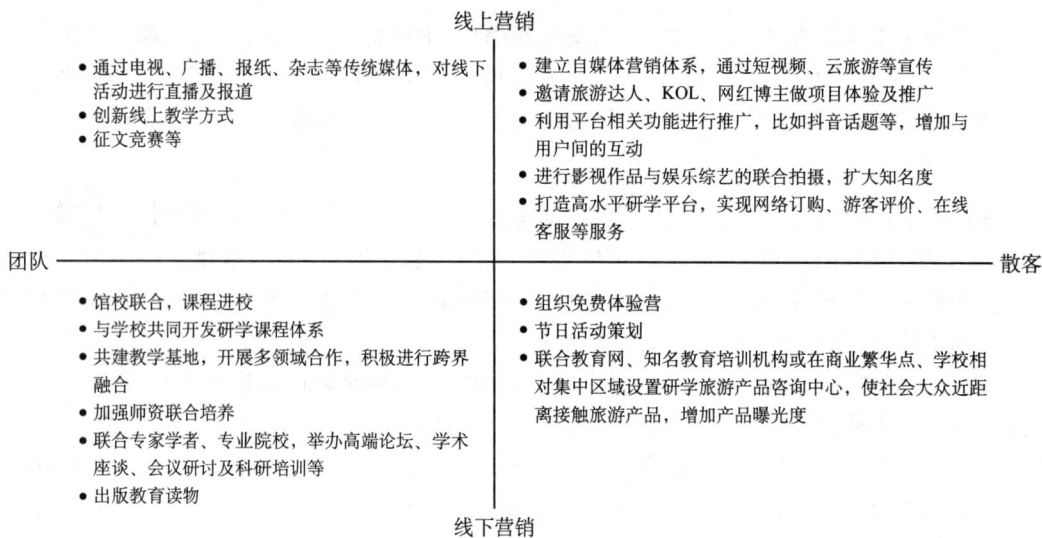

线上营销

- 通过电视、广播、报纸、杂志等传统媒体,对线下活动进行直播及报道
- 创新线上教学方式
- 征文竞赛等

- 建立自媒体营销体系,通过短视频、云旅游等宣传
- 邀请旅游达人、KOL、网红博主做项目体验及推广
- 利用平台相关功能进行推广,比如抖音话题等,增加与用户间的互动
- 进行影视作品与娱乐综艺的联合拍摄,扩大知名度
- 打造高水平研学平台,实现网络订购、游客评价、在线客服等服务

团队 ——————————————————————— 散客

- 馆校联合,课程进校
- 与学校共同开发研学课程体系
- 共建教学基地,开展多领域合作,积极进行跨界融合
- 加强师资联合培养
- 联合专家学者、专业院校,举办高端论坛、学术座谈、会议研讨及科研培训等
- 出版教育读物

- 组织免费体验营
- 节日活动策划
- 联合教育网、知名教育培训机构或在商业繁华点、学校相对集中区域设置研学旅游产品咨询中心,使社会大众近距离接触旅游产品,增加产品曝光度

线下营销

图 7-1 研学旅游基(营)地的营销矩阵

1. 个人用户的线上营销

(1) 建立高质量自有传播平台

高质量的自有传播平台是研学旅游基(营)地进行特色宣传及产品宣传的窗口,而高质量的宣传内容能够获得用户的认同感从而激发消费欲。随着近几年短视频的全面崛起,用户已无法满足单纯的图文宣传,其影响力不容小觑。优质短视频及网络日志(video blog,简称 Vlog)的创作空间大,其具有真实感和生活化的特征能够使品牌的植入更为自然,用户的接受度更高。研学旅游基(营)地通过自媒体平台带用户"云参观""云旅游""云教学"的创新体验方式,能够拉近与潜在用户间的距离,提升用户的体验感和参与度。

(2) 利用新媒体平台相关功能进行推广

研学旅游基(营)地在整合各种新媒体平台形成传播矩阵的同时,也应该灵活运用平台的相关功能进行推广。比如,抖音通过颇具特色的话题设置或话语表达式引导平台用户积极参与互动,进而主动分享到自己的圈层。

(3) 利用明星效应

通过邀请旅游达人、关键意见领袖(KOL)、教育博主进行项目体验,并进行推广。网络红人往往具有一定的网络影响力,真实度高,拥有公信力,他们的推荐能够获得更多认同。

(4) 进行影视作品与娱乐综艺的联合拍摄

研学旅游基(营)地通过参与影视作品及娱乐综艺的拍摄,借助节目的保有流量获得一定的传播效应。

(5) 打造高水平研学平台

利用最新科技不断完善自有传播平台,逐步实现立体化旅游模拟及教学体验,展现游前研学知识储备、游中研学实践体验及游后综合能力拓展等相关细化研学内容与研学任务,实现网络订购、游客评价、在线客服等服务。

2. 个人用户的线下营销

（1）组织免费体验活动

与线上营销不同，线下营销更直观，能够给用户带去真实的体验。研学旅游基(营)地通过免费研学体验活动，吸引研学消费的主力客群积极参与，并将自己的体验形成文字及视频进行分享传播，增加目标客群的品牌认同感及推崇感。

（2）加强节日活动策划

利用各种节日的特殊时间节点，面向大众加强策划特色体验活动，比如端午节策划赛龙舟、包粽子等特色亲子活动，吸引更多的研学客群走进研学旅游基(营)地。

（3）增设产品咨询中心

研学旅游基(营)地可联合知名培训机构、教育网等在学校相对集中的地区增设研学产品咨询中心，让大众近距离接触产品，对产品产生更进一步的认识。

3. 团队用户的线下营销

（1）馆校联合，课程进校

与学校进行深度合作，将现有的研学课程嫁接到学校的课后兴趣班或者现有的课程中，让学校师生能够体验到特色研学课程，并产生认同感。

（2）与学校共同开发研学课程体系

为了使研学课程真正成为现有教学的辅助，研学旅游基(营)地可与学校共同开发研学课程体系。研学课程体系基于现有学校的教材，针对每个年级学生的特征，制定具体的学习规划与学习目标，并开发适用于不同年级的研学教材。

（3）共建教学基地

开展多领域合作，积极进行跨界融合。研学旅游基(营)地可在学校开展各类画展、竞赛等，让学校师生积极参与，与学校共同打造教学基地。

（4）加强师资联合培养

研学导师的培养是输出好的研学产品的基础。研学旅游基(营)地与学校联合培养师资，可结合二者的优势经验，为研学行业输出优秀的导师。

（5）联合专家学者、专业院校举办高端论坛、学术座谈、会议研讨及科研培训等

（6）出版教育读物

撰写出版研学相关教育读物，并开展读物进校等活动能够为研学旅游基(营)地树立良好的声誉和社会形象，也能够获得更多的肯定。

4. 团队用户的线上营销

（1）通过媒体对线下活动进行直播及报道

在开展线下营销活动时，可通过电视、杂志等传统媒体及线上新媒体等对学校或者教育机构进行直播及报道，使营销活动具有更大的传播力度。

（2）创新线上教学方式

将研学课程通过线上录制或者直播的形式嫁接到学校的兴趣课或者课后兴趣班中，作为课程进校的一种形式。

（3）组织竞赛等

研学旅游基(营)地可组织各类竞赛活动,比如征文竞赛,主题绘画竞赛等,并邀请学校等教育机构参与。通过竞赛让师生了解研学基地的特色及各类研学课程,进而取得进一步合作。

三、案例分析：海洋公园的营销策略

"案例导入"中的某大型海洋公园通过一系列的营销活动,取得了良好的社会反响,也收获了大量的研学用户。他们从产品、价格、渠道及宣传四个方面对营销进行了策划,形成了有效的营销矩阵。

1. 产品

海洋公园针对客户的需求设计了不同类型的研学产品。既有能够满足学校春、秋游所需的一日研学活动,也有适合亲子的周末营,还有适合寒暑假期的夏令营和冬令营。海洋公园还配备了专业的海洋科普讲师,使得该研学产品具有专业性和深度。

2. 价格

海洋公园研学产品的定价合理,不同产品不同价格,对于用户来说,可以有更多的选择空间,从而满足用户的各类需求。

3. 渠道

海洋公园不仅拥有自媒体平台,同时与各类线上平台包括本地消费平台及亲子服务平台、研学服务平台等进行合作,产品销售渠道畅通高效。此外,海洋公园结合学校现有教材开发校内研学课程,实现馆校联合、课程进校,这有利于拓宽学校团队用户的销售渠道。

4. 宣传

海洋公园致力于打造自有传播平台,并与抖音、微信等新媒体平台合作,形成传播矩阵,还邀请具有一定影响力的 KOL 前来体验并进行宣传,这些活动都为获得研学用户起到了良好的宣传作用。

🔍【训练题】

一、自测题

1. 下面各项中不是营销 4P 理论四要素之一的是(　　　)。

  A. 渠道　　　　　　　　　　　　　　B. 路径

  C. 宣传　　　　　　　　　　　　　　D. 价格

2. 下面各项中不属于有效的营销活动的是(　　　)。

  A. 课程进校　　　　　　　　　　　　B. 邀请 KOL 进行宣传

  C. 增设产品咨询中心　　　　　　　　D. 空间设计

二、讨论题

请小组讨论,以本任务案例为例,除了上文中所提到的营销活动,还能为上海某大型海洋公园设计哪些营销活动?

三、实践题

以小组为单位,实地考察一研学基地,为该基地制定针对个人用户及团队用户的营销策略。

任务二　了解公益性研学旅游基（营）地的营销策略

【任务概述】

科技馆(公立博物馆)既是研学旅游基(营)地,也是国家公益性基地。将社会效益放在首位是他们的发展前提,但同时,适应市场经济的发展需求,实现社会效益最大化是公益性基(营)地优化发展进程的目标。公益性基(营)地的营销和企业营销有着本质区别,无论借用市场机制开展怎样的营销活动,他们始终坚持和突出的是社会公益性质。

本任务基于公益性研学旅游基(营)地的自身资源优势,提出了更为丰富的营销策略,帮助学生进一步拓宽营销思路。

【案例导入】

近年来,科技馆行业的营销活动也在日益多元化、灵活化,但因管理、人才储备等各方面的制约,全国各馆在营销活动的策划方面差距显著,大部分科技馆依然存在营销形式单一的问题。某省科技馆在营销策划的道路上不断探索,在创作科学课程、馆校合作、夏令营等各方面都进行了尝试,但都还处于比较初级的阶段,离发展壮大并打造自身特色还有很长的路要走。某省科技馆除了以上的营销活动,是否还可以拓宽一些其他的营销思路呢?

一、节日营销

节日营销就是指在节日期间,利用消费者的节日消费心理,综合运用广告、公演、现场售卖等营销手段,进行的产品、品牌的推介活动,旨在提高产品的销售力,提升品牌形象。

节日营销是整体营销策略中的一部分。公益性研学旅游基(营)地的节日营销是在现有空间中,根据节日特色,策划符合用户需求的临展、科普教育活动等,并通过整合线上线下的销售和宣传渠道,使更多的用户走进公益性研学旅游基(营)地,并对其产生更多的了解和认可。

1. 节日营销的作用

节假日是公众休闲娱乐需求得以集中释放的时段,同时也是一年中消费需求最旺盛的时期。节日营销对基(营)地的品牌塑造有着举足轻重的作用(见图7-2)。

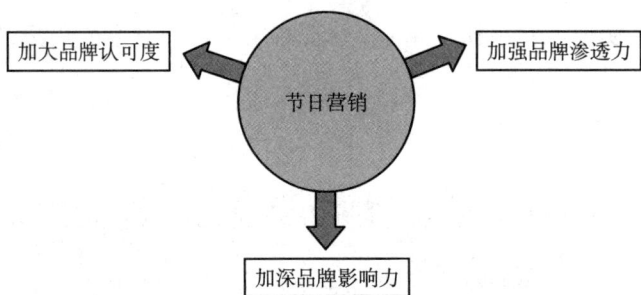

图 7-2 节日营销的作用

总体而言,节日营销的作用可以概括为以下几点。

(1)加强品牌渗透力

信息互联网时代,节日所引发的话题往往会成为热点。富有特色的节日营销活动能够占领舆论阵地,取得更多关注。

(2)加深品牌影响力

在公众休闲娱乐需求集中释放的节假日,推出具有科普教育意义的研学产品,更容易获得市场的好评,做到"打动人心"。

(3)加大品牌认可度

节假日是旅游旺季,节日营销是扩大产品和品牌传播范围的好机会。它不仅能够进一步扩大品牌在本地市场的影响力,还可以扩大外来旅游者对品牌的认可度。

2. 节日营销思路

节日营销旨在结合公益性研学旅游基(营)地的自身优势,通过与节日相关活动的策划,吸引更多用户走进馆内,对公益性研学旅游基(营)地这样的研学基地和研学产品产生更多了解。因此,节日营销要区别于其他的营销策划。节日营销的重点可具体概括为以下几点。

(1)特色化

公益性研学旅游基(营)地需从自身情况出发,结合节日特点,设计具有特色化的营销活动。比如,在农历新年时策划"生肖展",融合民俗文化和科学新知识进行研学产品设计。

(2)限量精品化

在节日期间,推出期间限定的研学产品,以保证产品的稀缺性和独特性。但同时,所推出的限量研学产品必须具有符合节日属性的价值和意义。

(3)创新化

节日营销已经不是一个新鲜的话题,很多研学旅游基(营)地及文旅景区等都在积极探索节日营销,在这样的情况下,公益性研学旅游基(营)地在制定节日营销策略时应基于馆情和节日特色,走创新化道路。

二、赛事营销

公益性研学旅游基(营)地通过青少年相关赛事的举办和赞助,比如,青少年科技大赛、主题绘画大赛、主题作文竞赛等赛事,可以搭建一个良好的交流平台,将相关合作学校和个人通过观看赛事、参与赛事、接待活动等形式创造合理的交流方式。这个平台既能满足交流的需求，又能够为公益性研学旅游基（营）地提升社会形象，可谓一举多得。对于公益性研学旅游基（营）地来说，赛事营销在推动研学产品营销、文化传播及促进与合作学校及个人的交流上都能够起到非常积极的作用。一般赛事营销可以从以下几个方面切入展开。

1. 赛事主办

作为赛事的主办方需要投入大量的人力和物力对赛事进行整体的策划和运营。科技馆（公立博物馆）需要成立相关部门，专门负责赛事的前期策划、各项对接、赛事举办、接待、宣传等各项事宜。

2. 赛事冠名

赛事冠名往往以赞助的形式与赛事主办方进行合作。这种合作模式不需要在运营策划方面投入较多的人力和物力，更加轻量化。通过赛事的举办及宣传，科技馆（公立博物馆）可以提高社会影响力。

3. 赛事指定用品

除了冠名及主办赛事，公益性研学旅游基（营）地还可为赛事方提供定制赛事用品。通过赛事中定制用品的露出，为馆方进行品牌宣传。

4. 赛事场地使用

利用公益性研学旅游基（营）地现有的展陈空间，为赛事提供场地使用。通过赛事中场景设计进行馆方品牌及场地的露出，从而提高公益性研学旅游基（营）地的公众认识度。

三、行业论坛

除了上文提到的节日营销及赛事营销，行业论坛也能够成为公益性研学旅游基（营）地开展营销活动的阵地之一。行业论坛对于促进行业交流与发展起到了举足轻重的作用。公益性研学旅游基（营）地可以联合科研机构，借助行业论坛发布最新的科技研究成果、展陈技术、跨界合作经验及科普教育经验等；在行业论坛上分享最新的行业动态；还可以利用圆桌会议的形式，邀请具有一定社会影响力的专家学者，就热门话题展开讨论。行业论坛的举办不仅可以帮助公益性研学旅游基（营）地扩大行业影响力，也能够使他们获得更高的行业认可及社会公信力。

四、案例分析：拓宽某科技馆营销思路

某省科技馆是国家事业单位，也是省科学技术协会的下属单位，属于公益性质的科普教育单位。省科技馆在营销策划的道路上不断探索，积极打造研学产品、进行馆校合作、开展夏令营等，也积累了一定的经验。除了现有的已开展的营销活动，某省科技馆还可以依托现有的资源优势尝试开展以下营销活动。

1. 节日营销

策划节日限定研学课程，根据节日属性及馆内资源打造节日专属课程。也可以在节日

期间策划一些临展，吸引更多的青少年群体及家长走进省科技馆，并对科技馆加深了解。

2. 赛事营销

科技馆为了拓展研学业务，做赛事营销策划时要注意客群的一致性，参赛者的年龄要与研学用户的年龄相符合，比如，青少年科技大赛等。赛事面向范围可以是一个省、一座城市，也可以是一所或者区域内的几所学校。

3. 举办行业论坛

加强与教育事业单位的合作可以帮助科技馆在研学教育领域更快地提升核心竞争力。双方不仅在人才培养、技术研究上能够取得合作，在组织行业学术交流、开展行业论坛上也有很好的合作契机。

🔍【训练题】

一、自测题

1. 下面各项中不是节日营销作用的是（　　　）。
   A. 加大品牌认可　　　　　　　　B. 获得更多回头客
   C. 加强品牌渗透力　　　　　　　D. 加深品牌影响力
2. 下面各项中不属于赛事营销形式的是（　　　）。
   A. 主办赛事　　　　　　　　　　B. 品牌冠名
   C. 策划节日限定产品　　　　　　D. 赛事场地提供

二、讨论题

请小组讨论，以本任务案例为例，除了上文中所提到的营销策略，还能为某省科技馆提出哪些营销思路？

三、实践题

以小组为单位，实地考察某科技馆或者公立博物馆，为该科技馆（公立博物馆）制定符合其发展的营销策略。

任务三　了解中小学校的营销策略

✎【任务概述】

教育是学校的主要宗旨，也是研学旅游基（营）地面向学生开展研学活动的目标所在。研学旅游基（营）地依托自身资源，教育形式多样，其中与学校联合开展活动的形式，越来越受到认可和欢迎。基（营）地与学校合作不仅能够为学校赋能，也是自身品牌营销的重要手段之一。

本任务通过介绍馆校合作的多种形式，让学生对研学旅游基（营）地针对中小学校的营销策略加深理解。

【案例导入】

　　某县是块风水宝地,传统村落星罗棋布。每个村落各具特色,有着悠久浓厚的历史文化,记载着岁月沧桑,山河巨变,地灵人杰,英才辈出。他们的人生轨迹和建树,是激励后人奋起腾飞的强大动力。在党中央坚定文化自信的理念感召下,各村落群策群力推出自己的历史文化品牌,并多方筹集资金,为本县历史名人修缮了史迹陈列馆,打造人文研学基地,堪称典型范例。为了让更多的中小学生能够走进研学基地,感受人文历史,基地决定面向更多的中小学校进行研学产品推介,那么他们应该如何更好地针对学校制定营销策略呢?

一、共建基地

　　研学旅游基(营)地将校内教育延续到了校外,让学生高效开展教育实践课程。将研学旅游基(营)地的资源与学校资源进行有效衔接,通过共创课程,组织综合活动等多方面合作,共同组建校外教育基地。研学旅游基(营)地与学校共建校外教育实践基地,不仅能够更好地将自身资源优势开放给学校,为社会培养具有实践能力的人才做出贡献,也能够获得更多社会认可、掌握更多教育资源,从而成为研学旅游基(营)地营销策略中不可或缺的一部分。

　　研学旅游基(营)地与学校共建基地时,应基于"深挖资源、课程丰富、形式多样、合作多元"的原则,充分挖掘自身资源优势,开创丰富多彩的教育课程,并根据校方需求进行多样化合作,而合作方式应更为立体灵活,旨在让更多的学生走进基(营)地。馆校合作可以从以下几方面进行思考。

　　1. 策划基地研学教育活动

　　立足研学旅游基(营)地自身资源,打造青少年学习乐园。在研学教育活动策划过程中,要突出基地特色,设计实施多层次、多角度、多方式的研学教育课程。

　　2. 开发系列学校教育课程

　　首先,研学旅游基(营)地在开发系列学校教育课程时要贴合国家课程标准。同一知识概念从低年级到高年级理解跨度大,高年级学生对于简单的知识和操作不屑一顾,而低年级学生则会因为难以理解较难的知识点而产生挫败感,从而对研学课程失去兴趣。因此,分级设计研学课程非常关键。其次,研学课程必须有鲜明的主题及准确的目标,注意教育课程过程设计,注重启发与思考,避免单纯地知识传输。再次,研学课程系列化是推进研学合作发展及深化教学的有效方式。最后,注重研学前、中、后三个阶段的学习。在研学前确立研究问题,让学生带着问题参加研学课程。学生在课程中通过聆听、思考、互动、实践、实验等多种形式寻找问题的答案。主体内容结束后,还要对课程进行整体评估。评估是十分重要的环节,有利于发现问题、解决问题、完善课程。

　　3. 举办文化讲座

　　定期邀请行业专家、学者开展文化讲座,学校积极组织学生前来参加讲座。通过文化讲座让学校师生了解研学旅游基(营)地的价值。

4. 开展研学旅游

研学旅游基(营)地在馆校合作的课程中也可以设计"研学旅游",通过相关内容景点或基地的走访,让学生对研学内容加深理解。同时,跨省跨界走出去,也能够扩大研学旅游基(营)地的影响力。

5. 出版教育读物

教育读物的出版是研学旅游基(营)地在专业领域的突破。通过与学校合作,进行教育读物的出版可以提高基(营)地在教育行业的知名度,也可以得到更多的社会认可。

6. 推进网络多媒体传播手段的运用

在馆校合作的过程中,不仅要注重教育产品的打造,在传播渠道上也应多元化,线上线下渠道融合。灵活运用自媒体及网络多媒体,将馆校合作的过程及取得的进展进行有效宣传。

二、入校课程

入校课程是指研学旅游基(营)地带着研学课程和研学导师走进学校,负责学生的课后服务,承担学生课后兴趣类课程辅导的课程服务。由研学旅游基(营)地输出的课后服务不同于社会培训机构,在专业性和多样性上具有显著优势。入校课程不仅可以补充学校师资,同时也可为学校现有的课后服务机构树立规范化、标准化的服务模板。课程进校可以让学校师生对研学旅游基(营)地加深了解,从而促进更多的学生和家长在周末和寒暑假走进研学旅游基(营)地,成为具有黏性的用户。

入校课程形式应丰富、多元化,具体可以参考以下几种形式。

1. 校园教学

研学旅游基(营)地将课程带入学校,负责学生的课后教育服务是最常见的入校课程形式。入校课程内容应符合国家课程标准,并且针对不同年级设计不同的课程内容,运用不同的教学方法。

2. 教师培训

课程入校可以弥补学校师资不足的短板,同时,研学旅游基(营)地派出的研学导师可以对在校老师进行研学相关课程的教学培训,拓展在校教师的教学领域。

3. 图片巡展

除了输出研学课程,主题图片巡展也是课程入校的形式之一。通过对于研学旅游基(营)地相关图片的展示,让学生更直观地了解基(营)地的文化内涵,深刻地体会研学教育意义。

4. 作品展览

开展研学相关主题竞赛,对通过类似主题绘画竞赛、主题作文竞赛等产生的优秀作品进行展览展示,作为入校课程的成果展示。

三、案例分析:文化基地研学产品推介

案例中的人文研学基地具有得天独厚的自然资源,又修缮了历史名人史迹陈列馆,是中小学校开展研学教育的良好选择。要让更多的中小学校了解这所文化基地,并对它的教学价值产生认同感,就必须加强与中小学校之间的合作。合作模式可以参考共建基地和入校课程两种。

该文化基地可以作为中小学校的课外教学基地,向学校输出历史文化相关课程,并通过举办历史名人史迹展等形式,让学生更深入地了解该文化基地的人文历史价值。此外,在文化基地定期举办历史文化讲座也能够吸引更多的学生走进基地,切身体会基地的魅力所在。

该文化基地还可以通过课程入校的形式,将历史文化课程带进学校,作为学生的课后兴趣班,向学校输出规范化的课程服务。除了课程,历史文化主题展览及历史主题知识竞赛也能够丰富"入校课程"的形式,从多种维度激发学生对文化基地的兴趣,从而吸引更多的学生和家长在课余时间走进基地。

【训练题】

一、自测题

1. 入校课程应采取的形式是(　　　)。
    A. 单一化　　　　　　B. 多元化　　　　　　C. 利益化　　　　　　D. 零散化
2. 下面各项中属于基地共建形式的是(　　　)。
    A. 馆校合作,共同策划研学教育活动　　　B. 入校开展文化讲座
    C. 入校进行图片巡展　　　　　　　　　　D. 入校进行教师培训

二、讨论题

请小组讨论,以本任务案例为例,除了上文中所提到的入校课程形式,还能为某县人文基地制定怎样的入校课程策略?

三、实践题

以小组为单位,实地考察一家人文研学旅游基(营)地,为该基地制定针对中小学校的营销策略。

任务四　制定散客的营销策略

【任务概述】

根据用户的不同细分,研学旅游基(营)地在制定营销策略时应根据该细分群体的特征调整营销策略,以达到最高效的营销目的。研学散客在做研学产品购买决策时会更受品牌影响,本任务从品牌营销入手,进而解析针对研学散客的营销重点,帮助学生厘清研学旅游基(营)地制定研学散客营销策略的思路。

📝【案例导入】

江苏省某研学营地凭借资源优势及成熟的运营管理经验,在研学行业占有可观的市场份额。作为该营地核心业务之一的夏(冬)令营产品已经开展五年,呈蓬勃增长的趋势。近年来,公司夏令营的最核心产品:营地教育类夏令营,已经到达了一个瓶颈期。因此,公司未雨绸缪,对产品进行规划调整,目前开拓的主要的新夏令营产品系列是户外探索类,并准备在今年暑期投入市场进行运营。相比于动辄上千人体量的营地类夏令营,户外探索类夏令营更有个性化的服务特征,是一种升级的产品类型。该研学营地在做新产品的线上营销时应采取怎样的策略呢?

一、品牌营销

品牌是刺激消费者产生购买行为的有效工具。对于消费者特别是研学散客而言,品牌是研学旅游基(营)地的承诺,有利于权益的保护,避免购买风险,降低购买成本。好的品牌具有很强的吸引力,可以提高用户的忠诚度和黏性。

研学旅游基(营)地的品牌是研学用户对研学旅游基(营)地认知的汇总,是基(营)地客观存在的形象、知名度和信誉。研学旅游基(营)地的品牌营销,就是通过市场营销将研学旅游基(营)地的良好信誉等展示给社会大众,引导大众产生良好感知效益的过程。品牌营销是利用品牌,把无形的营销网络铺设到用户的心中,使用户产生认同感,从而激发用户的购买行为。

根据市场营销学对企业品牌营销策略的分析,研学旅游基(营)地品牌营销策略可包括以下四个方面:品牌定位、品牌管理、品牌销售和品牌传播(何永祺,杨振郏,傅汉章,1989),如图7-3所示。

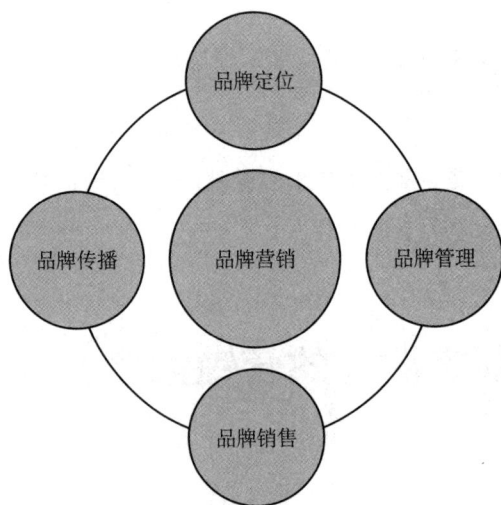

图 7-3　品牌营销四要素构成图

1. 品牌定位

品牌定位是一个弄清楚"我是谁"的过程。从整体上看,企业的品牌定位一般包括地理定位、消费群体定位、销售渠道定位及价格定位。研学旅游基(营)地要根据自身研学产品的基础属性及市场的发展趋势,厘清企业自身的优势、劣势及所面临的机遇和挑战,并分析市场上竞品的情况,灵活调整品牌定位,打造差异化竞争。在确定了目标市场后,需要对目标用户进行深度调研,根据他们的喜好进一步细化整理,从而获得用户的高度认可。

2. 品牌管理

(1)设立市场营销部

对于研学旅游基(营)地而言,设立市场营销部门有利于整体营销活动的有序推进。市场营销部门中包括负责基地品牌 VI 形象设计、输出、管控,负责自有、合作品牌产品包装及宣传设计与输出,制定并执行品牌推广等的品牌推广部;负责制定线上运营计划,负责微信、美团、抖音、小红书等各大互联网平台内容制作、输出、数据管理、粉丝管理、销售数据管理等的线上运营,以及负责线上、线下各类营销活动的策划、统筹和执行,策划并组织各部门之间的活动的活动策划组。

(2)制订规范营销流程

确定负责制定营销流程、营销预算及各类营销活动的负责人,规范的营销流程是营销活动顺利推进的保障。

由市场营销部负责制作品牌宣传手册。品牌宣传手册中规范研学旅游基(营)地的全名和简称,并对品牌的价值进行详细描述。宣传手册中还需明确规定品牌的视觉形象,包括对外宣传时使用的标识(logo)、基(营)地公共区域指示牌、活动海报样式等。

3. 品牌销售

(1)市场调研

上文有提到,研学旅游基(营)地的品牌是消费用户对研学旅游基(营)地认知的汇总,是基(营)地客观存在的形象、知名度和信誉。既然如此,对于用户的调研就是品牌营销的基础。定期锁定目标人群进行调研,进而对产品灵活调整是建立用户认可的必要手段。

(2)研学产品销售

研学产品是研学旅游基(营)地建立品牌的载体。研学旅游基(营)地销售产品的过程就是满足用户需求,从而建立品牌形象的过程。

研学旅游基(营)地所提供的产品,不仅有研学课程,其他所有资源都能转化成产品,从教育、餐饮、娱乐、旅游、社交等各方面融入用户生活轨迹,形成满足市场需求的产品,树立产品形象。

4. 品牌传播

(1)产品销售传播

产品销售是对品牌最强有力的传播,经过充分的市场调研及策划执行,一经亮相,产品的视觉形象及文案将呈现出高度统一化及规范化,这是研学旅游基(营)地对其品牌树立专业化的体现。

(2)口碑传播

口碑营销是关系营销的一种形式。关系营销主张通过提高用户满意度来培养具有忠诚度的用户,使之产生良好的口碑来影响身边其他潜在消费者。口碑营销的可信度高,令人印象深刻,并且营销成本低。对于研学旅游基(营)地而言,要增加用户的满意度和忠诚度,首先必须深入研究用户的偏好,并从产品、服务、运营等各方面着手,保证为客户提供与他们消费相等的质量;其次建立老客户交流平台,定期进行各种促销活动,并进行软文推送等。

（3）员工传播

研学旅游基(营)地的员工直接代表着企业和品牌的形象。在员工内部进行品牌传播具有重大意义。员工对于品牌的价值认同能够使员工具有使命感,进而为树立良好的企业和品牌形象起到积极的推动作用。

二、针对散客的营销重点

除了在任务一中提到的针对散客的一些营销手段,在营销的过程中有些重点也同样值得关注。

1. 加强面向家长的营销宣传

研学产品的购买决策者和使用者是分离的。最终真正购入产品的是学生家长,而产品的体验者是学生或者学生和家长,这样的情况下,需要加强研学产品对于决策者的心智占领。研学旅游基(营)地在针对散客的营销中,要尽可能站在家长的立场去分析探讨,尽可能满足家长对学生的需求与期望,从而激发用户购买的兴趣与欲望。面向家长有以下几项营销重点。

（1）在自有宣传平台,如微信公众号及微信群中定期推送研学产品及研学旅游基(营)地运营状况的宣传文案。

（2）高质量的软文推送,可以是营销事件、明星营员及用户轶事。

（3）通过举办高频率的亲子活动来增加家长对于研学旅游基(营)地的了解和认可。此类活动往往不收费,或象征性地收取较低的费用。

2. 增强产品的促销手段

在产品促销方面,要关注对学生家长的推广,站在家长的角度去做产品设计,并推出亲子项目,由家长和学生共同参与,以增加亲子感情。此外,研学旅游基(营)地在针对散客营销时也要利用好同学之间的口口相传,将更多的学生吸引过来。

（1）设计亲子研学项目,以增加家长的参与度,并设计一定的优惠机制。

（2）鼓励家长邀请孩子的同学一起团报,并针对团报人数给予具体的优惠方案。

（3）设置老客户介绍新客户的优惠方案。

三、案例分析:研学夏令营营销策略

江苏某研学营地夏令营项目已经运营五年之久,在营销方面有相对成熟的策划经验。本次推出户外探索类的新夏令营产品,在做产品营销时应整合线上线下的新老资源和渠道。对于线上营销方案,应更注重营销宣传的质量和有效性。

（1）提高网页设计水平和自有宣传平台的编辑水平。

（2）切实提高网站的有效访问量。

户外探索类新产品的推出,对提高网站的访问量有着重要意义。研学营地乘此机会应对网站加以优化,及时更新网站首页,打造与访问者的互动平台,提高访问者的参与性;打造高水平的研学平台,实现网络订购、游客评价、在线客服等服务。

（3）邀请网络红人，KOL 等体验户外探索类产品，并进行网络宣传。

（4）邀请综艺娱乐节目来研学营地进行拍摄，并将户外探索类产品作为拍摄场景或者比拼环节中的一部分展示给线下的观众。

（5）通过线上的报名和预报名提前锁定夏令营的基础营员数量，设置早鸟优惠(见表 7-1)。

（6）向微信群中的家长发送新产品的相关宣传及介绍推文。鼓励家长邀请孩子同学一起报名并给予相应优惠，鼓励老客户对产品进行推广，并制定介绍新客户的优惠方案(见表 7-1)。

表 7-1　为夏令营新产品促销手段举例

促 销 手 段	具 体 实 施
预报名与提前报名优惠	提前 3 个月报名，缴纳定金，获赠礼品
团队优惠	3 人以上同时报名归为团队，并拉开层次，3 人/5 人/10 人，优惠力度递增，设上限为 200 元/人
老客介绍优惠	往期营员需报名及介绍新营员均有优惠

【训练题】

一、自测题

1. 下面各项中不是品牌营销的四大策略之一的是（　　）。

　　A. 渠道策略　　　　　　　　　　B. 品牌管理

　　C. 品牌销售　　　　　　　　　　D. 品牌传播

2. 下面各项中不属于研学旅游基(营)地品牌宣传手册中所包含的内容的是（　　）。

　　A. 标志　　　　　　　　　　　　B. 品牌价值观

　　C. 产品价格　　　　　　　　　　D. 研学旅游基(营)地公共区域标识

二、讨论题

请小组讨论，以本任务案例为例，除了上文中所提到的线上营销方案，还能为江苏某研学营地的户外探索类夏令营产品制订哪些针对散客的线下营销方案？

三、实践题

以小组为单位，实地考察一家研学旅游基(营)地，为该基地制定针对研学散客的线上及线下营销策略，策略中必须包含对于该研学旅游基(营)地品牌营销的思路梳理过程。

项目八

研学旅游基(营)地的安全管理

本项目将回答研学旅游中最重要的一个问题,基(营)地的安全管理。

安全是研学旅游中被反复提及,并被社会、学生和家长置于首要位置的问题。研学旅游作为中小学生校外教育活动的重要形式,安全直接关系到研学旅游的质量。在研学旅游中,影响学生安全的因素错综复杂,需要学生、家长、研学基(营)地、学校、研学机构多方通力合作,协调互通。作为研学旅游场地的提供方、研学旅游课程的组织方,研学旅游基(营)地应从哪些方面开展安全管理?

在本项目中,将学习研学旅游基(营)地的安全管理要素,了解安全管理的意义及影响因素,学习研学旅游安全管理全过程,建设研学旅游基(营)地的安全管理体系,并学会应对和解决常见安全问题。

学习目标

1. 知识目标

(1) 了解研学旅游基(营)地的安全管理全过程。

(2) 掌握研学旅游基(营)地安全管理的具体内容并制订管理措施。

2. 能力目标

(1) 具备研学旅游基(营)地安全管理风险的基本分析能力。

(2) 具备研学旅游基(营)地安全管理风险的基本应对能力。

3. 素养目标

(1) 提升对调研对象的探究精神及对调研数据进行逻辑分析的理性思维。

(2) 具备研究特定研学旅游基(营)地的一定的人文底蕴和科学精神的能力。

学习重点和学习难点

1. 学习重点

能通过实地调研和考察分析并规划研学旅游基(营)地的安全风险管理措施。

2. 学习难点

针对不同类型的研学旅游基(营)地制订合适的安全风险管理措施。

知识导图

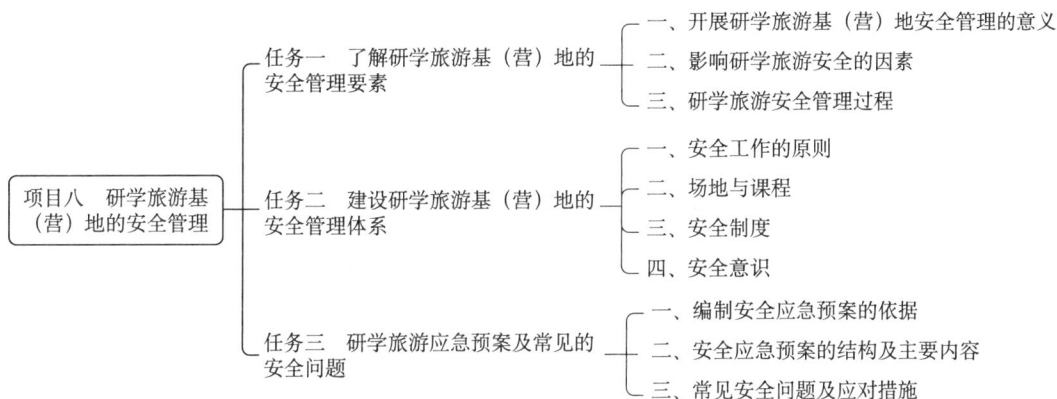

任务一　了解研学旅游基（营）地的安全管理要素

【任务概述】

安全是研学旅游的首要问题,也是研学旅游的底线。本任务将讲述开展研学旅游安全管理的意义与影响研学旅游安全的因素,并且学习研学旅游基(营)地安全管理的全过程。

【案例导入】

2022 年 8 月 8 日,湖北省文化和旅游厅发布《关于深入开展研学旅游的通知》[①],其中对研学旅游安全提出要求:加强旅游安全管理。各地文化和旅游部门、旅行社、旅游景区、文化场馆要把安全管理放在研学旅游工作的头等位置,坚决落实常态化疫情防控要求,坚决落实

---

① 湖北省文化和旅游厅. 关于深入开展研学旅游的通知[EB/OL]. http://wlt. hubei. gov. cn/zfxxgk/zc/qtzdgkwj/202208/t20220808_4253146. shtml,2022-08-08.

安全管理责任制,确保研学旅游安全管理万无一失。

研学旅游安全为何会被放在头等位置?研学旅游基(营)地应如何开展研学旅游安全管理?其中包含哪些要素、哪些重要内容?

一、开展研学旅游基(营)地安全管理的意义

安全是研学旅游的底线。教育部等11部门《关于推进中小学生研学旅游的意见》中,安全性原则被列入基本原则之一,要求研学旅游要坚持安全第一,建立安全保障机制,明确安全保障责任,落实安全保障措施,确保学生安全。《意见》明确了对研学旅游安全管理的要求,也指明了安全管理的方向。

贯彻落实《意见》的要求,是开展研学旅游的必然要求。同时,学生作为研学旅游的主体,其安全问题关系到研学旅游的开展质量与未来发展。开展研学旅游安全管理,加强安全保障,有利于研学旅游组织方做出正确的决策,确保学生的健康与安全;有利于提高社会与家长对研学旅游的认可;有利于监管单位开展有效监管,不断推动行业规范发展。

二、影响研学旅游安全的因素

影响研学旅游安全的因素有很多,主要分为以下几种类型。

1. 人为因素

人为因素是指在研学旅游过程中主要发生的人为安全事故,包括交通安全、食品安全、住宿安全、体验安全、人员素质等。

(1)交通安全:指学生乘坐的车辆,或在行进的过程中发生意外或过失,造成学生的物品丢失甚至伤亡的事故。

(2)食品安全:由于食品质量或食品污染等因素给学生健康带来危害的事故。

(3)住宿安全:由于住宿条件和住宿环境带来的安全问题。

(4)体验安全:学生在各种体验中发生的安全事故,其中包括教具安全、场地安全、课程安全、体验设施安全等。

(5)人员素质:组织者、导师和提供研学旅游服务的人员缺乏职业道德,安全意识不强,对学生疏于管理,或应急能力差,不熟悉研学旅游全过程和活动内容,事先未做充足的风险评估和突发事件应急预案及演练等带来的潜在安全风险。

2. 环境因素

环境因素包括自然环境和人文环境两方面。

(1)自然环境:主要受公共环境或者卫生环境影响而引发的安全事故,主要包括天气风险、地质风险、动植物风险、流行性疾病突发等因素。这类自然环境风险往往是因突发情况导致产生安全风险事故的不可抗力。

(2)人文环境:一是治安因素,如研学目的地治安环境不理想,容易给师生在研学旅游途中带来潜在的安全风险;二是文化差异因素,比如方言差异造成的交流困难,宗教信仰、地

方风俗民俗习惯等，都可能带来潜在的安全风险。

3. 管理因素

管理因素是指研学旅游组织方，如研学基地、研学机构等未健全学生管理机制以及研学基地安全管理制度不完善带来的安全风险。

4. 学生因素

中小学生没有掌握相关的安全知识，或缺乏安全意识造成的安全事故。如学生在研学旅游过程中食用了受到污染的食品而引发的食品安全问题，在体验时只注重自身体验，没有听从导师的指导，错误操作带来的安全风险等。这些问题都会为研学旅游带来不少潜在的安全问题。

三、研学旅游安全管理过程

研学旅游安全管理贯穿研学旅游前期准备、过程组织和后期跟踪整个周期，如图 8-1 所示。

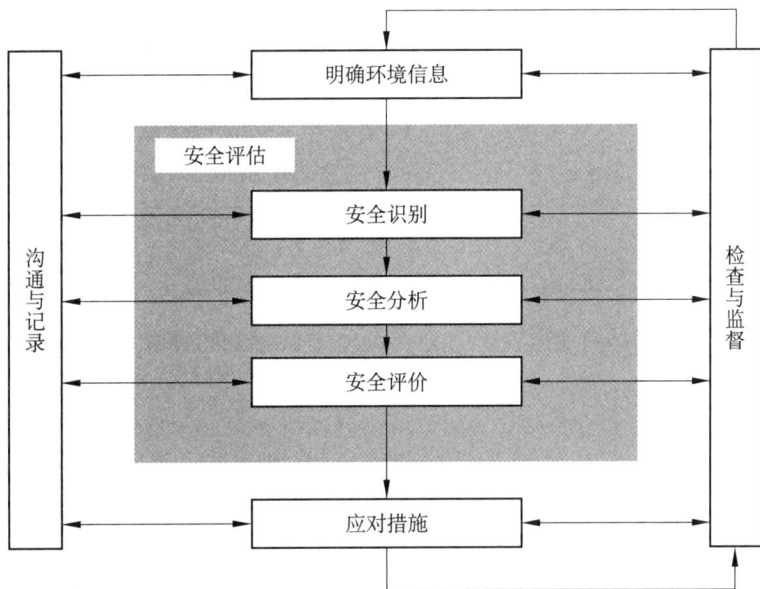

图 8-1　研学旅游安全管理过程图

1. 明确环境信息

环境信息是指学生开展研学旅游过程中的外部环境和内部环境信息。对于作为研学目的地的研学基地而言，外部环境包括社会、文化、经济、技术、自然等，比如现行法规政策，自然环境如天气、疾病等。内部环境则是作为研学目的地的研学基地内的环境，包括场地、人员、设施、食宿、制度等。

2. 安全评估

安全评估是研学旅游安全管理过程的核心，可以帮助基地运营者更加充分地理解安全风险发生的原因、后果和发生可能性，能为基地运营者提供重要的安全信息，比如是否应该开展这些活动，安全风险应对措施的选择，应对措施的优先顺序等，做到防患于未然。

安全评估包括安全识别、安全分析和安全评价 3 个步骤。

（1）安全识别

影响研学旅游安全的因素有很多，对于研学旅游基地而言，在课程开始前识别基地内、课程中潜在的安全风险，是研学基地运营者应具备的基础技能，同时也是对基地中影响研学旅游开展的安全风险进行梳理的过程。

安全识别主要依据基地运营者安全风险管理的经验和历史数据、课程参与人员的培训与体检报告、课程各类设施和教具的质检报告、政策法规等进行识别。必要时，也可参考行业专家和其他组织者的经验等进行识别。

一般而言，影响研学旅游基地开展研学课程的安全风险主要有以下几项，如表 8-1 所示。

表 8-1　影响研学旅游基地的主要安全风险类型

风险类型	内　　容
场地安全	安全警示标识、安全健康设备、安全保障人员、研学相关责任险、相关政府部门互动互联
活动安全	研学活动安全管理制度、应急预案、学校、家长实时沟通平台、研学服务团队培训
食宿安全	食宿卫生、安全资质
公共安全	地震、火灾、食品卫生、治安事件、设备突发事故、公共健康事件等各项公共安全应急预案及定期演练

在安全识别的过程中，基地运营者可使用检查表法，制作《基地安全风险点排查清单》，将研学基地中的安全风险点逐一排查，并根据实际情况填写相应信息，存档记录，以供以后的监督与检查。

（2）安全分析

安全分析是对安全风险点的分析，为后续的评价、是否需要应对及选择最佳的应对措施和方法提供信息支持。

安全分析需要考虑可能导致出现安全问题的原因和风险源，其发生的后果及其发生的可能性。在进行研学旅游安全分析的时候，应从安全风险发生后的危害程度、安全风险发生的概率和安全风险的可检测性三方面入手，并借助分析工具，使用定量或者定性的方法进行分析。

定性分析是直接用文字描述安全风险发生可能性的高低、发生后果的严重程度，如"极低""低""中等""高""极高"等。定量分析是对安全风险发生可能性的高低、发生后果的严重程度用具有实际意义的数量描述，如对某安全问题发生可能性的高低用概率来表示。等级标度可以是任何数量的点，最常见的是 3、4 或 5 个点的等级，但在设置每个点的定义时应尽量避免含糊不清，如表 8-2 所示。

表 8-2　研学旅游安全风险分值量化及定性描述示例

定量方法	风险评分	1	2	3	4	5
	安全风险发生的概率	10%以下	10%～30%	30%～60%	60%～90%	90%以上
定性方法	风险评级	极低	低	中等	高	极高
	安全风险发生的可能性	一般不会发生	极少情况下才发生，每50次研学旅游可能发生一次	偶尔会发生，每20次研学旅游可能发生一次	较多情况下会发生，每10次研学旅游至少发生一次	常常会发生，每3次研学旅游至少发生一次
	安全风险发生的后果描述	对学生安全造成影响很低；不会引起学生身体不适；社会和家长对此关注度很低	对学生安全造成影响较低；可能会引起学生身体不适，但不需要治疗；社会和家长对此关注较低	对学生安全造成影响中等；会引起学生身体不适，治疗时间短，治愈后可完全恢复；社会和家长对此关注度一般	对学生安全造成影响较高；会引起学生身体较为严重的不适，治疗时间中等，治愈后可完全恢复；社会和家长对此比较关注，可能引发不满情绪	对学生安全造成严重影响；会引起学生身体严重不适，治疗时间长，可能引起身体残疾甚至死亡；社会和家长对此极度关注，且会引发强烈不满

　　在某些情况下，安全问题可能是一系列事件叠加产生的结果，或者由一些难以识别的特定事件所诱发。在这种情况下，分析的重点就是该次研学旅游活动的各组成部分和薄弱环节，检查并确定相应的防护和补救措施。

　　（3）安全评价

　　安全评价包括将安全分析的结果与预先设定的安全风险准则相比较，或者在各种安全风险的分析结果之间进行比较，确定安全风险的等级。安全评价利用在上一步的分析过程中所获得的信息与认识，对下一步的应对措施进行决策。决策的内容包括：①某个安全风险是否需要应对；②安全风险的应对优先次序；③是否要进行某项应对措施；④应该采取哪种应对措施。

　　3．应对措施

　　应对措施指的就是应对安全风险问题所制订的相应的方法、手段和处理方案。一个安全风险点可对应一种或多种处理方案，根据具体情况，选择对应的最佳处理方案即可。研学旅游基地应建立贯穿研学旅游活动全流程、全时段、全方位的安全管理制度，制订完整的课程安全操作流程，在面对安全问题时，及时应对，及时反应。

　　4．检查与监督

　　研学旅游安全管理受多方面因素的影响，这些因素可能会随着时间变化，使先前的安全评估发生改变或失效。因此，对影响研学旅游安全的因素进行持续的检查和监督，在必要时更新安全评估的信息，有助于提高研学旅游的安全性，帮助研学旅游基地提升安全管理能力，走向良性的持续发展。检查和监督包括常规检查和监督，可定期进行或不定期进行。研学旅游基地应定期对场地、交通、卫生等设施进行检查和管理，保证基地内各设施设备的正常安全运行。

5. 沟通与记录

在研学旅游安全管理全过程中，应全程记录并及时与相关负责人进行沟通，确保信息透明与顺畅沟通。安全管理全过程应可追溯，记录为追溯提供了方法和工具改进的基础。研学旅游基地应建立安全管理档案，在安全工作档案中记录日常安全工作、安全责任落实、安全检查、安全隐患消除等情况。

【训练题】

一、自测题

1. 安全警示标志属于研学旅游基地安全风险中的（　　　）。

 A. 场地风险   B. 警示风险   C. 标识风险   D. 行进风险

2. 实施安全评价的目的是（　　　）。

①确定安全风险是否需要应对   ②确定是否要对安全风险实施措施

③确定安全应对措施实施的优先性   ④确定需要选择哪项安全应对措施

 A. ①   B. ①③   C. ①②④   D. ①②③④

二、讨论题

请分小组讨论，《基地安全风险点排查清单》应具备哪些内容？请小组合作，设计一份排查清单模板。

三、实践题

以小组为单位，实地考察一家研学基地，利用本组设计的《基地安全风险点排查清单》，排查出这个基地的所有研学安全风险点。

任务二　建设研学旅游基（营）地的安全管理体系

【任务概述】

本项目的第一个任务介绍了安全风险管理的全过程，在排查了研学旅游基（营）地的安全风险点后，如何一一突破这些安全风险点，运营一个安全的、稳定的研学旅游基（营）地，建设一个完善的安全管理体系，尤为重要。在了解了研学旅游基地安全管理的全过程后，本任务将介绍如何建设研学旅游基（营）地的安全管理体系。

【案例导入】

2022年3月，广州市教育局发布了关于《广州市中小学研学实践教育基地（营）地管理办法》的公告，其中对研学旅游基（营）地安全提出如下要求。

"管理制度健全，有一整套涵盖教学、行政、学生、安全管理的制度措施。对研学实践教育各项活动有应急预案,配有专门的安保人员。"

"内部有安全警示标志、有专门的安全应急通道。主要通道和重点部位有 24 小时、无死角的监控系统。有现场安全教育和安全防护及消防措施,有应急预案。近 3 年来未发生过安全责任事故。"

一个研学旅游基(营)地的安全管理体系包含哪些内容? 一个研学旅游基(营)地应该怎么做,才能满足相关部门提出的对安全管理的要求?

安全是研学旅游的底线,安全管理就是研学旅游基(营)地的生命防线。建立一套完整的、行之有效的安全管理体系,需要场地与课程、安全制度和意识三方面相互协调,通力配合,如图 8-2 所示。

图 8-2　研学旅游基(营)地安全管理体系

一、安全工作的原则

开展研学旅游安全工作,需要遵循以下原则。

1. 安全第一,预防为主

研学旅游课程在设计之初,就要充分考虑安全事项,杜绝在课程中出现严重安全事故的可能。基地要建立严密的安全体系,就要加强制度建设,明确安全责任,注重安全培训,提高工作人员的安全意识,确保严格执行每项安全措施并加强检查。

2. 以人为本,救人为先

在应对和处理研学旅游突发的安全事件时,基地及工作人员要以保障研学参加者的生命安全为根本目的,必须把保护参加者的人身安全放在首位,尽一切可能为研学参加者提供救援和救助。

3. 属地救护,就近处理

基地应与当地政府及医疗救护机构保持良好沟通,在发生突发研学安全事故时,在当地政府及当地旅游行政管理部门的领导下开展应急救援工作,就近救护。政府与基(营)地应运用一切力量,力争在最短时间内将危害和损失降到最低。

4. 及时报告,信息畅通

在发生突发安全事故时,基地要在第一时间向上级部门及相关单位报告,或边救援边报告,并及时处理和做好有关的善后工作。

5. 分级负责,快速反应

在建设安全管理体系和编制安全应急预案时,基地应将安全事故进行分级,并针对不同级别制定不同的应对措施。处理突发事件要落实到各个部门,落实到人,相互配合,各部门第一时间参与到救援活动中。

二、场地与课程

场地与课程包含场地安全、课程安全、食宿安全、公共安全等基地基础设施建设内容,是研学旅游基地安全管理体系的基础,支撑着基地的基本安全运营。

1. 场地安全

场地安全即研学旅游基地的基本设施安全,包括场馆、道路、标识、设备、保障人员、研学相关责任险等。场地安全是基地安全管理中最基础的内容,若场地不能保证安全,则所有的研学活动都无法保证其安全。基地运营者通过强化场地各方面的安全标准,提升场地运营环境,进而提高场地安全性。

(1)场馆:展示、活动、演讲、制作、食宿等功能场馆符合相关的标准要求,在主要场所安装录像监控设备,全天候录像监控。设立医疗室、警卫室、缓冲空间、避险空间等安全空间,确保各场所空间的安全性。

(2)道路:室外道路设有车辆安全行驶路线和停靠区域,停车场、游步道等交通道路应符合旅游行业标准 LB/T 025—2013《风景旅游道路及其游憩服务设施要求》。室内道路有专门的安全应急通道、消防通道、安全缓冲空间等。基地应在主要通道安装录像监控系统,实行 24 小时全方位录像监控。

(3)标识:包括室内、室外各功能场所的公共信息图形,比如安全警示、交通、导览等标识。图形标志应符合国家标准 GB/T 10001.1《公共信息图形符号 第 1 部分:通用符号》、GB/T 10001.2《公共信息图形符号 第 2 部分:旅游休闲符号》和 GB 2894《安全标志及其使用导则》的要求。标识牌齐全,并做到内容准确、清楚。

(4)设备:安全设施设备应设置齐全、配备合理,包括消防设备、防护设备、基础医疗保障设备等,在安全隐患和风险较高的区域设置坚固的防护设施,随时保持消防通道通畅,定时检查消防、防护等设备齐全、有效。

(5)保障人员:包括具有相关资质的急救人员、安全员等安全管理责任人员,建立结构合理的专职、兼职和志愿者组成的基地安全管理队伍。

此外,还要保证外界联系。与基地周边公安、消防、医疗等机构有应急联动机制,设有与辖区公安机关一键报警系统,监控接入天网,保持与基地外安全机构全天候联系。基地内监控录像一般保存 60 天以上。

2. 课程安全

课程安全是基地安全管理的重点,其中包括活动安全管理制度、应急预案,与学校、家长实时沟通及研学服务团队的定时、充足培训。

研学旅游课程安全贯穿研学旅游全过程,从课程设计开始,课程运营中至课程结束后。在课程设计阶段,制订完整的执行方案、完善的活动安全管理制度及应急预案。在课程运营时,与学校、家长保持实时沟通,并为每个研学旅游团队配置相应数量的安全员,随团开展安全教育和防护工作。课程结束后,回顾和总结本次研学旅游课程中的所有安全风险点,做好记录、更新与维护。

3.食宿安全

(1)餐饮服务:提供安全卫生食品,做好食品留样工作,制定就餐座次表,组织学生有序进餐。

(2)住宿安全:住宿区要相对隔离,住宿安全符合国家有关规定,并制定住宿安全管理制度,配有专门的安保人员,日常开展巡查、夜查等工作。

4.公共安全

公共安全即社会和公民个人从事和进行正常的生活、工作、学习、娱乐和交往所需要的稳定的外部环境和秩序,包括信息安全,食品安全,公共卫生安全,公众出行规律安全、避难者行为安全,人员疏散的场地安全、建筑安全、城市生命线安全,恶意和非恶意的人身安全和人员疏散等。公共安全事件指自然灾害、事故灾难、公共卫生事件、社会安全事件等。

对研学旅游基地来说,公共安全事件的应对措施以预防为主,应急为辅。最重要的是制定健全的安全管理制度和应急预案,明确安全责任人。同时要加强安全教育,定期对基地员工开展安全培训,增强安全意识,把学生的安全放在首要位置。

三、安全制度

制度是一经制定而为大家共同遵守认同的办事准则。在完成基础安全建设后,要维持研学旅游基地长期、稳定的安全运营,完善的安全制度必不可少。支持一个研学旅游基地安全运营的安全制度包含多项不同方面的制度,需要不同的专门人员负责相关事项。总体而言,一个完整的安全管理制度,应包含以下内容。

1.设立安全管理机构

运营研学旅游基地,安全管理机构是其重要组成部分。安全管理机构应对基地内各项设施进行定期清洁和维护,并对基地内的工作人员,定期开展安全教育、安全演练,提高基地工作人员的安全意识。同时,建立安全检查、考核、奖惩制度,确保各项举措落实到位,奖惩追究落实到位,建立科学有效的安全保障体系。

2.组建安全专项小组

基地安全应设专人管理,专项专人专事负责,建立结构合理的专职、兼职和志愿者组成的基地安全管理队伍,对基地各项安全措施进行监督。基地内各活动场所的安全通道和消防设备都应专人专事专项负责,确保设施完好。

3.建立课程安全操作流程

课程安全是研学旅游课程的重心,基地在开展研学旅游课程时,应建立贯穿研学旅游课程全程的安全管理责任制度,落实到基地内每一名研学导师、安全员、各项安全负责人的身上。在活动开始前,制定完整的课程安全操作流程;活动进行时,严格按照安全操作流程开展课程;活动结束后,及时复盘活动全过程,查缺补漏。

4. 完善各项安全管理制度

针对基地各项安全风险,制定并完善不同的安全管理制度,是研学旅游基地安全管理体系中的重要一环。不同的基地有不同的安全管理侧重点,根据基地自身的安全风险点制定即可。一般而言,包含以下几种类型的管理制度,如表 8-3 所示。

表 8-3 研学旅游基地常见的安全管理制度类型

类 型	内 容
消防安全管理	针对基地消防安全风险的管理制度,基地应全面履行《中华人民共和国消防法》各项要求,并根据基地的实际情况制定各项消防要求
交通安全管理	交通安全是研学旅游活动的常见安全风险点之一,包括交通工具安全、交通路线安全、工作人员素质等方面的风险。对研学旅游基地而言,除以上内容外,还有基地内的道路安全监管与防护等风险,需要基地予以重视
防盗安全管理	针对基地内部可能出现的设施设备丢失等问题的管理制度,对重要的设施设备、带有一定危险性的教育材料,如实验室内常见的化学试剂等,做到专人专项管理,发现被盗,及时报警
防事故管理	针对基地内可能发生的事故安全风险设计的管理制度,重点在于对基地安全的定期排查,及时整改、维修安全隐患处;加强基地维修安全管理,监督各项维修工程的质量与安全;加强对研学的引导和安全要求等,防范事故的发生
防自然灾害管理	防自然灾害管理包括防汛、防地震、防雪灾、防台风、防泥石流等相关事项。基地应做好自然灾害发生前的应急准备工作,在自然灾害发生时,立即向有关部门报告,降低自然灾害造成的损失
卫生管理	根据基地的实际情况,设定与基地相符的卫生管理制度,保证基地每日的清洁和消毒工作,做到清洁无死角
传染病防控管理	基地根据国家防控部门要求制定相关防疫防控规定,保证基地工作人员、参加研学活动的师生和家长的身体健康
巡查管理	针对基地日常巡查,保障基地安全及安全隐患排查而设计的管理制度,基地应安排专人,定时对重点要害位置进行专门巡查,及早发现事故隐患,认真整改,及早消除隐患,做到防患于未然
学生规范守则	针对前来基地开展研学旅游活动而设计的学生规范守则,一般印刷在研学手册上,让学生在活动开始前了解基地活动行为规范,增强安全意识
投诉处理制度	针对基地及时处理客户投诉及建议而设计的制度,该制度应由研学基地负责人直接负责。基地应对外公开投诉方式,主动接受社会监督,制定明确的投诉处理流程,做好详细记录,并定期或不定期进行对投诉问题的复盘
安全应急预案	基地应制定研学旅游活动安全预警机制和应急事件响应机制,规范应急处置流程,配备必要的应急处置工具,定期组织应对突发事件的演练活动,并适时修订和完善安全应急预案

四、安全意识

意识的培养需要日复一日的重复,不断强调并一步步巩固,不可一蹴而就。在完成基地的基础建设、团队组建、制度建设后,基地运营负责人需要培养团队的安全意识,提升安全素养。对此,基地运营负责人可开展一系列的举措,提升团队安全意识。

1. 加强安全监督管理,建立责任追究机制

对研学旅游基地而言,安全问题是重中之重。基地应安排各项安全措施的负责人定期对场地、交通、卫生等设施进行检测和管理,做好安全工作档案记录,落实安全责任、安全检查,做好消除安全隐患等工作。基地应严格按照各项安全操作流程工作,细化基地各项安全责任,建立责任追究机制。

2. 加强对学生的安全教育,增强学生自我保护的意识

研学旅游课程期间发生的安全问题,很多是由于学生缺乏安全意识而引起的。因此,基地除了做好自身的安全管理,也要对学生进行相应的安全教育,加强学生的自我安全防范意识和培养其应急处理能力。基地可以通过活动开始前的课前导学时间,强调本次研学课程的安全要求。在课程进行时,多次强调不同体验的安全要求,提高学生对安全体验的敏感度,提升他们的安全意识。

3. 定期开展安全培训及安全演练,增强工作人员的安全意识

定期为基地工作人员开展安全培训,可采用专题讲座、示范演练、知识竞答等多种方式开展。对于重大风险,比如地震、火灾等自然灾害和各种紧急突发情况,应定期开展应对突发事件的演练活动,让基地所有工作人员掌握基本安全知识,增强安全管理意识,提高安全风险管控水平。

基地必须要树立"安全第一"的意识,在平日做到"滴水不漏",制定积极的、有效的安全保障措施预防和避免出现安全问题和事故。若发生安全事件,能做到及时响应,冷静处理,把安全风险事件的影响性降到最低。

🔍【训练题】

一、自测题

1. 下列安全管理措施做法错误的是(　　　)。
   A. 定期检查场馆内的消防器材、灭火装置,并记录装置使用有效期
   B. 活动结束后检查各项教具的数量,看看有无破损或丢失
   C. 因货物太多,暂时将货物存放在紧急疏散通道,待仓库位置清理出来再放回去
   D. 检查监控录像是否有异常情况,并删除保存半年以上的监控录像

2. 以下行为,不能增强学生的安全意识的是(　　　)。
   A. 在行前导学时,指导师入校介绍研学主题和基地情况,并开展基地安全知识竞赛
   B. 在基地行进过程中,指导师一边带队讲解,一边提醒学生注意远离护栏
   C. 在活动进行中,学生没有按照指导师的指示进行操作,指导师没有制止并指导
   D. 在活动进行时,指导师指导学生穿戴安全装备,并介绍设备使用规则

二、讨论题

请小组讨论,研学旅游课程进行时,有哪些安全事故是比较容易发生的? 有什么解决方法?

三、实践题

请在项目四中选择一个自己设计的课程,盘点该课程的安全风险点,并为该课程制订课程安全操作手册。

任务三　研学旅游应急预案及常见的安全问题

【任务概述】

研学旅游应急预案是组成一个完整的研学旅游课程的重要内容,安全是研学旅游的生命线,安全应急预案就是维持这条生命线的有力帮手。本任务将会介绍研学旅游应急预案的编制依据与应急预案所需要的内容,同时选取了研学旅游中常见的安全问题及应对措施,帮助研学指导师完善课程的安全应急预案。

【案例导入】

2021 年 11 月,青岛市教育局印发《青岛市研学旅游示范基地(营地)评定和管理规范》的通知,其中对研学旅游基(营)地的安全性提出如下要求。

"研学旅游基(营)地应拥有完整的接待方案和安全应急预案,具有一定的研学旅游活动接待经验等。"

一份完整的《研学旅游基(营)地安全应急预案》应包含哪些内容? 开展研学旅游时有哪些常见的安全问题,如何应对?

教育部等 11 部门《关于推进中小学生研学旅游的意见》提出,研学旅游要做到"活动有方案,行前有备案,应急有预案"。在开展研学旅游活动前,研学旅游基地应针对活动制定周密的活动执行方案和安全应急预案,加强对学生的安全管理,明确安全事故处理的责任,最大限度地减少事故造成的生命和财产损失,提高导师防范和应对风险的能力,确保学生的人身安全不受伤害。

一、编制安全应急预案的依据

研学旅游安全应急预案不可凭空编制,应根据相关的法律法规及国家或行业标准进行编制。虽然目前尚未有专门针对研学旅游安全管理制定的法律法规或行业标准,但基地运营者依然可以参考相关行业现有的法规和标准进行编制。因此,在编制安全应急预案时,可参考以下法规和标准,根据基地的实际情况进行编制,如表 8-4 所示。

表 8-4　编制研学旅游安全应急预案相关法律法规及标准

名　称	施行时间	发布单位	简　介
《中华人民共和国安全生产法》	2021-09-01	全国人民代表大会常务委员会	是为了加强安全生产工作,防止和减少生产安全事故,保障人民群众生命和财产安全,促进经济社会持续健康发展而制定的法规
《中华人民共和国消防法》	2019-05-01	全国人民代表大会常务委员会	是为了预防火灾和减少火灾危害,加强应急救援工作,保护人身、财产安全,维护公共安全制定的法律
《中华人民共和国旅游法》	2013-10-01	全国人民代表大会常务委员会	是为保障旅游者和旅游经营者的合法权益,规范旅游市场秩序,保护和合理利用旅游资源,促进旅游业持续健康发展制定的法律
《生产安全事故报告和调查处理条例》	2015-05-01	国务院	是为了规范生产安全事故的报告和调查处理,落实生产安全事故责任追究制度,防止和减少生产安全事故,根据《中华人民共和国安全生产法》和有关法律制定的条例
《旅行社条例》	2009-05-01	国务院	是为了加强对旅行社的管理,保障旅游者和旅行社的合法权益,维护旅游市场秩序,促进旅游业的健康发展而制定的法规
《旅游安全管理办法》	2016-12-01	国家旅游局	是为了加强旅游安全管理工作,保障旅游者人身、财物安全,根据有关法律、法规而制定的办法
《研学旅游服务规范》	2017-05-01	国家旅游局	《研学旅游服务规范》(LB/T 054—2016)由国家旅游局于2016年12月19日发布,于2017年5月1日起正式实施。新规对服务提供方、人员配置、研学旅游产品、服务项目及安全管理等几大类内容进行了详细规定
《导游管理办法》	2017-11-01	国家旅游局	是为加强导游队伍建设,深化导游体制改革,保障导游合法权益,提升导游服务质量,依据《中华人民共和国旅游法》《导游人员管理条例》和《旅行社条例》等法律法规而制定的办法
《学生事故伤害处理办法》	2010-12-13	教育部	是为积极预防、妥善处理在校学生伤害事故,保护学生、学校的合法权益,根据《中华人民共和国教育法》《中华人民共和国未成年人保护法》和其他相关法律、行政法规及有关规定而制定的办法

二、安全应急预案的结构及主要内容

研学旅游课程安全应急预案一般包含以下内容。

1. 研学课程信息

安全应急预案的开头应标明该次研学课程的相关信息,包括课程时间、课程地点、课程参加人员及人数等。

2. 应急协调指挥领导小组

基地要为每一次研学课程设立应急协调指挥领导小组，负责协调指导研学过程中突发事件的相关处理工作。各领导小组的职责应落实到部门，任务落实到个人，公开领导小组及各部门联系人电话，相互配合，确保相关人员第一时间参与到救援活动中。

3. 安全风险分析

基地应针对不同的研学课程进行对应的安全风险分析，让所有工作人员了解到课程中存在哪些安全风险，再制定对应的预防措施和应对措施。安全风险分析可从影响研学旅游安全的不同因素进行，比如人员素质、交通条件、环境条件等。

4. 安全预防措施

研学旅游安全管理的原则是"预防为主"，因此，在了解了课程的安全风险点后，基地应针对每一个风险点制定对应的预防措施。预防措施应分为"行前安全管理"及"行中安全管理"。

"行前安全管理"包括以下内容。

（1）行前第一次对参加者的身体状况，如既往病史、过敏源等开展调查，做好参加者的健康管理。如遇到不适合参加活动的，要及时、主动劝阻。

（2）行前发送课程行程及活动内容，让参加者了解详细活动内容。

（3）行前进行第一次注意事项提醒和自备物品（自身所需及常备药品）提醒。

（4）临行前一天进行第二次注意事项提醒和身体状况问询。

（5）报到当天进行第三次注意事项提醒和身体状况查证，并做好特殊注意说明。

"行中安全管理"可以从以下方面进行编写。

（1）人身安全预防措施：包括购买保险、导师培训、行中安全提醒、健康提醒与防护、家长沟通平台、体验项目准备及安全措施等方面。

（2）财产安全预防措施：包括出发前的财物提示，行程开始前的财物登记，行程中的导师提醒等方面。

（3）车辆安全预防措施：包括用车合规规范，司机安全驾驶，学生在车上的行车安全等方面。

（4）餐饮安全预防措施：包括挑选有资质、信誉高、评价好的餐厅，签订用餐合同，食物留样，时刻提醒学生不购买三无食品等方面。

（5）住宿安全预防措施：包括选择资质齐全的酒店，签订住店协议，入住前对学生开展安全住宿教育，入房检查设备，进行火灾消防演练，安排导师睡前查房等方面。

（6）突发情况、特殊天气情况安全预防措施：包括行前留意天气情况，针对不同的天气情况采取不同措施。遇见公共卫生，社会治安事件等公共安全事件，及时联系公司，听从指挥，必要时更改时间或取消行程，并妥善做好善后工作及保险理赔事项。

（7）医疗保障管理：每团配备安全员，负责健康管理及伤病防护。发生重大事故及时组织自救并联系当地急救电话请求救援，并与公司、救援单位保持联系。

5. 安全应急报告与处置

如发生突发事件或安全事故，基地需立即向属地旅游行政部门报告，及时救治，紧急求援。如有必要要迅速疏散、转移学生,同时通知受伤学生的家长或监护人,并为家长及监护人尽可能提供方便。

6. 后期处置

后期处置包括善后处置和事故损害赔偿。基地应在事故发生后,积极协助处理善后处置工作,尽快消除事件后果和影响,安抚研学参加者。事故损害赔偿则需要根据有关行政法规、地方性法规或最高人民司法解释中的有关规定,确定赔偿范围与标准,如《旅行社服务质量赔偿标准》《学生伤害事故处理办法》等。或协助保险理赔,做好协调,督促保险经办机构积极履行保险责任,迅速开展保险理赔工作。

7. 有关应急部门、机构的联系方式

记录属地重要应急部门、机构联系方式,包括消防、治安、急救、交通、海上救援、各地旅游局及各地卫健委等。

三、常见安全问题及应对措施

开展研学旅游的过程中常会出现各种各样的突发事件,以下选取了研学旅游中常见的安全问题及应对方式,帮助基地运营者们熟悉对应安全操作,提高应对意外事件的能力。

1. 意外受伤

(1)预防措施

① 研学导师在学生活动前要仔细讲解安全注意事项,增强学生的自我保护意识。

② 研学导师在活动中要求学生进行集体活动,防止学生单独脱离集体、私自行动。

③ 研学导师在活动中要加强学生的安全教育,落实好各项安全防护措施。

(2)处理方法

① 微伤(只破一点皮,不出血),可由带队研学导师暂用创可贴及时处理,然后交由安全员做进一步检查处理,研学导师要将学生的受伤情况告知随队老师。

② 轻微伤(破皮出血),由其中一名带队研学导师立即通知安全员前往处理,(另一名带队研学导师维持秩序,或继续组织学生活动),做好简单包扎工作,可留医察看,带队研学导师要听从安全员的安排,清楚何时接学生归队。

③ 轻微伤以上的伤情,带队研学导师要立即通知安全员前往处理,及时向总控汇报学生的伤情,安全员应对伤员及时进行紧急处理,并做出准确判断,必要时应由专门人员尽快送受伤者到附近医院进行治疗。

④ 如出现轻微伤以上的伤情,应由总控迅速报告相关上级负责人。

⑤ 研学导师应对轻微伤以上受伤学生的受伤情况做好登记工作,总控要进行全程跟踪服务(送医院、报告学校领导、与带队老师和家长沟通、到医院看望、定期电话询问等),做好相关工作。

2. 突然生病

(1)预防措施

① 在学生的交接过程中,研学导师要及时询问带队老师是否有学生身体不适,是否有学生不适宜外出活动。在安全第一的原则下,建议身体条件不适的学生,最好是不要参加活

动;若坚持参与活动,研学导师要时刻留意该学生的情况。

② 研学导师要让学生注意劳逸结合,不得让学生进行长时间的剧烈运动。要及时提醒学生在进行较刺激或高难度的活动时,做到量力而为,注意安全,并落实安全防范措施,确保安全。

③ 研学导师要随时提醒学生注意饮食卫生安全,及时报告天气变化,增减衣物。

④ 研学导师不得让学生冒雨或长时间在烈日下进行活动,注意加强自我保护意识。

（2）一般疾病的处理方法

① 学生若突然出现恶心、呕吐、头晕、头痛、肚子痛或发烧等情况,研学导师要及时通知安全员前往处理,安全员应做好学生生病情况的登记工作,带队研学导师要听从安全员的安排,清楚何时接学生归队。

② 学生突然中暑,研学导师要立即找阴凉的地方让学生休息,并及时通知安全员前往处理。

③ 学生突然休克,研学导师要进行紧急施救(如掐人中、人工呼吸),并立即通知安全员前往施救,还要告知随团老师及总控。

④ 学生突然流鼻血,研学导师要找阴凉的地方进行简单处理(止血、清洗),并立即通知安全员前往处理。

⑤ 学生突然发生上述疾病,如情况紧急,安全员无法处理的,应由专人及时将学生送往附近医院进行及时治疗。

（3）突发性疾病的处理方法

研学期间,学生若出现突发重病或旧疾复发等种种情况,导师要沉着冷静,协助安全员做好急救,第一时间送往医院,处理好相关后续问题。

① 心脏病

a. 研学导师要沉着应对,协助安全员第一时间让学生平躺,头略垫高。心脏病患者不宜搬动,动作也不宜过大。

b. 在学生的身上或随身包里寻找急救药,并想办法让其服下。

c. 研学导师立即打120急救电话,紧急送医联系上级领导。

d. 做好安抚其他学生的工作。

e. 妥善保存有关诊治、抢救或动手术的书面材料。上交书面报告,协助相关人员做好后续工作。

② 哮喘发作

a. 导师要协助安全员,第一时间将学生带离过敏环境,保证空气流通,缓解病情。

b. 让哮喘发作的学生面朝椅背坐下,解开其领口,放松其紧身衣物,清除口鼻分泌物。

c. 寻找学生随身携带的哮喘吸入器,帮助其使用,必要时增加吸药次数。

d. 如学生神志不清,要第一时间将其送往医院救治。一定不能背着学生,以免压迫其胸腔而限制呼吸。

e. 妥善保存医治过程资料,上交书面报告,协助相关人员做好后续工作。

3. 财物丢失

（1）预防措施

① 研学导师在学生出发前,要认真仔细地向学生讲解有关财物的保管常识及要求,特

别是对个人携带的贵重物品(例如数码相机、手机、随身听等),要妥善保管,防止丢失。

② 学生在活动过程中,特别是交换活动场地时,研学导师要及时提醒学生检查好自己随身携带的有关物品,防止丢失。

③ 研学导师在学生下车前要提醒学生保管好个人的随身物品,并检查自己的随身物品是否丢失,研学导师在学生下车后必须检查车上是否有学生的遗留物品。

④ 离开酒店时,研学导师要提醒师生带好随身行李物品,检查是否带齐了相关旅行证件。

⑤ 证件之类的物品(身份证)除学生使用期间外,其余时间交由带队老师保管。

⑥ 导师切实做好每次的行李清点、交接工作。

⑦ 研学导师要提醒学生若发生财物丢失,要第一时间报告老师,以便尽可能采取补救措施。

(2) 处理方法

① 丢失证件(身份证)

a. 出现丢失证件的情况时,研学导师要提醒丢失者冷静地回忆,详细了解丢失的情况:最后一次使用证件是什么时候,可能丢失在何处,尽量协助寻找。

b. 如果是在酒店或景区发现丢失的,可以请相关工作人员帮忙,并在失物招领处做好登记,方便找到后联系。

c. 如确已丢失,协助丢失者向有关部门报失,补办必要的手续,取得临时证明。

② 丢失行李

a. 学生在研学期间托运过程中丢失行李,一般是交通部门或行李员的责任,研学导师要高度重视并负责查找。

b. 如果学生在出站前领取行李时找不到托运的行李,就有可能在上一站交接行李或托运过程中出现了差错,发生这样的事,导师要带领失主到失物登记处办理行李丢失和认领手续;并立即向上级领导及接待社报告,请求协助。

c. 如果研学团队抵达酒店后没有拿到自己的行李,问题则可能出现在酒店内或本地交接运送行李的过程中,此时研学导师要和地接导师一起先在本团队的所住房间寻找,再查看是否行李误送或者本团成员错拿。并向酒店寻求帮助,做好失物登记。

d. 导师要帮助丢失者解决因行李丢失而带来的生活方面的困难。

e. 经常与相关处理方联系,询问查找的进展情况。

f. 将召回的行李及时归还。如确定行李已丢失,则要向失主说明情况并表示歉意。

g. 帮助失主根据惯例向有关部门索赔。

h. 事后上交书面报告,协助相关人员做好后续工作。

③ 丢失贵重物品

a. 丢失的是贵重物品时,导师需根据失主的回忆与其一同去可能的丢失点去寻找,并寻求相关工作人员的帮助(酒店、景区)。

b. 丢失物品价值超过 2000 元或是确认被盗窃的,导师要上报上级领导并做报警处理。

c. 配合警察工作,做好立案登记。联系家长,反馈情况。事后上交书面报告,做好后续相关工作。

🔍 【训练题】

一、自测题

1. 小李需要查询预防、处理学生伤害事故的相关法规,他应该查询的法规是(   )。

    A.《中华人民共和国教育法》   B.《中华人民共和国未成年人保护法》

    C.《学生事故伤害处理办法》   D.《旅游安全管理办法》

2. 以下行为做法错误的是(   )。

    A. 学生在研学途中丢失了智能手表,导师小陈帮助学生回忆可能丢失的位置,并联系相关工作人员前往寻找

    B. 学生突发昏厥,导师小王将自己身上的药给学生服用

    C. 学生在行进过程中摔倒,破皮流血,导师小李安排安全员为学生处理伤口,自己继续带队完成课程

    D. 在活动开始前,导师小林给学生讲解基地内的安全应急设施,提醒学生体验时注意安全

二、讨论题

请小组讨论,除了以上提到的几种常见的安全问题,研学旅游期间还会出现哪些安全问题? 应如何应对?

三、实践题

请在项目三中选择一个自己设计的课程,为该课程编写一个安全应急预案。

参考文献

[1] 何永祺,杨振郏,傅汉章.市场学原理[M].广州:中山大学出版社,1989.

[2] Lyle M. Spencer. Competence at Work:Models for Superior Performance[M]. New York:John Wiley & Sons,Inc,1993.

[3] Shrron Dickman. 如何行销博物馆[M].林洁盈,译.台北:五关艺术出版社,2002.

[4] 王道俊,郭文安.教育学[M].北京:人民教育出版社,2009.

[5] 杨雪.员工胜任素质模型与任职资格全案[M].北京:人民邮电出版社,2014.

[6] 加里·德斯勒.人力资源管理[M].14版.北京:中国人民大学出版社,2017.

[7] 阿图·葛文德.清单革命(经典版)[M].北京:北京联合出版公司,2017.

[8] 吴颖惠,等.研学旅游学校指导手册[M].北京:北京师范大学出版社,2018.

[9] 韩晓莹.酒店及旅游业人力资源管理[M].杭州:浙江大学出版社,2019.

[10] 叶娅丽,边喜英.研学旅游基(营)地服务与管理[M].北京:旅游教育出版社,2020.

[11] 汪志谦,朱海蓓.峰值体验:影响用户决策的关键时刻[M].北京:中信出版集团,2021.

[12] 中华人民共和国教育部.义务教育劳动课程标准[M].北京:北京师范大学出版社,2022.

[13] 毛俊.研学实践教育营地(基地)建设理论与实务[M].北京:中国地图出版社,2022.

[14] 国家职业分类大典修订工作委员会.中华人民共和国职业分类大典:2022年版[M].北京:中国劳动社会保障出版社,中国人事出版社,2022.

[15] 邓青.研学旅游管理与服务专业岗课赛证融通教材 研学活动课程设计与实施[M].北京:高等教育出版社有限公司,2022.

[16] Barsky,J.,Nash,L. Evoking emotion:affective keys to hotel loyalty[J]. The Cornell Hotel and Restaurant Administration Quarterly,2002.

[17] 钟梅.浅谈对博物馆特展设计的体会——以首博的特展设计为例[J].首都博物馆丛刊,2008.

[18] 厉新建.旅游体验研究:进展与思考[J].旅游学刊,2008.

[19] 周忠坤.全业务运营下的客户需求管理体系研究[J].商业时代,2010.

[20] 宋同正.服务设计的本质内涵和流程工具[J].设计学报,2014.

[21] 核心素养研究课题组.中国学生发展核心素养[J].中国教育学刊,2016.

[22] 庞芳芳,邢伟伟.小型多功能可变空间的模块设计[J].知音励志,2017.

[23] 胥兴安,王立磊,高峰强.旅游广告与网络负面口碑对目的地形象的影响——次序效应和交互效应的实验检验[J].旅游学刊,2017.

[24] SeJeong Kim,肖福寿.博物馆品牌定位及其对博物馆经费的影响[J].博物馆·新科技,2017.

[25] 徐佳.全球典型主题乐园发展态势[J].竞争情报,2018.

[26] 刘璐,曾素林.中小学研学旅游研究进展与反思[J].教育探索,2018.

[27] 陈海涛.把握研学营地功能定位,开展"实践育人"探索[J].上海教育,2019.

[28] 王军海,任国友.中小学生研学旅游安全风险分析[J].现代中小学教育,2019.

[29] 李学坤,刘华.中小学生研学旅游安全风险管理与对策研究[J].基础教育研究,2019.

[30] 周维国,段玉山,郭锋涛,等．研学旅游课程标准(四)——课程实施、课程评价[J].地理教学,2019.

[31] 王学艺,杨攀．研学营地公共空间场所的自主性营造——以日照1971研学营地为例[J].建筑技艺,2020.

[32] 刘俊,陈琛．后疫情时代研学旅游行业可持续性生态系统的构建[J].旅游学刊,2020.

[33] 李司棋．北京故宫博物院文创产品营销策略分析[J].质量与市场,2020.

[34] 陈光,盛珏,孙亚军,等．集合住宅可变空间的工业化技术创新[J].住区,2020.

[35] 张娜．立足宣传教育,传播历史文化——故宫博物院宣传教育部的专业化发展道路[J].中国文物科学研究,2020.

[36] 宋世云,刘晓宇．小、初、高不同学段研学旅游课程设计方法——以北京市海淀区研学旅游课程建设为例[J].基础教育课程,2020.

[37] 顾志平．研学旅游课程手册编制内容和技术路径[J].现代教学,2020.

[38] 张明川,荀荣华．研学旅游安全事故的类型、原因及预防[J].教学与管理,2020.

[39] 吴儒练,李洪义,田逢军．中国国家级研学旅游基地空间分布及其影响因素[J].地理科学,2021.

[40] 袁铜墙,孙伟斌．构建研学旅游营地运营模式的探索[J].当代旅游,2021.

[41] 阎平．研学旅游中教育性和体验性原则实施策略[J].当代旅游,2021.

[42] 王益熙．解码新时代研学活动与课程体系的构建[J].科学教育与博物馆,2021.

[43] 陈莹利,房佳杰,李琴,等．构建新时代东方绿舟青少年学生综合实践教育活动课体系[J].上海教育,2021.

[44] 黄丽．旅游安全需求与消费行为研究[J].商展经济,2021.

[45] 黎娇,董媛．体验视角下研学旅游线路设计:知识框架及效用评价[J].旅游纵览,2021.

[46] 朱可,张宏．住宅中通用空间和可变室内设计研究 以国际太阳能十项全能竞赛参赛作品Solar Ark 3.0为例[J].室内设计与装修,2022.

[47] 成君．基于网络直播的江苏盐城旅游营销策略探究[J].商展经济,2022.

[48] 傅智园．基于K-means聚类分析5G时代下的数字营销策略研究——以杭州旅游营销为例[J].中国商论,2022.

[49] 李想．粉丝经济视角下的影视旅游目的地营销路径分析[J].新闻研究导刊,2022.

[50] 刘洁晶．知识实践价值视域下研学旅游课程实施的表现性评价[J].地理教育,2022.

[51] 张令伟,马青萍．中小学生研学旅游中存在的安全问题及其对策[J].中小学信息技术教育,2022.

[52] 刘磊．基于儿童心理学的少年活动中心活动空间设计研究[D].长春:吉林建筑大学,2014.

[53] 张新杰．社会主义经济理论[D].上海:上海财经大学出版社.2010.

[54] 张璐．传统文化主题研学空间设计研究[D].武汉:华中师范大学,2021.

[55] 袁悦．研学旅游导师胜任力评价指标体系的构建研究[D].重庆:西南大学,2022.

[56] 张贤．基于需求导向的研学旅游指导师培训内容生成研究[D].长春:东北师范大学,2022.

[57] 桑琳洁．研学旅游导师胜任力模型建构与应用研究[D].广州:华南师范大学,2020.

[58] 研学旅游基(营)地设施与服务规范[S],DB51/T 2786—2021.

[59] ISO 31000:2018, Risk management—Guidelines[S]. Geneva: International Organization for Standardization, 2018.

[60] 风险管理 风险评估技术[S],GB/T 27921—2011.